多元文化与教育 第3辑

MULTICULTURE and EDUCATION

主编：巴登尼玛
副主编：郑富兴

四川出版集团 巴蜀书社

图书在版编目(CIP)数据

多元文化与教育 第3辑/巴登尼玛主编.—成都:巴蜀书社,2013.5
ISBN 978-7-5531-0239-9

Ⅰ.多… Ⅱ.巴… Ⅲ.多元文化-文化教育-研究-中国
Ⅳ.①G40-055

中国版本图书馆CIP数据核字(2013)第069580号

多元文化与教育 第3辑 巴登尼玛 主编

策　　划	林　建
责任编辑	潘伟娜
封面设计	张　科
出　　版	四川出版集团巴蜀书社 成都市槐树街2号 邮编610031 总编室电话:(028)86259397
网　　址	www.bsbook.com.cn
发　　行	巴蜀书社 发行科电话:(028)86259422 86259423
经　　销	新华书店
照　　排	四川胜翔数码印务设计有限公司
印　　刷	成都蜀通印务有限责任公司
版　　次	2013年5月第1版
印　　次	2013年5月第1次印刷
成品尺寸	170mm×240mm
印　　张	19
字　　数	430千
书　　号	ISBN 978-7-5531-0239-9
定　　价	42.00元

目录

文化整理

专题研究　（民间乡土知识进教材）

逝水年华

田野故事

文化评论

学术视野

序跋书评

Contents

Field Story

Culture Review

Academic Field

Book Reviews

文化整理

作为平武白马道士手中的法器，“巴色”在各种祭祀活动中都发挥着不可替代的作用。“巴色”以其简约的造型、生动传神而又丰富多样的图像将宗教性、实用性与趣味性完美结合。“巴色”的演变与发展对建构白马人的宗教观念、信仰体系和仪式活动发挥了重要作用。

平武白马藏区祭祀用“巴色”法杖

□ 冯作辉
四川幼儿师范高等专科学校

一、巴色法杖溯源

1. 巴色简介

巴色是平武白马道士在祭祀活动中使用的法器之一，是一条用来给鬼神印制面偶祭品的长条木棍模具，一般长有50厘米左右，宽2.5厘米，厚4厘米，分为六面。白马人将巴色印制的面偶称作“朵玛”。“朵玛”以前是用糌粑加蜂蜜印制，现在白马地区多用小麦面粉和玉米面粉来印制。巴色上刻有各种动植物、人物图纹，以及各种抽象符号，与藏区苯教法师使用的“朵玛班丹”① 极为相似。

巴色与朵玛之间有着深厚的渊源。白马道士在祭祀时除了用巴色印制朵玛祭品之外，念藏文经文，使用多种法器，信奉以自然崇拜为对象的原始宗教等，都呈现出与早期苯教的千丝万缕联系。这一渊源关系还可以从巴色印制的面偶也叫朵玛得以证明。因此，笔者认为，要了解巴色就应先了解藏区的朵玛班丹。

① 朵玛班丹有两面、四面、六面、八面多种形式，常刻有各种姿态的吉祥人物、吉祥八宝、五妙欲、各类鸟、鱼虫走兽、瓜果五谷、日月星辰及刀箭佛塔等吉祥图纹。参见凌立，拉都. 吉祥密码（下）[M]. 山月文化有限公司，2007：79.

2. 白马人的宗教信仰与苯教的联系

白马人尊崇的是万物有灵的原始宗教，爱祭山神，最敬重的就是位于平武白马乡的“白马老爷”神山（白马话叫做“叶西那莫”）。白马人信奉的原始宗教与藏传佛教严密的信仰体系和仪式仪规完全不同，却与藏区原始的苯教有着许多相似之处。苯教是西藏古代盛行的本土宗教，属于多神崇拜，土地、日月星辰、山川万物、神、人、魔等都是苯教尊崇的对象。白马人的宗教在神系、仪式、经咒以及所使用法器上都表现出受到苯教影响的痕迹。

这种影响，最早可追溯到公元七世纪，当时唐蕃交战，吐蕃政权势力已经延伸到今松潘县和九寨沟县一部分，后来在该地区建立起大大小小的苯教寺院。至今阿坝藏族羌族自治州的若尔盖县、松潘县、九寨沟县仍保存着几座苯教寺庙。吐蕃政权虽然后来土崩瓦解，但苯教却在安多、嘉绒藏区获得更大发展，因此苯教思想传播到邻近的白马地区也是势之必然。在今九寨沟县下塘马家乡就流传着这样一首古歌：

土地高神得了病，
阿拉鲁唱鲁歌，
土地高神没好转；
桑吉切来跳神，
土地高神病未好；
臃肿苯来念经，
土地高神病痊愈。

这说明被当地白马人尊崇的土地神因为得到臃仲苯来为他念经才把病治好，也间接反映出苯教在当地白马人心中的地位。由此可以推断，当苯教传播到白马地区后，作为苯教法师的重要法器朵玛班丹也自然而然传到了白马藏区。苯教的朵玛班丹顺利传入这些藏文化的边缘地带，并被长期传承下去，其实用性，与苯教精神的相通性，以万物有灵为基础的宗教精神的同一性，都是形成这一现象的基础。

3. 朵玛班丹与巴色的传承关系

藏区朵玛班丹的起源据说与莲花生大师有着直接关联。早期的苯教势力非常强大，在祭祀时常把活人活畜当祭品，甚至一次性宰杀几千头牛羊，对当时的社会生产造成了巨大的损失。松赞干布时期人们开始反对这种祭祀活动。莲花生大师便想出用糌粑制成的面偶来替代祭祀，于是产生了朵玛。还有一种说法是，苯教祖师辛饶米沃统一原始苯教后，“反对杀牲血祭，甚至用活人祭祀等恶习，他用生灵的摹仿物来代替，创造了用糌粑、酥油捏塑的具有象征意义的朵玛贡品”①。在此基础上，后来又发展出更加简便、易于携带的朵玛印制模具——朵玛班丹。

就今天我们所能见到的巴色图样与朵玛班丹图样相比较而言，两者既有相同、相似部分，如都刻有大量的动物形象，如牛、羊、马等等，以及人物、工具；又有部分图纹是两者各自独有的：一是朵玛班丹上有些图纹巴色没有，如吉祥八宝、五妙欲、佛塔、宫殿等；二是巴色上面有的图纹朵玛班丹没有，如树木、驮着植物的动物以及特征鲜明的鸡图案。图样与其生活的自然环境和宗教文化背景紧密联系。我们现在能看到的朵玛班丹主要是反映藏传佛教或受其影响的局苯的宗教象征标志物，因此朵玛上出现许多佛教图纹。而白马地区未受到藏传佛教的影响，因此巴色上没有这些图纹出现。而与白马人宗教和习俗密切关联的鸡的图纹在巴色上却多次出现。

4.“巴色”与“色巴”辨析

叶玉林在《铁干银钩、放笔直干——藏族木雕美》一文中专门谈到苯教贡品模具“色巴”，“‘色巴’系四面刻有图案的方形木棒，把和好的糌粑面压在模子内，就可以印出各种贡品：各种人物、动物、花草树木等”。另外又谈到“‘多玛班登’（即朵玛班丹）系密宗仪轨使用的一种祭器。是六面雕有系列图案的菱形木棍”②。由此可以明了“色巴”应是苯教早期的一种贡品模具。白马藏区的“巴色”也应是在继承苯教“色巴”基础上发展形成的，其名称“巴色”很可能是在流传过程中对“色巴”的误读演变而来。因此我们就不难理解，今天所见到的朵玛班丹为什么会有大量藏传佛教的图像符号，甚至连图像的造型都受到唐卡、壁画的影响，而“巴色”却没有受到这种影响，可以说“巴色”最大可能地保留了原始本教法器“色巴”模具的原形。

5. 巴色与“达巴”法棍比较分析

达巴法棍是川滇交界的摩梭地区达巴巫师使用的法器，也是当苯教进入摩梭

---

① 杨学政，萧霁虹．苯教文化之旅［M］．成都：四川出版集团·四川文艺出版社，2007：42.

② 叶玉林．铁干银钩、放笔直干——藏族木雕美［J］．西藏艺术研究，2000，(4).

地区后，所带去的朵玛班丹演变而成，与白马地区巴色法杖的形成有着相似之处。这种朵玛班丹的演变版本在藏彝走廊地带受苯教文化影响的一些其他民族中也同样存在，如普米族巫师“汗归”手中的神鬼棒（刻有各种神鬼图纹的短木棒）也是如此。

达巴法棍与巴色法杖上都刻有各种动物、鸟类、几何图纹等符号，不过达巴教受苯教和藏传佛教影响更多，因此，法棍上还包括苯教和藏传佛教的一些图纹。摩梭地区现在都还有喇嘛庙和苯教寺庙，它们与达巴教和睦相处，形成摩梭地区多样化的宗教信仰现象。而在整个白马藏区没有一座寺庙，白马人既不信仰藏传佛教也不信仰其他宗教，白马人保持着更单一更纯粹的宗教信仰，但摩梭人的原始宗教达巴教和白马人信仰的原始宗教具有相通性，都是尊崇万物有灵的原始宗教。

藏彝走廊的民族由于居住环境的相似性，类似的经济生活状态，大体相同的社会发展程度以及宗教观念和大范围迁徙的相同经历，这些因素在形成他们的文化体系中发挥了重要作用。这些民族的文化又在各自的发展过程中不断选择融合周边民族的文化并发生演变，一些文化因素逐渐消亡，另一些已被该民族宗教信仰和生活现状融为一体的文化因素，则又不断发展丰富，并能持续流传下来。

二、巴色的宗教功能

1. 图像内容解析

一个很有意思的现象是，巴色在图纹的排列上区别于常见的朵玛班丹和达巴法棍的排列方式，而是运用了藏文文章体来排列，充分使用了藏文的标点符号。巴色第一排开头就是一个“蛇形垂符”（这个符号往往用于藏文文章的开头处），接着是两个“双垂符”（用于文章章节末尾），“双垂符”中间是一个“云头符”（用于书题或篇首），然后是一个藏文，白马道士读作“戈斗”（音译）（意思是本地山神）。在一排排图纹中有时会出现一个“单垂符”（在文章中用于短句或句终），在巴色上表明这是一小组有某种关联的图纹，如十二生肖图纹就在两个“单垂符”之间。有时又会出现一个“双垂符”，据白马道士说，出现这个符号就表明上一排相关联的图纹结束了，这个结束点并不一定会出现在木棍的末端，往往是出现在一排中间的某个位置。这也说明，巴色每排相关联图纹的起始位置并不一定在木棍的两端。每当上一排有内在关联的图纹结束时，下一排开始前，又会出现“双垂符”和一个藏文，藏文的意思就代表即将开始的一排图纹是用来干什么或是献给哪个神的。最后在巴色第六面结束时也用一个“双垂符”，表示“全文”结束。

巴色的第一面除了上面提到的符号和藏文外，还刻有朵玛、树木、箭、喇嘛常用法器、圆花、雄狮、野猪、龙、黑熊、母鸡、公鸡、“外斗”（藏文音译，意思是放在上头或放在下头）。如图：

第二面刻有山神（用一个组合的植物形象代替）、一个未解符号、人、箭、旗子、鸟、土地神（人首蛇身，白马人认为土地神善于变化成蛇或青蛙，笔者认为这个形象很像神话中的女娲、伏羲）、鸡、山羊、绵羊、门神、“俄车”（藏文音译，表示献给某个山神，同时又代表第三排开头）、三个几何符号、箭、朵玛、鸡。如图：

第三面刻有山羊、绵羊、狗、朵玛、“尼以”（藏文音译，表示上两排都结束了；以“双垂符”和藏文为标志来计算应该是上三排结束，但白马道士说这三排其实只是有联系的两个内容，所以只能算是两排）、蛇、圆花、土地神、箭、四个未解符号（推测是喇嘛做法事的工具）、青蛙、“凿斗”（藏文音译，意思是做一天一夜法事后用这个符号驱邪驱鬼）、阎王（一个组合体：两个站立的动物顶着一棵树，树巅是一个鸡头）、一个躺着的人身上长出一棵树（表明鬼被打死了）、一个动物背上长出一棵树（表明动物变成鬼）。如图：

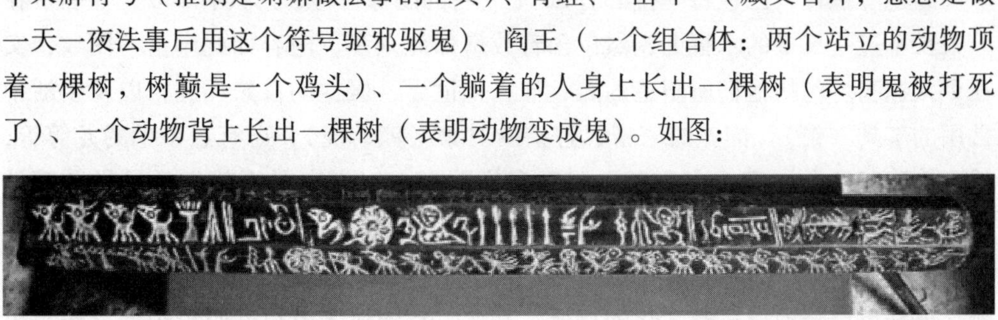

第四面刻有一个动物驮着一棵树（表明鬼在变化）、朵玛、山羊、绵羊、四

个未解符号（推测喇嘛做法事的工具）、圆花、雄狮、黑熊、龙、母鸡、人、人骑鸡、人骑马、人骑牛、山羊、绵羊、鸡公、马、牛、鸡公。如图：

第五面刻有人骑马、男人、女人、朵玛（一大一小，两种不同类型）、人骑牛、人骑马、蛇、娃、“得解”（藏文音译，意思尚不清楚）、人骑马、人骑鸡、太阳、月亮、四个未解符号（推测是喇嘛的法器）、圆花、六种不同动物（狮、野猪、黑熊、龙、公鸡、母鸡）、三个人。如图：

第六面刻有四种驱邪工具、人、人骑牛、人骑马、人、山羊、绵羊、人骑雄狮、人骑野猪、人骑龙、人骑黑熊、十二生肖（鼠、牛、虎、兔、龙、蛇、马、羊、猴、鸡、狗、猪）、人骑马、人骑牛、蛇、蛙。如图：

经笔者统计，巴色每一排都有30个左右的图像符号，总共有180个左右。在一根长不过一尺多的木棍上竟然包含着数量如此众多，内容如此丰富的图纹，实在令人惊叹。包括他们所塑造的人、神、鬼世界，居住的自然环境，以及生活中常用的工具（箭）、饲养的家畜、打猎的对象（熊、虎），还有想象中的龙等等，从而构建起一个内容丰富完整、层次多样的远古时期白马人的生活世界和精神世界。

具体分析这些图纹可以得出这样一些结论：首先，巴色既受到苯教思想的影响又体现出白马地域宗教文化的特征。其次，从图纹来分析，巴色中的鬼多与植物相关联，如躺下的人身上长出一棵树就表示鬼被打死了；阎王的形象是两个动物顶着一棵树，树巅是一个鸡头；动物背上驮着一棵树就表明鬼正在变化。人、动物与植物之间相互转化的这种自然现象正好体现出白马人与自然和谐相处的生活态度，以及认为生命不会消失而是能相互转化的生死观念。第三，巴色中鸡的形象鲜明。图纹中多次出现鸡，还分公鸡和母鸡，造型夸张而又生动，甚至阎王头部就是一个鸡头，这也说明鸡在白马人宗教中的地位相当重要，与白马人头插白鸡毛以及神话传说中鸡曾救过这个民族的故事相呼应。白马人每年祭祀山神或土地神时，在成排的朵玛中间都要插上一只较其他朵玛要大出两三倍用剪纸做的朵玛鸡作为主贡品。第四，与朵玛班丹和达巴法棍相比较，三者都将人骑动物图像称为神，一种说法是人骑动物代表天神；还有一种说法来自苯教教义，人死后要骑上马才能跨过许多沟沟坎坎，到达祖先居住的地方。另外，三者都有蛙、蛇图纹，表明生殖崇拜和性崇拜观念在原始宗教中是普遍存在的。白马人还认为土地神最爱变成青蛙和蛇，白马人的土地神本身就是人首蛇身图纹也可以成为佐证。另外，“箭”纹也多次出现，箭既是一种武器，在苯教中，箭还可以用来占卜，后来演变成能驱邪镇鬼的朵玛符号。第五，白马道士塔若的巴色上有四个动物头人身的图纹，他们手舞足蹈、动作夸张，好似头戴面具起舞的人，笔者推测可能是白马早期的面具傩舞在巴色上的反映，白马藏族的面具舞应该在巴色形成之初就已经存在。由此可见，白马地区在接受苯教思想和朵玛班丹法器后，又逐渐融入白马本土原始宗教思想和图纹，最终发展形成具有白马地域宗教文化特点的巴色法杖。

2. 巴色的宗教祭祀功能

巴色作为白马道士最重要的法器之一，具有祭祀祖先、神鬼，驱魔镇邪的功能。巴色还被白马道士称为“师傅”，说没有巴色就没有办法做法事，每次做法事时都是先用巴色印制朵玛贡品，再念经书；在跳朝盖过程中，也是往往跳上一段时间就扔一个朵玛，分别向东西南北几个不同方向扔，表明将不同方位的鬼都撵走了，此时朵玛又成为打鬼的法器。同样的情况也出现在白马道士为病人念经驱魔时，当白马道士念上一段时间经文后就会扔掉一个朵玛，被扔掉的朵玛就表示将病人身上的邪气撵走了。可见，巴色既是一个工具，更重要的是，它也是联系、沟通道士与神鬼之间的纽带和法器。

巴色不仅可以直接用来印制朵玛面偶，用作法事，还可以作为具有祭祀功能的剪纸表现的图样，以剪纸的方式来承载保佑平安、发挥驱鬼镇邪的功用。如敬山神制作的剪纸组合体“偶”又称“霞道”，就是参照巴色上的图纹符号来制作的。另外，依照巴色上的动物形象剪纸贴在牲畜圈上，可保家畜兴旺健康。这类剪纸内容往往由三部分组成，上部是各种牛、羊、鸡图样反复出现，中下部分就是以圆花图案为基础的二方连续图样（圆花被认为是象征水草丰茂，牛羊有足够的食物），最下面一排是一些几何图形。

白马人对待巴色的态度更多的不是追求审美需求，而是出于一种求生、求平安的现实功利目的，巴色成为联系神、人、鬼的工具，通过它可以获得更多的现实利益。

3. 巴色的传承演变

巴色与经书的结合使用，是贯注在祭祀活动过程中的灵魂，而跳朝盖是将这种精神物态化，是载体，是对宗教精神的演绎。白马藏族虽受到苯教宗教思想的影响，接受了苯教的经书、法器，以及部分宗教仪规，但却没有白马人出家当喇嘛，没有稳定下来的寺庙（很久以前曾有过白马人出家当喇嘛，白马地区也曾出现过喇嘛庙，但后来都消失了），说明当时强大的吐蕃政权并未真正统治白马藏区①，随军而来的苯教僧人深入到白马地区传教也符合宗教需要传播的自然规律，但由于缺乏政权统治的支撑，这种传教是无法持续的。因此，白马人在吸收部分苯教观念的情况下，仍保持了本部落传统的原始宗教活动，并将二者逐渐融合。再加上中央政权在平武长期设有地方政权机构，内地的道教也随之发展渗透到白马地区，对白马原始宗教也产生了影响（白马巫师自称道士就是一例），从而发展成为今天所能见到的白马宗教祭祀活动现状。虽然受到汉藏两大文化体系的影响，但白马人仍完整保存了自身的原始宗教信仰并流传下来。

白马沟里最大的寨子厄里寨的道士塔若，是目前能读藏文经书的仅有的几个人之一。我曾经采访过他。他说，他只能读懂很少部分经文的意思，绝大部分经文只会拼读，但不明白其中意思。这一现象也间接反映了苯教或藏传佛教未能对白马藏区形成持续有效影响，以至于后来专门从事宗教祭祀的白马道士在缺乏藏文化母体文化滋养的情况下，导致已传入白马地区的苯教文化在一代代白马道士的传承过程中不断消亡、流失、遗忘，以至于出现文化传承上的误差和错误。这也体现在对经书的誊写和巴色中藏文字体的照猫画虎似的误抄误刻上，甚至刻错

① 从曾维益的《唐代吐蕃东进　龙州未被占领》一文中可以得到佐证。此文收于《白马藏族研究文集》（四川省民族研究所，2002）一书。

仍浑然不觉①。其中一个重要原因就是对藏文文字符号的使用没有必需感，不仅在生活中，即使在祭祀中也是如此，藏文在白马人日常生活中并不通用，甚至无关紧要，与白马人现实生活失去关联性。也正因为语言的障碍，白马人在无法与藏区宗教保持顺畅交流的情况下，使得白马人的原始宗教得以顺利保存下来。就从巴色来说，更大可能地使原始苯教仪式在白马藏区得到较好的保存流传。

三、巴色的造型审美

白马人的宗教艺术观在巴色法杖上得到淋漓尽致的体现。在一尺多长、不足方寸宽的木棍上，雕刻下一个个造型生动、犷历粗犷的图像符号，充分涵盖了白马人的生活世界和宗教领域，也充分展现出白马人的宗教艺术审美观。

1. 雕刻技法浅析

刀刻木石是人类早在原始时期就普遍采用的一种记事手段，雕刻也伴随着人类的成长并发展演化为民间艺术中的一大门类。在白马地区并没有专门的雕刻艺人，多是一些民间艺人在生产闲暇之余做一些木雕，有的连师傅都没有，全靠自学，工具也相当简陋。而平武白马地区的雕刻艺术主要体现在木刻面具和巴色法杖的雕刻。刻工们在雕刻巴色时对木料的使用很是讲究，多选用杜鹃木。杜鹃木木质紧密，坚实细腻，经高度抛光后适合精雕细刻，又有不变形、不开裂、耐磨损的特点。待木质干透后，将其加工成一尺多长的六面体木棍，再依照以前的巴色图样将稿子画在木棍上，然后用极简易的刻刀，顺着图样的线纹开始雕刻，一律采用阴刻手法，用刀讲究起伏顿挫，轻重缓急，而且刀法简练，敢于创新，却又意想不到地保留了巴色图文那古朴、稚拙的艺术特点和巴色的原始面貌。雕刻师傅在雕刻过程中，既不能删改，也不能重复刻画，因此要能沉心静气，挥刀向木时手腕与刻刀要能和谐配合，雕刻的线条感肯定而又明朗，形象简练而又生动。

① 笔者曾向若尔盖和阿坝县的苯教寺院高僧请教过巴色上的藏文，他们都说那些文字刻错了，根据他们推测，那些藏文的意思大概是献给某某山神或某某神的意思，这和白马道士对这些藏文的解释基本相同。这种误抄误刻，甚至刻错的情况在藏族的玛尼石刻中也时有出现，一些刻字工甚至不认识藏文，照着稿子刻有时就会出现差错。

2. 巴色造型的形式美

巴色造型与白马人尊崇“万物有灵”的原始宗教信仰始终相吻合，既是白马人宗教观的载体，又是对各种祭祀活动的具体阐释。在不同的祭祀场合使用哪些巴色的图文符号，都有严格讲究。这种宗教观念和习俗的稳定性使得巴色能始终保持其原始的符号体系和稳定的图文造型，这也是我们今天仍能从巴色图纹造型上感受到那古朴稚拙、简洁精练而又厚重的审美感，被那一个个生猛而又充满动感的人物、动物造型所震撼、所激动的原因。那些图纹形象或具象或抽象，各具情态，生动有趣，将符号的宗教性与图形的趣味性都淋漓尽致地体现出来，同时又便于携带，方便使用，将其实用性也充分融合进去，在那不足方寸大的一个个图像里涌动着原始的粗犷和狞历，流露出原初的生命活力和喷涌的激情。

当然，巴色的产生并不是刻工们表现个人审美观念的艺术作品，而是从内容到形式都已受着白马人原始宗教观的影响和宗教仪式的制约。一些图文形象虽然怪诞夸张、神秘悠远，但在刻工们的刀下也不能主观臆造，而是有确定的图像图纹范本。他们的创造目的十分明确，就为了现实的功用。这也是历经岁月长河我们还能见到巴色法杖的内在动因，也才能感受到那一个个生动的图纹。这也是白马人祖祖辈辈沉淀下来的艺术模式和审美理想。

巴色图纹的造型方式多样，既有大小、曲直、方圆的对比协调，又有意向化的表现和抽象几何纹的结合，穿插的间隔符号使得一个个的图纹在紧凑排列的过程中还能产生出节奏感、韵律感。

巴色那一个个激情涌动、强烈而又奔放的图纹形象与白马人的宗教、生活息息相关，在实现其宗教祭祀功能和现实社会需求的同时又以其造型的简约、古拙率真，刀法的凌厉、畅快和所承载的深厚文化内涵而具有审美的愉悦感。

将丹巴嘉绒藏族丧葬仪式放到自然、宗教、社会文化背景中来看，嘉绒藏族丧葬仪式蕴含着深刻的文化意义，这种意义天然地、极为和谐地寄寓于人们必不可少的生活习俗之中，并且潜移默化地对社区中的人产生文化影响，这种影响是最隐蔽、最有力、最持久、最具有支配作用的。丧葬仪式本身隐含着民族文化内容中最根本的核心，是对人类生命的理解和价值观形成的源泉。

丹巴嘉绒藏族的丧葬仪式

□ 拉门初
西南民族大学

嘉绒藏区有着其独特的文化氛围。丹巴嘉绒藏族居住的村寨坐落在云海深处，有着自己的母语嘉绒话。虽然这里的学校教育教学并不完善，但是其社会却宁静祥和。人们耕作畜牧，修建房屋，尊老爱幼，珍爱所有生命，人与自然、人与人、人与社会都显得那么和谐。人们互助“还工”式耕作，举行婚丧葬礼和一切庆典，参与目标一致的社会活动。这里除了国家法律以外，还有自己的一系列无文字的习惯法。丹巴嘉绒藏族的这种“宁静祥和”从何而来？本文努力从其重要的传统仪式中去追寻原因。

仪式在嘉绒藏族社区中具有很强的生命力。这一社区就是一个文化场域。孩子们从目标一致的社会活动中，向家人、同龄人、同村人学习，文化的传承就自然而然地发生了。整个社区就是一个教育场域，父母、同村长辈、宗教权力拥有者和有一技之长的人都是影响者，虽然没有系统传授技能，没有评价体系，但这种影响的内容与现实的生产生活密切关联，影响方式也喜闻乐见、潜移默化。

丧葬仪式作为本土文化中最核心的部分，是当地最重要的传统仪式之一，隐含着文化内容中最根本的核心，是对人类生命的理解和价值观形成的源泉。丧葬仪式告诉我们人是什么，生命是什么，生活的意义在哪里等，从根本上显示了他们对生命的尊重，对生存状态的自我约束。这种生命观反映出生死对于人生的影响绝不简单。生是伟大的，但死对于人的约束力量却更为强大。人们惧怕死亡，惧怕鬼神，更害怕自己死后没有好的归宿，而他们自觉地坚守规范，善待人生，善待生命，尊重生存。这是不是死亡文化巨大作用的外显形式呢？

本文叙述了丹巴县巴底乡齐鲁村的一场丧葬仪式。齐鲁村人世代基本都是嘉绒藏族，在一定程度上能代表丹巴其他地方的嘉绒藏族村落文化。

一、丹巴嘉绒藏族丧葬仪式的具体程序

长期以来，受自然环境、社会形态和宗教信仰的影响，特别是在宗教世界中，死亡并不表示生命的结束而是生命的转移，于是形成了复杂而丰富多彩的丧葬仪式。嘉绒藏区丧葬的方式主要有：土葬、火葬、天葬、水葬和塔葬。其中天葬适合在海拔相对更高，有成群秃鹫和空旷的高原。由于丹巴嘉绒藏区多属高山峡谷，多是农区且秃鹫已经越来越少，离有天葬台的高原牧区较远，因此丹巴嘉绒藏区天葬已经少见。而塔葬只限于寺庙活佛和高僧。还有，丹巴处于大渡河畔，因为现今对大渡河的开发，水葬也开始变少，除非卜卦要求。因此，丹巴嘉绒藏区普遍盛行的丧葬方式是土葬和火葬。由于宗教信仰的不同，丧葬礼仪有所不同，但是“民国以后，丧葬习俗逐渐趋于一致”①。本文将以土葬为例，从丧葬仪式的具体程序和突出特点等方面来揭示千年来形成的丰富的丧葬文化仪礼以及本族群的生死观。

1. 丧前准备

丧前准备其实是很早的，几乎家人进入中年以后就开始选上好的树木找人做棺材。进入花甲的老年人自己就开始准备寿衣，这种行为并不是害怕死亡的表现，而是对死亡的一种坦然和积极面对。老年人觉得死亡终究要来临，准备寿衣就如当初准备嫁妆一样，以免到时候措手不及。儿女们辅助长辈准备棺材，寿衣也是表达孝心的一种方式，使得老年人感到踏实，不用担心死时没有棺材寿衣，让他们感觉到儿女们对他们的重视，感觉到即使他们离去儿女们都将积极操办丧礼。

与火葬和土葬相对应，棺材分为立式和横式。棺材准备好一般都会放在储物间，外人一看会觉得后脊发冷，当地人看了安之若素，家人亲戚看了满意踏实。

---

① 四川省丹巴县志编纂委员会. 丹巴县志［Z］. 北京：民族出版社，1996：578.

现今寿衣一般都是向来家里推销的人购买，必须是纯棉质地。至于其他的，比如葬礼招待前来送丧人的食物，僧者酬劳等财力也会提前开始准备。特别是高寿或者病危的家庭，都会自然而然地准备这些物资，例如养猪、储备粮食等。这些物质上的东西不仅要提早准备而且还要与老人商量，这不是一件忌讳的事情，反而要让老人知道，让老人看到自己后事的东西都符合自己要求且准备妥当，从而感到踏实满足。

除了这些物质上的准备，老人自己还会在精神上开始准备。比如，年入花甲之后或者病入膏肓之时，偶遇活佛或者拜访活佛就请其给自己念“po leng”经，意译给予接受“颇哇”经的加持的权利。如果老年人受此经洗礼，在自己往生的时候有权力接受僧人为自己念诵“颇哇”经，且容易听懂理解到“颇哇”经文内容。僧人也会将“颇哇”经文用白话文的形式讲给老人听。经文内容大致为：告诉老人世界上一切东西都是由地、水、火、风这四大元素所合成的，而人类的肉身也是如此；在死时，肉身中的四大元素会渐渐分解及衰退，身体机能相应失效；于是，往生后死时，会依次碰到令人发指的情形，如山崩地裂、寒冷刺骨的风、烈火灼身、狂风暴雨，碰到这些都不用害怕，因为这大地是死者自己的肌肉，这水是死者自己的体液，这火是死者自己的体温，这风是死者自己的气息，所以不用害怕，认清这些，勇往直前①。

这样，家人和老年人不管是从物质上和心理上都为丧葬做了充分的准备。

2．寿终

当老年人病危之际，亲友频来探望，送来肉类，馒头包子，酒等以示慰问。除了老人的儿女，有血亲关系的亲戚则轮流来身边尽心照料并守夜。家人亲属齐聚该家照顾和聆听遗言。

3．停尸装殓卜卦

有经验的长者会判断老年人的情况，如果感觉老年人有些坚持不住了，就会遣晚辈去请僧人前来诵经。突发情况下，老年人断气后，不能动他，要僧人前来

① 源自《西藏生死书》（莲花生大师原著，达赫释著．西藏生死书［M］．西安：陕西师范大学出版社，2006：279－281）和当地老年人的告知。

诵“颇哇”经。念此经的目的是为了死者的灵魂和意识能从死者头顶的梵穴①离开。此次念诵的“颇哇”经是以经文的方式念诵的，内容已如前所述。诵经可以帮助死者得到“颇哇”经的加持和认清路上令人发指的情景，使得死者的染垢得以消灭，登达阿弥陀佛净土，令意识超越轮回的束缚。在老年人于临死吐出一口浊气之时，有僧人在旁帮助死者心，起善心摆脱贪嗔痴三毒，是帮助其超越轮回的非常好的方法。

此时要禁止亲人到床边哭泣。由死者的儿子、孙子或者是侄子来洗尸，洗发，剪甲，这个程序女性不能加入。然后就是换装（一般不用化纤料），以前都是直接包在自家织的麻布里面，现在都是给死者穿前面所讲的向来家里推销寿衣的人购买的纯棉寿衣。在棺材里铺好铺盖垫絮，把冥纸烧后的灰当做枕芯作为死者死后的钱财，然后将尸体放进棺材，放置在房间里。

在装殓同时，较亲近且较有掌事能力的亲戚去寺庙里找擅长卜卦的僧人进行卜卦。卜卦内容主要为以下几方面：第一是卜死者的“福报和寿元”② 是何时终结的，有什么遗愿和牵挂；第二是择法择日择地，择出殡下葬的方法，择日子和下葬的地点。下葬的地点要根据全家的属相、该房屋日落的方向、七姊妹星消失的方向这几个方位来综合决定；第三是卜死者走后会给有什么特征的地方、亲戚村民及家畜带来不幸；第四就是卜在死者走后家人应该请僧人念什么种类的经可以驱邪消灾。

4. 报丧奔丧

一般在老年人病危之时，家庭成员都会回家。由于一些特殊原因在之前没能回来的，在此时都会被召回。由于寿终之时就有许多亲戚朋友在死者身边，所以报丧就是由在该家的亲朋好友通知自己家人，他们的家人再通知邻居。以前报丧需要派出一批年轻人分赴各地，现在基本通过电话进行报丧。嘉绒藏族报丧讲究

① 莲花生大师原著，达赫释著．西藏生死书［M］．西安：陕西师范大学出版社，2006：63。“人体周身存在72000条气脉，七大梵穴轮，一根主通道和一条尚未唤醒而处在休眠状态的圣蛇。通过打通气脉，使生命之气唤醒那条蛇，使他穿过所有的梵穴轮而到达体外。一般亡灵的意识如果在不受干扰的情况下也由头顶的梵穴离开。但如果意识由身体的其他穴道离开，就有可能会投入非人世界。”其中，七孔和所对应的投入的非人世界如下：梵穴：空行母净土；眼睛：世界掌权者；双耳：色界之神；右鼻孔：药叉；左鼻孔：纯净人身；肚脐：欲界之神；生殖器：饿鬼；尿道：畜生；肛门：地狱。

② 佛教里面说人的寿命长短是取决于福报和寿元二者的。通常二者之中如果有一个尽了就会死亡。但是丹巴嘉绒藏族每年年初就有卜卦的习惯，不挂之人就会提醒寿元和福报二者都有尽的可能，于是，可以通过放生修长寿法延寿延生，也可通过布施供养寺院来增加福德从而达到延寿的目的。

含蓄，但表意明确，如说该老年人“没有了”。通常报丧分两次，在老年人刚断气之时报丧告知该老年人走了，第二次报丧是在僧人卜出确切的出殡下葬的时间地点以后进行报丧。

奔丧是在得知老年人离去了，就携带一把香和一饼“北京酥油”① （以前是带瓶清油）前去慰问吊丧。前来的人不艳装，手持佛珠，嘴念“六字真言”，把带来的东西交给固定收礼物的人，然后去见死者亲属，情不自禁地会跟着死者家属抽泣痛哭，但是适时得收起悲痛安慰家属，愿其节哀顺变，告诉家属他们已经做到了最好，相信老年人走得很满足，并且询问缺什么和需要做什么。

5. 筹备和念经

接下来就开始准备葬礼的一切事务。家属和亲戚们会开一个小型会议来决定具体事宜和各项事宜的负责人。一般村里会有固定的几个有掌事能力的中年人，红白喜事都请他们来当总负责人。然后各个负责人也会在会议时确定下来。一般是安排死者家属的亲戚来担当，比如给出殡路清障者，接受赠品者，准备食物者。当然，在会议中还要商讨请几个直系和旁系的老年人以及村里有威望的老年人来做谢礼者。会议后，各个负责人和执行者就开始如火如荼地行动起来。一般直系和旁系的亲戚都会在出殡前来赠送祭礼，以便在出殡的时候全力以赴的帮忙。特别是卜卦出要火葬的，就需要准备一些火葬的必需品，比如柴火、酥油、粮食、骨灰盒等等。出殡路上清障和清理下葬场地是筹备程序中必不可少的环节，不仅是为了清理出下葬的坟地，而且要把周围都清理出来，因为下葬之时所有僧人要在下葬前后和当时念经，所有村民都要前往念经祭奠死者。挖洞，准备石头、泥巴、插经文旗子的竹竿等等，都属于筹备的范围。其中要注意，挖洞一定要在下葬的前一天进行，丧家会请村里的年轻男性帮忙，但是基本上村里能干体力活的男性都会前去帮忙挖洞。

同时请僧人和本村的“更白”前来念经。僧人的人数由每家人的经济能力和当时寺庙里能前来的僧人的人数来决定。僧人就开始念丧葬的一套经文，时间一般从死者断气后请来僧人开始念经到下葬结束长达三天。念经期间会用糌粑做一

① 点酥油灯是嘉绒藏族进行供奉神灵和祖先以及与其交流的一种符号。但由于酥油昂贵且市场供应有缺，于是，一些食用黄油厂按照天然酥油的口味、色泽、香味等特性研制了替代品，而且由于其产在北京于是称其为“北京酥油”，由于用这种油点灯，火头稳定，不发声响，因此广受欢迎，被广泛使用，代替了天然酥油。

些撒上红蜡的小人，放到路边或者河边，表示是给死者的，然后准备一桶由茶、盐、剩饭菜和水的混合物，由专人定时朝房外撒，口中同时大喊“lang jian ji luo”，意思是将这些东西给孤魂野鬼恶鬼们，那些没有儿孙祭奠的鬼魂，把食物给他们，一是为了使得他们吃饱不抢死者的食物，二是为了贿赂他们，希望他们不要为难死者。另外还要准备一些糌粑坨坨，定时向房背上抛掷，敬供给死者进入的另外一个时空的领导长官上司和天神，希望他们能通融死者。然后需要准备由柏树枝、香、油和一些事物装满了的火盆，嘉绒语称“zadais”，即死者的食物；还要准备死者的一些衣物和一个由僧人绘制的代表死者人体的图案，由死者的长子或者其他儿子孙子举起火盆跪在死者衣物和图案前，然后僧人会从18层地狱念起，一层层的念经，然后由专门配合僧人的那个人将从僧人手中接过18次不同图案上面放些小麦粒的卡片，围着长子一圈然后将小麦粒倒在火盆。然后长子将火盆放下，点上火，点火烧食物的原因是死者在断气后成为中阴身[①]时是不能吃实质的饮食的，而以气味为食。表示死者已经摆脱18层地狱来到人间，吃火盆中为他准备的最后一餐，穿为他准备的衣物，然后吃饱穿暖不对世间留下眷恋。此时，儿女子孙们对着火盆烧冥币磕头哭丧。然后僧人继续念经，由专人继续从僧人手中接过放有小麦粒的不同图案的卡片，接9次，然后每次也是围着火盆绕一圈倒入火盆中。此程序表明，死者已经从人间一层层登上9重天，到了极乐世界。此时，所有来奔丧的人都要在旁边围坐，为死者念经祈福。

与此同时，要在丧家的经堂里点上多个灯和在死者房间里或者在房间外点上一桌子的灯，亲属随时更换灯，直系和旁系亲属随时点灯。

6. 赠送祭礼和出殡

到了出殡之日，所有村里人无论大人小孩除了需要留人看家之外，其余的人全部都去丧家帮忙。本村外的亲戚也基本全家出席，前去向丧家表示慰问，向死者致哀，赠送祭礼，帮助办理后事。祭礼根据与丧家的亲情远近、友情亲疏和经济状况而定。远亲送酥油、清油、酒、馍馍（或挂面）、腊肉等，直系亲属和近亲除此之外还要送粮食、猪膘、钱等和额外的猪膘坨坨，钱是用来帮助丧家凑僧人、“更白”的报酬的分子。其中赠送的祭礼也有一定的要求，前面会议规定的几个长者会在客厅按照年龄大小依次坐成一排，然后前来赠送祭礼的人要进行一

① 中阴身是指身处中阴（后文将解释中阴）状态的亡灵。它身处今生的死亡与来生投胎之间这段过渡时期，它并非血肉之躯，而是一种细微的心识身，并且无实质可言。

个“semzas”，就是对自己和死者的关系，自己家的情况和自己这两天所做的事情做个简单描述，然后表示对死者的惋惜，对丧家的慰问，语气要诚恳哀伤。如果前来赠送祭礼的人太年轻或者是不太会说话之人，就必须得请一起前来的其他长者帮忙进行“semzas”。然后，接受赠礼的长者们也要对其做出回应，表示对死者的怀念，代表丧家对来赠祭礼者表示感谢。当然随着社会经济的发展，祭礼也不断在发生变化。

到了卜卦卜出的吉时，随着一声炮响，就该出殡了。僧人在前面开路，边往前走边念经。由几个小伙子抬棺，抬棺之人的属相要和死者不犯冲。如果死者是女性就用红白相间的条纹的披风盖住棺材①，如果是男性就是用朱红色的氆氇盖住棺材。村民就跟在后面手持佛珠，边走边念。

到了下葬场地，男人们帮忙将棺材埋入事先挖好的坑内，在上面砌成塔状石堆，顶部放上白石，并在周围插上经幡数十枝；僧人和“更白”在坟地再念经，祭奠山神，为死者祈福。所有年龄比死者轻的家属和亲戚要在坟前磕头和念经祈福。前来送葬的所有人都要围成圈，手持佛珠，口念经文。邻村不能前来的老年人得知老年人去世和下葬的时间地点后，会聚集在他们自己村，找一个对准坟地的地方一起来为死者念经，当出殡的炮声响后，他们就开始大声地念诵经文，其声在丧家和坟地都能听见。亡人家属包括直系的和旁系的，亲朋好友每户派个人开始布施，在当地称为发放“zjies”。布施的种类由以前的豆子、酒、火柴、针线发展成糖果、饼干和钱。发放的顺序也有讲究，一般从僧人开始，而且给僧人发放的数量要多于其他前来奔丧的人，然后依次给每一个在场的人布施，连抱在怀中的婴儿也得发。布施的主要目的除了感谢众人前来和共享死者劳动成果之外，主要是为了帮助死者积德行善使其在另一个世界有更多福报。在此期间，有专人将盛有青稞酒、插有吸管的壶依次且不断的轮转着给除了僧人的所有人喝。这样，在坟地就要耽搁大半天时间。

7. 宴客和谢礼

从坟场回来就是宴客的时候了。之前安排好的准备食物的人，在布施完后立刻从坟场赶回做饭的地方，烧茶的、蒸馒头的、做菜的会安排在丧家、丧家的邻

---

① 如果是火葬，就没有棺材，而是用骨灰盒，在下文不再做注释。

居家或者是本村的晒场①厨房。所有来奔丧的人都要自动前来吃饭，吃饭顺序讲究远方的客人先入席，本村人最后入席。中午的饭菜基本三样，是全村默认的，晚上一般吃酸菜面块。饭后会在丧家或者晒场围着篝火，篝火上面热着酒，跳锅庄。大家不艳装不打扮，就穿着平时劳动的衣服唱歌跳舞。跳锅庄的目的是为了驱走悲伤，使得丧家忘记悲痛，为整个村子带来欢乐的气氛。

从坟场回来后，家族长辈和村里有威望的人就开始合计僧人的报酬。一般是按僧人的学识地位和前来念经的时间来定。这时会派出死者家族里最长的男性来给僧人做“semzas”，内容是从死者的祖父祖母开始讲起，主要是讲死者的家谱，到死者现在所拥有的子孙为止。接下来大概描述死者生前的事迹，然后对死者的离去表示惋惜。随后感谢僧人前来念经，谦虚地表示所准备的报酬很少，希望僧人笑纳。此番话一定要以谦虚的态度讲述。僧人的报酬主要是猪膘、馒头、钱。最后，僧人一般会返回猪膘或者是一些钱作为对丧家的慰问和保佑之义。

8. 四十九天，一年和三年的祭祀

死亡的历程是要经过六种中阴②：“生处中阴，清醒的意识境界◇梦境中阴，梦中的意识境界◇禅定中阴，出神的意识境界◇临终中阴，将死的意识境界◇法性中阴，悟实的意识境界◇投胎中阴，再生的意识境界。”③ 其中前三种是生命中的意识境界，后三种是死亡与转生之间的意识境界而且是决定生命升沉轮回的阶段。在临终中阴阶段内能获得解脱的亡灵将在昏迷三天半后醒来，一般这个时间也是死者断气到下葬的时间。这时，死者要进入法性中阴，七七四十九天的历程开始。因此，从下葬开始的四十九天以内，丧家得请僧人以七天为一期念经为死者进行超度，因为七天要过一关，所以每到一关要祭祀一次，帮助其过关。家属每天要去死者坟前点灯，目的也是帮助死者早日得到解脱。

一年后的忌日，丧家要请两三个僧人前来念经再次超度死者。这时同样要准备“zadais”，家属们烧冥币纸磕头。此次只会请死者的亲属前来，不会大范围地邀请村民。

---

① 晒场是每个村落集体活动的地方。以前大锅饭时期，晒场是晾晒集体粮食、分配粮食的地方。现在主要是举行集体活动、开会等的地方。一般每个晒场中间是大的操场，旁边有两层小楼，一楼是厨房，二楼是储物与村干部工作的地方。

② 中阴在藏文中念为Bardo，它是指一个过程的“完成”和另一个过程的“开始”之间的国度或间隔。

③ 莲花生大师原著，达赫释著．西藏生死书［M］．西安：陕西师范大学出版社，2006：13.

三年后的忌日或在前几天举行一次大的祭祀活动。这个时间只可前不可后，因为怕误了死者解脱。此次和下葬时规模相当，同村全部和其他地方的亲戚都要前来参加，僧人人数也和下葬时相当。仪式主要也是准备“zadais”，家属烧冥币磕头，亲属布施，村民们为死者念经超度。仪式基本在丧家举行，家属需要按照僧人要求定时去坟前点灯烧冥币和僧人提供的食物。

从此以后则不再举行特别的祭祀仪式，在逢年过节特别是大年三十和清明节的时候要进行扫墓和祭拜，还有一些家中有些不幸事情发生时会前去祖先坟地祭拜。

9. 守孝

守孝是除了办理丧葬仪式之外另一个表现丧家哀痛和孝心的仪式。丧家三年里不得唱歌跳舞，特别是在集体活动中，如节日结婚仪式等，丧家需要出席这些村里的集体活动但是不能参与唱歌跳舞。并且丧家不能过死者离去的下一个新年，不能贴春联，不刷白房子等等。有时候甚至全村都会守丧，例如，如果丧事刚好出在某个节日之前几天或者当天，那么全村人民都会停止举办该节日活动，一是为了不破坏治丧气氛利于邻里和睦，二是为了表示对亡者的怀念与吊唁，三是为了全村都去帮助丧家治丧。

二、丹巴嘉绒藏族丧葬仪式的突出特点

1. 宗教性

“丧葬是宗教的产物。丧葬的演变、发展，往往都与宗教有直接关系。”① 丹巴嘉绒藏族丧葬仪式也不例外，具有明显的宗教性，例如灵魂不灭观念，阴间世界的描述等等。丧葬仪式主要是为了超度死者和使其摆脱烦恼走出轮回，这个目的完全来自宗教。其仪式的类型、时间、地点都由僧人决定，仪式具体实施过程的主旋律也由僧人来掌控。前来的村民基本会手持佛珠，不闲谈而口念经文，下葬时更是集体念诵经文，坟地周围也会插满死者所信仰的宗教的经幡。家属还会向各地的大寺庙进行捐款而拜托该寺庙帮助死者超度。由此可见，从目的、程序和相关物件来看，嘉绒藏族丧葬仪式带有很浓郁的宗教色彩。

① 罗开玉. 丧葬与中国文化［M］. 海口：三环出版社，1990：2.

2. 象征性

丧葬习俗是一种符号，每一种符号的背后都蕴含着一个故事，其中，丰富的信仰象征是丧葬文化最为突出的一个特征。该仪式的象征性首先表现死者的身体的死亡和意识经过六个中阴阶段然后重生。其次，仪式中的言行举止，如长子跪举“zadais”等，和符号形态，如经文旗子、代表死者的画，代表十八层地狱和九重天的图片等，丧家的邻居在门上都放上白石头、镰刀、筛子和一桶水来驱邪逐鬼，等等，这些都极富象征性且寓意深刻。这样的象征性明显且深刻地反映了嘉绒文化最深层的内涵。嘉绒人对富有象征性的符号的理解也源自日常生产生活活动，然后在仪式进行中得到巩固和升华。

3. 社会性

由僧人和“更白”掌控主旋律，丧家和亲属主办，掌事者安排，全村人都参与帮助，邻村的聚集念经行为，都可以看出该仪式虽然是丧家为死者举行的“通过仪式”，但也是全村甚至是邻村共同参与的活动。由此可看出，该仪式具有浓厚的社会性，是与当地社区紧密相连的。

4. 禁忌性

丧葬仪式中的禁忌是非常多的，比如举棂者当月不得上楼或经堂、不能上屋顶煨桑，参与丧葬仪式的人回家不能立刻去见家里的高龄者，家里年初算命如果说不能参与丧葬仪式的话会尽量避免参与，僧人卜卦卜出什么属相的人不能出席下葬则该人就在下葬的时候回避，但是下葬后又前来帮忙诵经和治丧，僧人还会卜出葬后丧家几年不能装修房子或者修养牲畜的圈等等。就是这样的禁忌又恰好反映了人们对亡者的尊敬又畏惧，重死重丧而又避讳言死的矛盾心理。

5. 教育性

该仪式的教育意义更是不容小觑。这样的全民参与的活动具有深刻的教育内涵和教育价值。仪式作为文化的一部分，举行和参与这样的仪式本身就是当地文化的传承，并且含有尊重生命、孝敬长辈等等的教育意义。

三、丹巴嘉绒藏族丧葬仪式的文化意义

“文化是一个由信仰、价值观、习俗和表达这些信仰、价值观、习俗的制度整合起来的系统，它将社会整合起来并赋予其关于身份、尊严、安全和延续性的

意义和理性。”① 其中信仰是关于神、现实和终极意义的，价值观是指什么是真、善、美，什么是规范，习俗是指如何行为，如何做人，如何与人交往，以及说话、祷告、服饰、工作、娱乐、贸易、农耕、饮食等，制度包括政府、法院、寺庙、教堂、家庭、学校、医院、工厂、商店、工会、俱乐部等等在内。而社会是某一个时段人类或者民族的整体，是为了每个个体的生存而存在的。每个时段的社会被连接整合起来的集合体就成为了文化。巴登尼玛教授对这一文化定义做了分析（如图一），可以看出终极价值即人的信仰，关于生与死的答案，是文化最核心的部分。只有关注这个终极价值才能产生人的教育与稳定和谐的社会。丧葬仪式正是由嘉绒藏族共同的终极价值出发，从而产生出在丧葬仪式种种价值观的外化形式——参与人的行动，送的祭礼，执行程序等等，然后同样有着让终极价值和行为保持一致的场所——家庭、坟地、晒场、社区和自组织的仪式。而就是在这样一种具有情境性、生动性、形象性和直观性的仪式活动（文化背景）中，通过参与者的行为和器物等相关要素之间的互动，文化意义就自然而然地在仪式中发生，并且这样的影响力强烈且持久广泛。也只有这样关注人的终极价值，文化的影响才会成功顺利地发生，才能达到优化人的生存的目的。

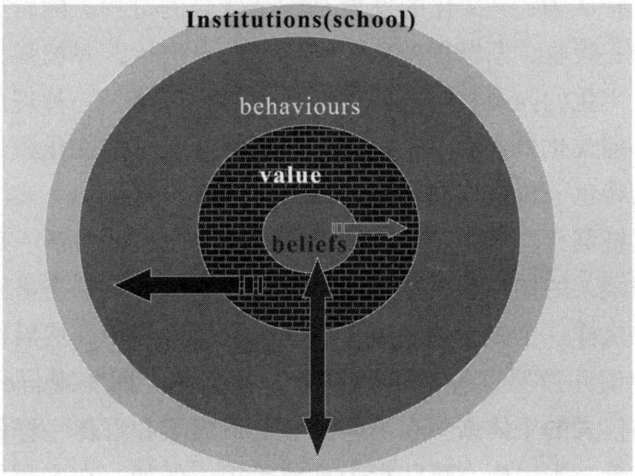

图一　巴登尼玛教授对洛桑会议中文化定义的分析

① 文化的这个定义源自 1974 年洛桑会议。

1. 丧葬仪式的文化意义发生过程

丧葬仪式作为丹巴嘉绒藏族社区文化中一个重要部分，它的文化意义存在于生产生活本身，丧葬仪式的直接目的是安顿死者（来生生活的需要）和保护生者（今生生活的需要），从而使得晚辈们学会成人生产生活必需的经验、社会习俗和产生自我身份认同，最终实现嘉绒藏族的延续。

丧葬仪式的根本在于将在这个世界终结了生命的死者好好安葬使其顺利通过到另外一个世界从而得到再生，但是仪式的一系列程序又表现了该仪式保护生者使其能坦然面对死者和死亡，对未来生活有美好憧憬的目的。这样的目的在该仪式中"自在"且发生，从而使得社区里的晚辈们逐渐地、一代代地学会在当地社区生活必需的经验和社会习俗以满足基本生活要求和提高生活质量，使得他们在社区中获得承认并能够成家立业，满足基本信仰需求，符合当地文化价值，然后通过这样的传承和执行使得嘉绒藏族得到了延续。

丧葬仪式作为一种当地的习俗，它传达了当地人应该如何行为，应该如何与人交往，怎么说话，怎么祈福，服饰习惯，农耕和饮食知识等等，而人们在参与仪式时在不同程度被不同人和物影响着。而这些影响内容是嘉绒藏族的一些文化特质。本尼迪克特认为："文化的发展是一个融合的过程。随着历史发展，一些文化特质被选择、吸收，渐渐规范化、制度化、合法化，并被强化为人的心理特征和行为特征。文化的内聚和整合就慢慢形成一种风格，一种理想，一种心理的和行为的模式，即文化模式。每个民族和社会都有自己的文化模式，每一种文化模式都有自己的特色、价值取向和潜在的价值意识。"① 所以，丧葬仪式传达的这些文化特质是嘉绒藏族在历史发展过程中形成的文化模式中的一部分，是整个群体对每一个嘉绒藏人的期待和希望，即群体价值期望。每一个嘉绒藏人从呱呱落地开始就生活在这样一个先于他们个人经验的文化世界中，然后通过参与仪式等执行群体价值期望并按照这种价值期望进行社会化，即实现自我价值认同的过程。于是，参与仪式的个体渐渐在不同程度上形成了和群体一样的价值观，即什么是真，什么是善，本民族有哪些行为规范等等。例如，在丧葬仪式中，人们都了解到为了死后能够顺利超越轮回要在生前孝敬老人，勤俭节约，行善节欲，善待珍惜生命等等。每一次的参与都巩固和加深了他们的价值观，通过自身从参与

① 李伟华．本尼迪克特文化模式理论探析[D]．黑龙江大学硕士论文，2008：13－21．本尼迪克特．文化模式[M]．王炜译．北京：生活·读书·新知三联书店，1988．

到执行者身份的转化，对僧人多次对仪式程序和意义的讲解和自己对仪式程序器物等的象征意义的了解最终形成关于生和死的答案，即信仰。

图二 生命之轮

这里特别要讨论一下嘉绒藏族的信仰——对于生和死的答案。嘉绒藏族对于生死的答案可以用一幅图来表示就是“生命之轮”① 图（如图二所示）。佛教中将这个轮作为承载人在三界六道中生死运转的车轮。“轮外刻‘转轮圣王’，头顶‘三世佛’，面目丑怪，蓬头獠牙，脚踏鳌头，口衔轮彦，双臂环抱巨轮，以此表示人生之‘业力’不可逆转。”② 轮总共为四层，内层为猪（愚痴）、鸽（贪染）

① 生命之轮，在藏文中又称为“轮回之轮”（Sipay korlo，梵语 Bhava - chakra），汉传佛教称为“五趣生死轮”、“五道轮”、“生死轮”、“十二缘起图”，西方人称之为“the wheel of life，the wheel of life and death”。

② 曹王禅寺：http：//www. caowangsi. com/dcfm/dtsy/200909/t20090903_68221. htm. 觉之路论坛：六道轮回图，http：//bbs. fjdh. com/thread - 5368 - 1 - 1. html. 莲花生大师原著，达赫释著. 西藏生死书［M］. 西安：陕西师范大学出版社，2006：94 - 100.

和蛇（瞋）三种动物，分别表示“三毒”。人生中有很多恶业，其中“三毒”为诸恶之最与诸恶之源。第二层的六份就是所谓的“六道”——天道、修罗道、人间道、畜生道、饿鬼道、地狱道，即六种“业力”产生的果报。第三层主要是“十二因缘说”的基本内容，也就是所有生命体的痛苦的来源和原因。为了更详细贴切的说明生死轮回的具体过程，有18格的第四层刻出一个个生灵转世轮回的图像。

藏文化把生命的含义理解为身体和灵魂的结合，即“六道”之灵，并且认为人的生命与自然界的其他生命是同等的。所有的生命现象根据它们的存在方式和内容不同，被分为六种存在，即上文所提的生命之轮的第二层。每一道都是业力和烦恼的结果。其中，天道、修罗道和人间道为善道，畜生道、饿鬼道和地狱道为恶道，这六道中的苦依次变多，但是就连痛苦最少的天道也有其苦，如在天道生命体享尽了自己的善业福报，能遇见下生将堕到恶道。而生命体描述其情状，去来往复，犹如车轮的回旋，在这六道中周而复始，无有不遍，故名六道轮回。世间众生无不在轮回之中，只有佛、菩萨和罗汉才能跳出三界，不入轮回。但是没有什么决定者来控制个体死后的去向，当然也不能自主进行选择，这一切都是无奈地由业力即烦恼所掌控的。由之前身、语与意所作的业因和外缘成熟，生命体就于某一道投生。所以，善业因缘成熟时作善业者便转生于三善道；恶业因于因缘成熟便转生于恶道。此轮回不是赏罚制度，也不是谁的安排，而是一种因果之自然定律，一直如常运作。除了在生阶段的业力和烦恼之外，临终一念是诱发恒久积集下来的业因的力量。如果老人能自修“颇哇”法或者在临终时有僧人为其修持“颇哇”经引导他，那么可以确保临终一念为善念，从而保证下一生能生于净土之中。这刚好和丧葬仪式中尽心为死者举行完整的丧葬仪式使其顺利通过到另外一个世界从而得到更好的再生的目的相吻合。因此，这充分表明了丧葬仪式的重要性，揭示了丧葬仪式是最直接与嘉绒藏族的最核心的信仰相关的仪式。

这就是嘉绒藏人从小接触的和慢慢形成的对于生和死的答案，也即他们的信仰。就是这样的从小接受影响，从不同角度不同方式慢慢接受影响从而形成的信仰衍生出道德价值观：人是属于自然的，各种生命体都相互依存、相互转化和相互补充；人与人之间相互团结和帮助，扬善弃恶，尚美抑丑，率真释假；人人维护为了生存必须依存的社会。然后这样的价值观又形成了各种嘉绒藏族的习俗，包括祭神、结婚、祝寿、丧葬仪式等等。这些习俗指导他们的行为，告之如何与人交往，如何说话，如何祈福，如何穿衣，如何农耕等等。相应地，社区中的寺庙、学校、晒场、村委会、家庭等就作为表达这些信仰、道德价值观和习俗的组织机构，并且保证着信仰、价值观和习俗的一致。

就是通过这些情景性、生动性、形象性和直观性的仪式活动，从真实的生活中受到刺激，从而感同身受形成嘉绒藏族独特的行为方式、心理结构、认知能力、情感和自我意识，然后形成道德价值观并严格按照其规范行为，最终得出自己对生和死的答案。然后又由这样的答案来时常提醒他们什么是真善美，什么是假恶丑，从而来指导他们的行为和生产生活。

2. 丧葬仪式的文化意义

由前文可以看出，丹巴嘉绒藏族的丧葬仪式井然有序又非常复杂，因此其文化意义涉及范围广泛并且对参与者具有重大意义。

（1）生命认知

①正确认识自然规律，正确对待死亡，消除对死亡的恐惧和困惑

根讷普（Arnold van Gennep）将安全度过生命的几个重要关口出生、成年、结婚和死亡的仪式称为“通过仪式”，包括分离仪式、过渡仪式和整合仪式三个阶段。其中，分离仪式阶段是指在断绝死者与原来社会的关系，即丧葬仪式的最直接的目的——送走死者。这也是文明进步的体现和要求，体现了与死者的最后告别，帮助死者灵魂平安“过渡”踏上走向另一个世界的路途，并能到达和融入幸福的彼岸世界。正如根讷普的分析，丧葬仪式揭示了从生到死，生生死死，有生有死的人生的正常的自然规律。每个人的这一生的历程都是从生开始，到死结束，然后到下一个人生的开始①。

丧葬仪式中多次呈现这样的观点，比如僧人念诵“颇哇”经使得死者灵魂从梵穴离开以便消灭染垢登达佛陀境地超越轮回，还有僧人念诵经文帮助死者从十八层地狱到世间再到九重天以上，家属亲戚布施帮助死者积福超越轮回等等都表明死亡是一种正常的分离仪式，是下一个生命的开始。

这样的观点教育人们要正确地对待死亡，消除对死亡的恐惧和困惑。对于死者来说，老年人在丧前就开始准备自己的棺材、寿衣，面对让外人看了背脊发冷的棺材和寿衣，老人家感到满意和踏实，在步入花甲时请活佛念“po leng”经从而进一步认识死后的路途和世界，对死亡抱以坦然的态度，犹如自己走向死亡的时候万事俱备，能轻易超越轮回，从而将死亡看成是如出生一样必不可少的一种

① Arnold van Gennep. Les Rites de Passage［M］. Paris：Editions A&J Picard，1909.

仪式和经历。

对于死者的家属和亲戚来说，在丧前帮助老年人准备寿衣棺材，在寿终时悉心照料和日夜陪伴，老年人走后严格按照当地丧葬礼仪一步步地举行丧礼直至三年祭祀，倾其所有来请僧人举行丧礼和在丧礼后念诵卜卦卜出的经文、布施、守孝等等，都使得死者的家属和亲戚对死亡和死者的恐惧与害怕转化为对死者的爱和惋惜不舍，完整举行丧礼后的坦然以及对死者保佑自己的期望。并且这样的仪式在一定程度上发挥了对死者家属的自我安慰和情感抚慰的功能。如出殡日和下葬地择吉，对生者的一种心灵上的平衡、满足所产生的安慰和自信是无法估量的。

对于同村的村民来说，全家出席，慰问丧家，赠礼致哀，积极帮助丧家办理后事，到坟地帮助死者念诵经文，在自己家里放上白石头、镰刀、筛子和水来驱邪等等，这些都解决了人们在潜意识中需要的帮助，用这样的方式来消除对死者和鬼灵的恐惧，建立了对自己也将面对的死亡的信心。

②善待生命，珍惜生命，树立乐生不畏死的人生观

亲朋好友在寿终时候的陪伴，通过“semzas”对死者的一生和走时的情景的了解，使得人们更加了解生命的短暂、脆弱和珍贵。在这样一个丧家主办，全村参与的仪式中，使得人们明白自己的生命除了是自己的以外，还是家人亲朋的。活着除了是种权利，更是一种责任和义务。在尊重和善待别人的生命的同时也不糟蹋和轻视自己的生命。而对死后的另一个几乎与现实世界同等重要的世界的建构，给予生者以动力、希望、勇气和活力，将所有可以使死者获得愉悦的方式都从生的世界搬到了死者的世界，人们从这种模拟中获得快乐，也获得了永恒的归宿感。

（2）道德规范

①孝道教育

丧前帮助老年人准备寿衣和棺材，寿终时全力照顾和陪伴等等，死者子孙都没有半点怠慢，表现出了对老年人的尊重和孝敬。在整个葬礼过程中，对长辈去世的哀痛之情也是自然流露，晚辈们竭力宣泄内心的哀痛之情。在葬后进行连续49 天的点灯，七天一次的祭祀，49 天的祭祀，三年后的祭祀，即使“会说话就能唱歌，会走路就能跳舞”这样热爱歌舞的人们都坚持三年不唱不跳守孝，这些种种都表示出并没有因为长辈的离去而消减的孝心。其中在祭祀活动中长子或者长孙举“zadais”火盆跪在代表死者的衣物之前，一直到僧人念诵完一整套的经

文为止，这也是对于孝顺的最好表现和榜样。当地人们普遍认为，活人若不尽心尽力的定期祭祀，死者在另一个世界就可能遭饿、遭穷，如果家里有什么不幸的事情发生也会前往祖先坟地进行祭拜。这种习俗使得人们意识到，生前和死后孝敬长辈是晚辈的天职。当然这样不惜代价请僧人卜卦卜下葬时间地点，尽全力祭祀，或者是子孙遭遇疾病或者不幸就会认为死者灵魂作祟便去坟地祭祀和请僧人卜卦，这些习俗的真正功能也是暗示长辈虽然离去了，但是也会在一定程度和角度主宰后人，教育晚辈承认长者至高无上的地位，尊重长者。所有的程序：一是丧家发自内心的举行这样的仪式，二是当地的传统和仪式要求家属必须这么做，三是丧家这么做，也教育了下一代要尊重家人在生前对家庭的付出，并且为下一代做出表率，对于下一代对长辈的尊重、孝顺，进行了一个示范性的教育。同时，全村人也都因此受到影响，从而整个社区都形成了良好的社会风气。

当然这样的习俗除了教导人们要遵奉孝道以外，同时又提醒了父母们抚养儿女也是天职。

②生产生活道理

丧葬仪式虽然是为死亡展开的仪式，但是它同样具有对生、生存和生活有重大的教育意义。虽然同村村民都会带来一些祭礼，但是丧家及亲属需要为丧葬仪式付出的不是一个小数目。采访中老年人经常提到自己活不久了早就开始存一些钱，有老年人的家庭也特别注重粮食、牲畜、酥油等的准备。寿衣、棺材、招待客人的猪肉、蔬菜、面食、点灯用的酥油，僧人的酬劳，还有一系列的为了死者能在另一个世界顺利幸福的“生”而供奉烧去的祭品，这些对于当地村民来说都不是小消耗。而在这样一个重死重丧的嘉绒藏区，丧家一定要把葬礼办好，不然别人觉得儿孙不够孝顺，祖先在天之灵也会不保佑家人，更有可能由此受到惩罚。因此，丧礼的准备是长期的，从老年人步入花甲开始，老年人和家人一同就开始准备这些必需品，以备不时之需。由此可见，丧葬仪式的影响贯穿生活始终，人们也因此辛勤劳作，勤俭节约，对生活有长远的考虑。丧家也不会因为失去亲人而怠慢劳作，反而死者亲属会更加努力劳作，使得死者走得安心，免于牵挂，并且渴望用大丰收来驱邪带来吉祥。当地村民深知对死者最好的尊重，就是正视现实，勇敢地活下去。

③行善节欲

虽然丧葬仪式使得村民要辛勤劳作，做好足够的物质准备，但是同时它又提醒村民要在生前扶危济困、与人为善，节制物质欲望。由于嘉绒藏区是全民信教地区，基本每个村子都有一个寺庙，而且寺庙经常有宗教活动，即时没有活动，老年人也会带小孩去转经。小孩从小就接触宗教，从小就看寺庙墙上的六道轮回图，然后发出一系列的问题，大人们就一一讲解。因此当地人碰到什么坏人常说的一句话就说“这个人心这么黑，将来死后会投生在六道轮回最底层”。钟敬文也曾指出“民俗现象的功能，主要在于规范和促进人们的社会生活，使之巩固、发展和得到调整”①。因此，生活中除了法律还有这样的默认了的死亡禁忌具有一种无形的力量来规范行为。僧人卜卦会卜出死者有足够多的福，但还是需要家人捐贡念经来帮助他积福；丧家和亲属在下葬祭祀时候的布施；村民会通过赠送更多的祭礼，帮助丧家准备丧家没有的东西等来累积自己的福报从而使得自己死后能顺利超越轮回；对于没有儿孙祭奠的鬼魂同样进行布施食物以贿赂他们不要去抢死者的食物，而不是通过阻止或者一些暴力方法；在赠送祭礼时双方的“semzas”中会提及死者生前与人为善、勤俭持家等品质；村民前来奔丧都会赞美死者生前的品质；以及因死者生前行善节欲，前来奔丧的人和为其念诵佛经的人会更多；在丧葬仪式中诸如此类的种种，都会约束、提醒和限制人们生前的各种行为，告诉人们要努力成为一个行善节欲的人，成为让家人和亲朋自豪和永远怀念、对乡邻和社会有意义有价值的人。给晚辈和小孩们敲响警钟，从而使得宗教伦理、道德观念在民族生活中长期地渗透、默化成为当地人自我意识的一部分，控制相当数量的越轨或偏离行为，起到规范社会行为、维持社会风纪的作用。当然，表面看来这似乎只是扬善，实则还有惩恶的警戒作用。

④团结共处，整合社会

丧事的处理不仅仅是一个家庭的行为，它往往是一个家庭或宗族的行为。丧葬仪式是一件大事，也是民间各种仪式中最为隆重、也最为铺张讲究的仪式。丧葬仪式不是由几个人单独完成的，而是需要家族成员和村民集体参与的集体活动。由于葬礼是公开的活动，因此丧葬仪式本身就实现了团结教育和一次社会的聚合。如果前来赠送丧礼的年轻人太年轻或者是不太会说话，则必须请一起前来的其他长者帮忙进行“semzas”；不能前来送丧的老年人在得知死者下葬的时间地点后就聚集在他们自己村，找一个朝向坟地的地方一起来为死者念经，当出殡的炮声响后，他们就开始大声地念诵经文；如果丧事刚好出在某个节日之前几天或者当天，那么全村人民都会停止举办该节日活动，等等，这些都体现了团结教育

① 钟敬文. 新的驿程［M］. 北京：中国民间文艺出版社，1987：396.

的实现。

同时，按照与死者的关系程度不同，参与者的参与程度也各不相同。如死者家人和血亲、姻亲要在寿终时就从四面八方赶来照顾和陪伴，同村村民要在第一时间来奔丧，远村村民在下葬时出席。村民们共同参与进行互动，增进了家庭的和谐、家族内的相互了解与和睦，促进了邻里之间的互助，表现了和谐亲密的人际关系。因为丧葬仪式是公开的和全村性的，甚至本村与丧家有些过节的人也都会前来奔丧，从而起到国家法律和单纯道德所不能起到的调节作用。在仪式和宗教影响下，大家团结一致，相安共处。村里的人也抓住前来帮忙从而聚在一起的机会进行甚于平常的共同交流，这在客观上强化了集体观念。在守孝的第一年，丧家不能过新年，因此丧家的亲朋好友会依次邀请丧家到自己家里来团聚；并且在丧后农忙期间会主动积极去帮助丧家劳作，从而达到了对子孙后代的关于团结共处的生存法则的教育。

当然，死者的离开必然也会带来丧家甚至是全村社会结构的变化。比如老人的去世代表着一个家庭中最重要的角色要由年青一代去接替；如果死去的是已婚的年轻人或者中年人，那么丧偶者可能会因此重新建立家庭；如果死者是村里日常仪式掌事者，那村子得再推选出一位掌事者负责各种仪式的执行。由此可以看出，虽然丧葬仪式结束，但是家庭和社区的社会结构都有一定程度的改变。

⑤传承文化

“各民族在生产和生活实践中创造了自己的文化，文化的保存和发展，就必须在一代又一代间传承下去。”① 丧葬仪式是后代子孙对长辈最后一种尽孝的形式，但是子孙后辈和长辈的关系并不会随着葬礼的结束而停止，将持续相当长时间，一年和三年的祭祀，守孝，大年三十和清明节扫墓等等，持续到生者的生命结束，这符合“生，事之以礼；死，葬之以礼，祭之以礼”的精神。杨知勇认为，丧葬仪式“通过本民族歌舞艺术、传统礼俗和人生观等方面的大展演，充分体现出民族意识和民族精神的丰富深刻内涵……对整个村寨和社区的民众，进行本民族的起源、迁徙以及发展等方面的再教育，让每一位丧礼参加者都对本民族历史及传统文化获得深刻的领悟……丧葬礼仪所引发的人们对人生问题的认真思考，所产生的道德化育之功效，所形成的民族文化的‘传承场’，确实是没有任

① 唐荣德．论我国学校学习生活意义的时代抉择［J］．广西师范大学学报：哲学社会科学版，2007，(5)：90－96.

何礼仪能够与之相比的”①。在仪式中，每个程序所展示的相应的习俗本身就是民族文化的一部分内容和一种具体表现，如卜卦，拿把香奔丧，给老年人念“po-leng”经和“颇哇”经，独特的祭礼和不过新年的守孝方式等等，都是嘉绒藏族文化中的重要组成部分，其仪式中的礼仪禁忌也都是民族文化内涵的构成内容。再者，这样的丧葬仪式所表现的民族的习俗、礼仪和文化传统内容也有着其他仪式活动所没有或者不能体现的特殊的意义。整个丧葬仪式过程中，整个社区的人都在场，不管是哀伤心情或是对鬼神和死亡的困惑畏惧心理，还是在僧人执行宗教仪式和各种祭祀程序时的带动和暗示，每个人都耳濡目染这些传统习俗，并且接受、了解、认识和学习，虽然不全是主动的，但是人们怀着虔诚的心态对待这种外部感化。这一过程根植在每个人的心里，除了一些祭礼的改变和葬礼工具的改变，程序都是全部被接受和模仿的。所以这样的传承一般都是原生态的，是对民族传统文化的生动展示和鲜活描述，因而这样的传承效果也是相当明显的。可以这么说，在丧葬仪式中，该民族的习俗、宗教信仰、处世礼仪都在无形之中得以彰显和传承。

⑥家谱寻根和自我价值认同

“参天之木，必有其根，怀山之水，必有其源”。仪式中，当老年人病危之际，亲友频来探望，送来肉类、馒头包子、酒等以示慰问；除了老人的儿女，有血亲关系的亲戚则轮流来身边尽心照料并守夜。家人亲属齐聚该家照顾和聆听遗言；亡人家属包括直系的、旁系的，亲朋好友每户派个人在下葬时进行布施；供奉僧人报酬时会派出该家族最长的男性来给僧人做“semzas”，内容是从死者的祖父祖母开始讲起，主要是讲死者的家谱，到死者现在所拥有的子孙为止等等，这些行为都围绕着丧家，更确切地说是围绕着死者发散开的有血亲关系的人进行的活动。这个活动映射出死者的家谱，增进了死者亲戚对家族的了解，强化了家族观念，让家属和亲戚找到家族源流，增强了族群归属意识，以免出现“一代亲，二代表，三代四代陌路人”的情况。

这样的族群归属意识和家谱寻根教育还孕育出自我价值认同教育。“自我价值认同是个体以群体的价值意识为自我的价值意识，以群体的价值为自我生存的价值，并在价值判断、选择、取向等方面与群体采取一致的行动。自我价值认同是个体对群体价值认知的过程，是自我价值意识被群体价值意识同化的过程，也

① 杨知勇. 西南民族生死观［M］. 昆明：云南教育出版社，2001：10－32.

是自我执行群体期望建构同类价值意识的过程，因此，群体的价值意识水平，这种价值意识所表现的价值期望状况，对于自我价值认同的影响极大。”① 可见自我价值认同是对群体价值意识的同化，在很大程度上受群体价值意识的影响。而由于群体的价值意识是一个民族得以生存和发展的需要，渗透在每一个社区文化活动中。丧葬仪式作为丹巴嘉绒藏族社会文化活动的核心组成部分，是这个区域内的人们共同参与和执行的习俗，并且从心底将其作为自己人生最终的归属方式，为了使得死者灵魂安息和给生者带来吉祥，丧葬仪式成为当地人普遍遵循的一个基本行为准则，老年人渴望这样的仪式并不断为其准备，死者的家属和同社区的人也都按照这个仪式来行动，就是这种共同的价值观念和行为取向形成了所有嘉绒藏人的共同选择和追求。村民就以这样的群体共同的价值意识作为核心，形成了对自己身份和文化的认同。

① 司马云杰. 文化价值论——关于文化建构价值意识的学说［M］. 西安：陕西人民出版社，2003：119－120.

近代云南少数民族地区的女子教会教育

□李　蔚　刘远碧
四川师范大学教育科学学院

鸦片战争爆发后，英国策划以缅甸、印度为基础，从云南边境打开中国内陆的“后门”，以霸占西南各省，并与已经占领的东南亚各地连成一片。1874 年，英军上校柏朗率部入侵云南，英驻北京使馆的翻译马嘉里沿途刺探军政情报，绘制山川地形图。途中，马嘉里与少数民族群众起纷争，并开枪射杀了一名群众，引起公愤，当地群众将马嘉里一行四人杀死。英国以此为借口扩大对中国的侵略，迫使清政府签订了《中英烟台条约》，又称《滇案条约》。条约规定从 1877 年起，以五年为限，英国保留由印度赴云南之权。与此同时，基督教在原有的传教基础上，选择了以边缘社会和边缘社会群体为主要传播对象，把传播触角延伸到贫困阶级和被封建文化排斥的少数民族社会，云南少数民族地区因而被纳入基督教在华的传教版图。英国教会迅速做出反应，传教士陆续进入云南。其他国家的传教士也纷至沓来，开始了基督教在云南少数民族地区大规模传播的历史。

在西方列强眼中，云南少数民族地区是一块神奇的未经开垦的蛮荒地带。传教士们早期将传教中心定于城镇，但并未形成适宜传播的社会环境，于是改变传教策略，把目光瞄准了高寒山区的少数民族群众。因为这些地方地势险要，社会封闭，条件艰苦，许多地方甚至处于原始状态，就连官办学校也鲜有人办。少数民族群众受地理环境和社会封闭的影响，其生产、生活、安全完全依赖于自然，“靠天吃饭”，加之气候多变，水旱灾害和疾病瘟疫不断，从而导致其物质生活等方面的严重短缺，当地群众可谓生活在“生存的极限边缘”[1]。

据史料记载，历史上那些放弃自己原来的宗教信仰而改信基督教的少数民族，其生存环境相当恶劣。他们为了避免周围大民族的压迫、剥削和歧视，一次次被迫放弃其艰辛开垦和建设的家园，重新寻找安身之地，长久地过着颠沛流离的生活，渐渐地走向山区，躲入森林，在荒山野林、人迹罕见之处，寻觅其栖息之所。如居住在乌蒙山区信仰基督教的苗族祖先曾是生活在长江以北、黄河以南一带肥沃土地上的"望族"[2]。他们经历了"胜共工（部落），战黄帝（部落），受'禹'征讨，遭'周'南伐，沦奴于楚，避逃武陵，投靠'比诺'（彝族部落），迁徙乌蒙"[3]的历史过程，于明朝时期进入滇东北至今。由于乌蒙山区得天独厚的险要地势能更好地躲避战乱和外族的压迫，滇东北的昭通就成了苗族"理想"的安身立命之处。信仰基督教的傈僳族和怒族的生存环境与苗族相差无异。历史上这两个民族受其他大民族统治者的欺压，不得不选择"三江四山所盘踞"的怒江大峡谷为居住之地[4]。

面对如此恶劣的生存环境及条件，这些少数民族始终"处于一种无能为力的状态之中"[5]。这种人对自然的"不能关系"[6]扭曲了他们的心态，造成心理上的长期压抑和深深的痛苦。为了解脱这种恐惧和痛苦，他们转而祈求超自然的力量，希望能够获得神灵庇护，拯救民族的生存和得到心理的慰藉。在这种情况下，基督教来到了云南少数民族地区，他们的救世教义和宗教行为正好契合了少数民族群众寻觅精神安慰的心态。加之少数民族地区中央集权统治薄弱，存在着大片的封建文化空白区，其抵御外来文化入侵的防线最脆弱，因而成为基督教传教最易突破的地方。

鸦片战争以前，没有关于少数民族女子学校教育方面的资料记载。女子是在生产、家庭和社会交往中获得传统教育的，并以制度、谚语、故事、诗歌仪式等载体传承，其教育内容主要包括生产中的各种技能、家庭中的妇德知识以及社会生活中的祭祀、婚丧、礼仪等知识。事实上，大部分少数民族女子获得这些知识是通过祖辈口耳相传或者以家支家谱的传承等方式或手段来得到的，特别是母亲和姐姐的言传身教是少数民族女子获得主要的生存技能和妇德知识的来源，在出嫁后，她们又从婆婆那里继续学习。如"诺苏"彝族自古以来就有口头传颂家支家谱的教育习俗[7]。再有，许多少数民族女子都有参与集市贸易的风俗，所以，贸易方面的技能自然成为少数民族女性教育的内容之一。

1942 年《南京条约》的签订允许英国传教士可以在中国自由传教，从而拉开了帝国主义对中国进行文化侵略的序幕。1844 年《黄埔条约》的签订则使帝国主义获得了合法在中国开办学校的权力。从此，教会学校开始在中国沿海一带各口岸城市迅速遍布，而旧中国传统的妇女观念和被严重忽略的女子学校教育便成了外国教会改造中国人的一个突破口。西方宗教从男女平等观出发，否定了中国几千年来的男尊女卑、“三从四德”、“女子无才便是德”等观念，宣传男女平等。传教士们不仅在思想上强调男女平等的教育观念，而且开始创办女子学校，为中国妇女提供教育。通过女子教育来扩大女性教徒，不仅能为传道人培养受良好教育的妻子，同时也为能将他们的子女培养成为下一代的信教者打下坚实的基础。中国最早设立的教会女校始于1844年，五口通商口岸被确立以后，爱尔德赛女士来到宁波，在宁波开办了教会女塾。从此，教会女学在各通商口岸陆续开办。

正是在上述背景下，传教士们以传教为目的逐渐将现代学校教育制度和女子受教育观念带入了云南少数民族聚集的偏远山区。1874年，西方传教士来到云南少数民族地区，随后他们将开办学校与建立教堂结合起来，逐渐把学校作为重要的传教场所和手段。从1881年到1949年近70年间，女子教会教育经历了从萌芽到发展壮大，最后逐渐走向衰落的过程。“大致形成了以云南东部的彝族和苗族、西部腹地的白族、滇西北地区的傈僳族和怒族以及云南西部边疆大片地区的多种少数民族为传播中心的基本状况。”

一、近代云南少数民族地区女子教会教育的发展历程

（一）萌芽（1881—1900年）

1. 传教士初涉少数民族地区

1881年，内地会英籍传教士乔治·克拉克夫妇绕道缅甸进入云南，在滇西重镇大理的白族地区，开办了在云南的第一个基督教教会，首开传教士进入少数民族地区创办教会的先河。1883年，传教士索里仁等人，经四川宜宾，到达滇东北重镇昭通苗族地区。[9]至此，基本上打通了从东西两个方向入滇传教的通道。1887年，法国巴黎天主教的传教士邓明德到达路南彝族地区，并先后在路美邑、青山口、维则、冒水洞、大湾菁、绵羊坡等村寨修盖教堂、学校，兴办教育。1889年，在路美邑创办“私立崇德小学”，这是关于基督教在少数民族地区开办学校教育的最早记载，这所学校主要招收来自信教的彝族子女，由教会筹措经费。随后，邓明德又来到弥勒西山阿西彝族地区传教，开办教会学校，建立了“崇正高小”，招收并培养了100多名学生。1899年，法国天主教神甫韩光济先后在海邑中寨、普拉河、尾乍黑等彝族聚居地办教会小学。“到1900年时，虽然基

督教在云南经历了二十年的传播，但设立布道所不足10所，信徒不过百人”[10]。受影响的少数民族主要有苗族和彝族。由于早期进入云南少数民族地区的传教士仅有几名，所以，当时的传教活动影响甚微，发展也十分缓慢，少有真正意义上的教会学校开办。

2. 传教布道的教育形式

第一，布道会。在基督教刚进入云南少数民族地区的时候，由于文化和宗教的冲突，使得传教士与少数民族之间的矛盾重重，少数民族社会不断传出“外国人会吃女孩子”[11]的谣言。为了让女性加入基督教，改变其生存方式，传教士们以各差会建立的小教堂为传教会活动的基地，最初主要对当地人进行社会教育。他们在街头组织宗教聚会，吸引来往的民众驻足听道，并以此为中心到街头巷尾散发宗教书籍、小册子，如他们根据少数民族地区每逢初一、十五就会参加集市的传统习俗，举行大型的布道会，把道义宣传给更多邻近村落的女性。女传教士艾玛就在昭通的工作报告中说过：“在我们这儿的妇女工作中，在集市的这一天，我们举行大型布道会，以这种方式吸引妇女入教。当然我们也进入妇女教廷以布道的方式来宣传基督教。”[12]还有一种宣传方式就是通过庙会传教。在庙会上，就算平常不出来抛头露面的女子也会来凑热闹，这种传教方式后来被各地的传教士用悬挂的窗帷和图画来吸引来往于庙会的妇女；不仅如此，他们还提供给听道者舒适的座椅、食物，有些妇女是带着孩子来听道的，所以传教士们又为这些孩子提供玩乐的场所，有些地方的传教士甚至为这些妇女提供往来的路费。这对当时社会地位低下、生活困苦的妇女来说诱惑是很大的，于是不少妇女前来听道。英国传教士伯格里和邰慕谦进入昭通城后，租了一间小屋住下，每逢赶集人多之时便有如走江湖卖艺一般，身着长衫马褂，手提铜锣洋号走上街头，先按中国传统的聚众方式，敲上一阵铜锣，再把人们从没见过的西洋小号吹上一通，待人群聚集后便开始讲经布道。由于基督宗教中的“救世”观念与生活在社会底层的少数民族女性期望得到神灵庇佑的想法产生共鸣，不少女性逐渐对这一外来宗教改观，参加礼拜的人数逐渐增多。

第二，天足会。在中国沿海一带，女子缠足这一封建陋俗遭到了传教士们的痛斥，他们认为“缠足之害使四百兆中去其半为无用之人”[13]，并列举了缠足的几大危害：一是“束以布帛，必使筋断骨折，成尖削庾小之形。且一经缠裹，整日闷坐，血脉不能周流，易招无穷之病患”[14]。二是缠足使妇女“步履不便，操业多艰，除中馈女红外，他事非所能为”[15]。三是缠足妇女“身体羸弱，分娩时多有不测之虞，且诞后乳食不丰，又安翼有壮盛佳子?”[16]四是“跬步必先依人而行，否则必依墙摸壁，终有不能自立之势。故于凡事每存依傍他人之心，其胆量已消归乌有，反胜一团柔靡之气而已”[17]。同时，传教士们还运用体育学、卫生学、医学等学科知识来进一步论证缠足的危害。在北京，有传教士将X光拍摄的片子贴于京城内外，以证实缠足如何使脚骨折断变形。19世纪八九十年代，传教士分别在厦门、上海等地发起了“天足会”运动，并得到了袁世凯、张之洞等人的支持，这一运动便顺理成章地在全国范围内迅速开展起来。在云南各地的传教士们也纷纷在教会设立天足会，提倡信教群众，男子不得娶小脚的女子为妻，女子不得缠足。但是父母有顾虑，于是天足会又规定信徒及其双亲都可加入天足会。开始的时候，那些大脚的姑娘遭遇到社会上的讥笑和讽刺，伯格里对这些敢于放足的女性说“不要管人们怎么说，只要相信我们自己做得对就行了。只要我们信徒实行天足，做好模范，使群众见惯，就能使他们逐渐变化起来。”[18]伯格里还恳请地方官吏，出示布告，说明缠足的危害，劝告人们不要让女性缠足。他在《未知的中国》一书中就记载了一名昭通的彝族女性在教会的感召下，向缠足陋俗以及父母之命的婚约发起了挑战，勇敢地追求自己的新生活的故事。

第三，妇女识字班。传教士们在布道活动中发现，大多数少数民族女性是文盲，没有接受过学校教育，只懂本民族语言，对汉语一无所通，且没有代表本民族语言的文字，这对云南的传教士事业是一个极大的阻碍，于是传教士们开始致力于云南民族文字的创制工作，并将这些文字编译成宗教手册、宗教书刊以及教科书作为教学内容，办起了妇女识字班，目的是“使本教会的女教徒在短时期内阅读一些简明的基督教书籍”。如在景颇族地区，传教士们编译了大量的景颇文《圣经》和《赞美诗》以及宗教手册，向基督教教徒传播基督教教义。在滇东北的苗族地区，伯格里传教士在教会学校用自制的苗文编印了作为教材使用的《苗文基础》和《苗族原始读本》等，开办了“女子识字班夜校”，在少数民族女性中广泛推广。但是由于这些词汇仍不够用，经过10年的探索，在1915年他又用苗文翻译出了《马太福音》和《马克福音》[19]。在彝族地区，不仅出版了彝文版的宗教传教手册，还出版了《要理问答》，法语对彝语解释的字典《法夷字典》等。当时妇女识字班的办学形式也比较灵活：一是招生对象较宽松，主要是贫苦人家的女孩或者无父无母的孤儿；二是学员年龄没有特别的限制，均为15岁到43岁的女性；三是课程内容主要是由传教士教授识字课和宣讲圣经；四是学习时间很短。这种办学形式无疑与传教早期的少数民族社会现状相吻合，从而引起了较大的反响。

3. 传统女子教育观念的动摇

在基督教进入云南少数民族地区的早期阶段，受到了部分少数民族的抵制和反抗，反洋教斗争就是少数民族人民反对外来基督宗教的一种常见的斗争形式。如1856年“云南建水、通海、江川等地彝族人民怒毁教堂，赶走传教士”[20]，1989年云南发生反对天主教的第一次昭通惨案，1989年云南出现反对天主教的第二次惨案。可见，基督教在云南的早期办学困难重重。

第一，入乡随俗，尊重少数民族女性的风俗习惯。最初，传教士进入云南少数民族地区的传教活动十分艰辛，社会的不认可、传统观念的抵制、民众的反对、谣言的盛行等，导致招生困难和在妇女中传教受阻，教会教育发展缓慢，收效甚微。在前期的二十余年里，大理白族地区只有教徒十人，昭通也仅仅有“三十余名教友”[21]。后来，传教士们改变策略，入乡随俗，开始尊重少数民族的风俗和习惯，像“天主教传教士伯格理宁愿在饭后服用催吐剂和泻药，也要与当地民众同喝同饮”[22]。其他教会如安息日会、内地会、复兴会、神召会、耶稣会的传教士，以“伯格里在昭通、会泽等地的传播经验为典范，穿起民族服装，口操民族语言和汉语，深入从川滇黔交界的苗彝聚居区到滇中腹地的宜良、陆良、禄劝、武定等民族地区传教”[23]。

第二，靠慈善方式及物质好处吸引少数民族女性入教。由于少数民族地区群众生活艰苦，传教士们便为他们的子女提供免费食宿、学费以吸引其进入教会学校。在滇西地区传教时，英籍传教士杨思慧把一些无依无靠的孤儿及贫苦人家的子女收留在身边，让他们边做家务，边学习圣经，这些人后来由杨思慧选拔为马扒、密支扒（本土传教士），成为她开展传教工作的得力助手。[24]浸信会传教士永伟里在拉祜族办学的过程中，在景栋地区收养了500多名孤儿和寡妇的小孩，每年的五月至十月就送进学校读书，提供他们伙食及部分衣物。这些学生都学会了拉祜文，信了教，成了忠实信徒。在学业完成后，又做了“撒拉”（本土传教士），被分配到各地区传教。这些对于生活极其贫困且社会地位较低的少数民族女性来说，诱惑非常大，这也是基督教教育取得成功的重要保证。

第三，女性传统教育观念开始动摇。尽管在教会教育的早期阶段，传教士们的布道活动十分艰难，但教会教育的观念逐渐引起当地群众尤其是女性的关注，生活在社会最底层的群众，特别是地位卑微的女性更渴望得到神灵的庇佑。同时西方男女平等观念的输入和实施，使各少数民族女性有了学习文化知识的机会和权利。目睹了苗民苦难生活的传教士曾写道："长期以来，苗民在领主们的统治下备受压榨，由于压抑深重，绝望已成了这一民族的特性，他们把贫穷与悲痛、疾病与死亡视为自己所无法逃避的世袭命运。"[25]而基督教的传入，让这些贫苦女性找到了某种精神寄托，获得了精神上的享受。而文字的出现，更是激发了少数民族群众学习的极大热情，导致了20世纪初教会学校的大量涌现，在某些地区掀起了少数民族女性接受学校教育的热潮。

（二）发展（1901—1920年）

1. 传教士在少数民族地区活动范围逐渐扩大

1901年，《辛丑条约》签订后，传教士们开始调整传教方向，由以城镇为依托、面向较为开化的城乡士农工商阶层和上层统治阶层传教的方针，逐渐转向边远农村，开始对少数民族地区付出更多的努力。20世纪初，基督教的内地会、循道公会、浸信会、浸礼会、五旬节会等教派陆续深入云南各少数民族地区传教，掀起了外国教会组织的第一次入滇浪潮。

第一，滇东和滇东北苗族地区的传教活动。1902年，圣道公会在昭通县城建起了大礼拜堂，后陆续建盖了小礼拜堂和女子学校，并派遣英国女传教士苏穆才担任女子学校校长。1903年英国传教士党居仁在昆明建立内地会总会计处并任命英籍澳大利亚传教士郭秀峰为滇北传教监督后，1906年便派郭秀峰到武定洒普山苗族地区开办教会，并以此为中心逐渐将传教势力扩张至武定的滔谷、老把、阿谷米直至禄劝的撒老坞以及寻甸新哨等地。

第二，滇西北傈僳族、怒族和白族地区的传教活动。1901年，内地会英国传教士马锡龄夫妇来到大理传教，住朝阳巷福音堂。从1904年至1906年，内地会先后有安选三、盖吉士和加拿大医生赖宏恩到大理传教。1907年，安选三购得大理北门金箔街房产作为内地会会所及福音堂（后改为福音医院）。1912年，英国人谢、丁、胡等女教士来到大理传教，并分住凤仪、弥渡建立教会。1913年，缅甸八莫基督教内地会派其传教士巴叔到怒江地区传教，掀开了怒江基督教传播史上的序幕。此后，缅甸内地会和浸礼会传教士曾多次到怒江流域的傈僳族地区活动。1919年，英国人富能仁到大理传教，以后内地会派他到保山、腾冲任滇西传教区监督。1920年，美国人机恩惠到大理传教，以后到澜沧江、怒江流域传教，在碧江一带创制傈僳族文字，翻译《新约全书附诗篇圣经》及《颂主圣歌》等进行传教。尔后，他又到耿马佤族地区福音山传教十余年。

第三，滇西景颇族地区的传教活动。1907年，浸礼会缅甸勐巴坝教会的克钦族传教士德毛冬到瑞丽等地建立了景颇族地区的第一座教堂，开创了景颇族信仰基督教的历史。1913 年，基督教在瑞丽县的登戛寨有了教徒。1916 年，盈江县苏典大寨教会开办，后逐渐扩展到邻近景颇族村寨。1918 年，基督教开始在盈江县的邦瓦寨扎根。1920 年，陇川县硔山教会建立，逐步发展到邻近的户兰、弄目、户瓦等村寨。此后，大批传教士不断从缅甸进入云南，基督教浸礼会在云南景颇族聚居区很快发展起来。

第四，滇西南拉祜族和佤族地区的传教活动。从 1900 年起，缅甸基督教浸信会便不断派出传教士进入滇西南拉祜族、佤族地区传教。1905 年，浸信会传教士永伟里在双江县的猛猛、大吉等地发展了第一批拉祜族信徒，把他们送到景栋教会学校培训成为传教骨干，分派到云南各地从事传教活动。1912 年后，永伟理开始采取流动传教、先发展信徒后建教堂的办法，在各地积极发展信徒。至 1915 年，浸信会的传播遍及勐省、勐角、永和、班洪等佤族、拉祜族地区，共设教堂近百所，发展教徒数万人，并培养了本民族传教士近千人。

第五，滇南哈尼族、彝族和傣族地区的传教活动。1912 年前后，美国长老会（北美长老会）传教士从泰国进入西双版纳傣族地区，在景洪县的曼允、橄榄坝建起了教堂，因在当地难于发展，教会便于 1920 以后向内地深入，扩展到新平、元江县的傣族地区。1914 年，英国传教士富力敦在江城县三家村开办教会，此后逐步发展到墨江等地的哈尼族地区，并先后有神召会、滇南教会（以后并入神召会）、安息日会等教派及传教组织在这一地区开办教会，设立近百所教堂，发展教徒万余人。

此外，在滇基督教联合组织、教会自立运动以及基督教三自爱国运动等也对云南少数民族地区基督教的传播与发展产生了至关重要的作用。据《中华归主》1920 年的统计，“到 1920 年时，云南全省有 10 余个教派在 60 余县传教；建有基督教正式教堂 128 座，差会总堂 28 座；有基督教徒 29714 人”[26]。基督教会在云南少数民族地区开始形成独立的教育体系，而且教堂与学校逐渐融合，传教以学校教育为依托，教堂就是学校，信徒就是学生的现象十分普遍，这无疑对教会学校的发展起到了更为直接而有效的推动作用。

2. 早期教会学校的产生

为了发展中国的基督教事业，外国传教士成立了“中国教育会”。1912 年 5 月，中国教育会改组为全国基督教育会，将全国分为 10 区，云南属于华西区，其工作任务包括：拟定校舍、校具、课程标准、教师资格、教学方法；学校的视察指导及教师的培养；教育问题的汇报，传达其结果于教员；教授成绩的测验事项。[27]按照上述任务，云南少数民族地区的外国传教士针对不同民族的社会状况、文化状况、心理特征，开办教会学校，进行教育传教。如伯格里就是把教堂同学校教育联系起来的典范，他提出了“哪里有教堂，哪里就有学校教育”[28]的著名传教口号，并以教会为依托大力创办学校，在教堂所建之处均办学校，“不办学校，就不能立足”[29]，于是创办教会学校之风很快就遍及了各少数民族地区。这一阶段，少数民族地区各教会小学已纷纷成立，女子教育得到了前所未有的发展。表现在：

第一，男女生同校的教会小学。据《中华归主》1920年的统计，当时云南全省共有基督教会开办的小学67所，学生2006人，其中初级小学61所，学生1782人，女生142人；高级小学6所，学生224人，女生45人。[30]这里主要介绍天主教和基督教新教的办学情况。

天主教办学情况　1906年，法国传教士邓明德在路南彝族地区的青山口创办了“天民小学”，在当时的彝族民众中产生了较大的影响。作为教会小学的典范，它不仅拥有较为齐全的教学设备，还拥有一批外国和本民族的教师；校内设有西式建筑的教学楼，教师、学生分开的宿舍、食堂；设有足球、篮球、排球场等专门的体育活动场地；拥有从法国引进的“洋鼓”、“洋号”；音乐课有脚踏风琴和手风琴伴奏。1918年，邓明德病逝，师生为纪念邓明德而将天民小学改为保禄小学，由法籍神甫蒋沛泽继任管理，在原有基础上又创办了初、高级完全小学，学生近200人，还增设了拉丁文、中文、历史、数学、物理、化学、美育等课程。在天民小学的影响下，彝族教徒毕映斗1911年又创办了维则教会小学。1908年，维西县小维西天主教堂分男女二部，有女生8人，男生20人。1913年，天主教在宜良县大湾子建立的初等小学，招收苗民学生两个班（男女各一班），学生56人。德钦县茨中村天主教堂小学，1910年有男生234人，女生18人。此外，天主教开办的小学中比较著名的还有在文山彝族地区鲁都克创建的教会学校，“法国传教士来到砚山、蒙自、开远、文山交界处的高寒山区鲁都克创办教会学校”[31]。该校不仅招收周围村落的少数民族子女，还接受不少来自以上四县的苗族、彝族教徒子女。学校对少数民族子女实施免费入学的政策，成绩优异的学生由教会选送到昆明等地甚至出国深造。鲁都克教会小学在开办的37年间，就选送了15名少数民族学生外出深造，其中不乏少数民族女学生。如“陶文珍（女，苗族，20岁左右到香港），李凤凯、张凤（女，到昆明学习）等”[32]。

基督教新教办学情况　在基督教传教士中，英国传教士伯格里是最具影响力的一位人物。1905 年，柏格里来到滇黔交界的苗族村寨石门坎传教，以造就“以苗传苗”的传道员为主要培养目的。1906 年，他开办了石门坎光华小学，作为苗族最高文化区。他与苗民们打成一片，亲自组织兴建学校、宿舍、礼堂、运动场。石门坎小学的辐射范围极广，吸引了邻近彝良、永善、大关、镇雄、昭通等地的其他民族子女，甚至不少私塾学生退出私塾前来报名。由于学校无法接纳更多的学生，于是在附近地区相继建立了一批简易的乡村小学。对于优秀的毕业生，教会选送到北京、南京、成都、贵阳等地上中学或留在教会学校任教。1912 年，随着循道公会西南教区在昭通的正式成立，教会教育机构又进一步扩大，不仅在昭通城内开办了宣道中学（后改名为明诚中学），并附设明诚小学。鉴于基督教良好的办学情况，传教士们又在昭通城郊的农村开办了明道小学（洒渔）、明德小学（官坝）和明志小学（学庄）等几所初级小学。据统计，在 1919 年，循道公会西南教区在云南少数民族地区建立初级小学 34 所、高级小学 4 所、中学 1 所，共有学生 892 人，其中女生 119 人[33]。

第二，专门的女子学校。为了把基督教的影响深入到上层社会中，应少数民族上层社会的广泛需求，传教士开始针对上层社会和教徒女儿举办专门的“女学校”或“女学堂”，以期能让他们经过学校教育的专门培训，将来可以做编织、手工针线、刺绣等工作。由于属于教会学校，所以《圣经》课以及一些基本的基督教知识的教授是必不可少的。经过培训的女学生，一般都当贵妇人或者服务于教会的教牧、教职人员。如昭通有美会女校，1912 年在昭通开办，附设幼儿园，由英籍女传教士苏穆才任校长，昭通教会的本地牧师李多伽任副校长。课程设置有《女儿经》《圣经》等。此外，还设置了一些编织、刺绣等女工课程。大多数女学生思想开化，毕业后投身社会的人数逐渐增多。到 1951 年停办为止，培养学生 2000 多人。又如昆明育贤女校，由国内本土传教士创办。据《昆明市志长编》记载：是年（1919 年），李静谦、陈玉玲、陈淑静等创办了育贤女校，李静谦出任首任校长。在招生过程中，他们采用了一套交际手腕拉拢了昆明上层社会人士，学生来源为：教会人士的女儿、买办官僚的女儿、地主阶级的女儿。所设课程为毛线、编物、钩针、花边、刺绣……都是当时最时髦的东西。此外，还有《圣经》以及乒乓球队、话剧等。

3．女子教育观念的转变

在教会教育的发展阶段，少数民族女子教育得到了前所未有的发展。普通的初级教会小学已经开始招收女生，男女开始同校学习；同时出现了专门招收女性的女修院、小学和职业学校等。这极大地冲击了过去女性不能上学读书的旧观念，女子教育开始从传统的家庭教育走向现代学校教育，女性也由家庭逐渐走向社会，她们渴望在社会中实现自己的人生价值。

（三）成熟（1921—1949 年）

1. 传教士在少数民族地区活动范围不断深入

1921 年，基督教在云南的内地会、循道公会、圣公会、五旬节会和青年会等教派联合成立了“昆明基督教联合会”，各自划分了传教范围，形成了“五派分滇”的局面，从而促进了基督教在少数民族地区的进一步发展。

滇北和滇东北苗族地区的传教活动 在滇北地区，为加强内地会的控制力，1923 年郭秀峰在武定洒普山成立了“基督教内地会滇北六族联合会”，设立了武定洒普山苗族总堂、禄劝撒老坞黑彝族总堂、武定滔谷傈僳族总堂、武定阿谷米干彝族总堂、寻甸新哨白彝族总堂、武定老把傣族总堂，分别负责邻近各地的传教活动。截至 1949 年，在上述地区发展出了 40 多个传教分堂，近 200 个支堂，共培养教牧人员 600 多人，发展教徒 2 万余人，信徒或慕道友亦达数万人。在滇东北地区，各教会借鉴柏格里的成功经验，穿起民族服装，口操民族语言和汉语，经过数十年的传播和发展，基督教在宜良、陆良、禄劝、武定等苗族聚居区的传教活动已具有相当的规模和影响。到 20 世纪 50 年代初期，基督教的循道公会在滇东北苗族地区的教堂即达 60 余座，仅在昭通地区就有 54 座，另在寻甸、马龙、沾益和宣威等县还有数座，并有教徒近 3 万人，其中苗族占 80% 以上。

滇西北傈僳族和怒族的传教活动 1930 年前后，大批外国传教士陆续进入傈僳族和怒族聚居中心的怒江地区，发展信徒、修建教堂、宣传教义、创办学校等，使基督教在这一地区深深扎根。如 1929 年，内地会英国传教士杨思慧夫妇率先在碧江县开办了教会，内地会美籍加拿大传教士杨志英夫妇也于 1930 年在泸水县建立“麻栗坪基督教会”，从而成为怒江地区基督教活动的中心。除内地会外，还有神召会、安息日会、圣公会等教会都进行了较大规模的传教活动。如 1929 年神召会美国传教士马导民在福贡县开办了教会；1933 年神召会美国传教士莫尔斯在贡山县和福贡县的一些村寨也开办了教会。1932 年安息日会开始在大理传播，随后在大理传教的美国传教士还有米乐尔、怀德恩，中国传教士则有刘恒一、冯德胜等人。1938 年圣公会传入大理；1940 年福建人吴胜德夫妇在鱼市口周星之宅内成立圣公会；1945 年吉林人温春融到大理圣公会任牧师；1948 年安徽人侯悟灵为大理圣公会牧师（会长），并任滇西区会督。据统计，至1950年以内地会为主的各教会，共建立大小教堂250余座，信徒约2.3万人；在丽江县至禄劝县之间的金沙江延安傈僳族聚居地区，以五旬节会为主，共建教堂116座，发展信徒5000余人；“在怒江以南地区，教会大致散布在腾冲、盈江苏典、陇川弄贤、潞西遮放以及龙陵平戛等地的傈僳族地区，并向南延伸到了镇康树王山、永德大雪山以及耿马贺永（富荣）山区一线的傈僳族地区，先后建立了数十座大小教堂，发展信徒约5000人。”[34]这表明，基督教在傈僳族和怒族地区已具有相当的规模和影响，并逐渐形成了自己的传教基地。

滇西景颇族地区的传教活动　在景颇族地区，这一阶段的基督教会也有了迅猛的发展。1921年，法籍传教士德仁康到等戛传教。1928年，英籍传教士英格兰和英格朗姆也来到等戛传教，并成功地吸引了等戛寨的“大董萨”接受了基督教信仰。1930年，陇川县吕良乡的入教人数不断扩大，同时发展至潞西县的弄丘寨。1935年后，法国、英国、美国、瑞典等国的浸礼会传教士纷纷到德宏各县的景颇山寨传教，使德宏景颇族地区成为隶属于浸礼会缅甸八莫总会的传教势力范围。到新中国成立时，德宏州有教堂30多座，入教1500多户，教徒6000多人，女多于男；牧师有10余人，传教员有20多人。[35]拱山分会的八莫总会辖管了四个县的20余座教堂，分别是陇川县的邦湾、蛮蚌、弄目、当长戈、垒良，潞西县的广董，盈江县的石蛋、木空、南遮、当各、呀集、勐季、克邦。四县有教民650户，教徒约3000人。

滇西南拉祜族和佤族地区的传教活动　随着基督教传教活动的进一步扩大，从1928年开始，大理教会的法国传教士席兆清便不断深入滇西边境一线的拉祜族和佤族聚居区开展活动，并在澜沧县文东区大平掌建起了教堂，开办了教会小学。1930年，永伟理父子在拉祜族聚居的糯福建立起了教堂，并在教堂开设了医院、学校，创制文字、训练牧师人员。他们的传教区域从澜沧县发展到双江、沧源、孟连、西盟、耿马、缅宁等县。从1921年到1936年的15年中，澜沧县各地大小教堂学校达百余所，训练了300多撒拉，教徒达2万余人。又据1934年澜沧县政府调查，当时澜沧县入教教民约3万人。经过数十年的传播发展，到1950年，在澜沧县北部的文东、东河、上允、富邦、南岭等五个区建起了大小教堂百余所，发展拉祜族和佤族信徒四万余人，澜沧县从而成为云南基督教的重点活动区域。

滇南哈尼族和傣族地区的传教活动　在前期发展的基础上，1924年至1947

年，先后有丹麦神召会、滇南教会、安息日会等教派及传教组织在新平和元江县等地的傣族聚居区、江城县和墨江县等地的哈尼族聚居区开办教会设立教堂。到1950年，以江城县和墨江县为中心，各教会在这一地区共建立近百所教堂，发展教徒1万余人。

到新中国成立前夕，基督教会在云南少数民族地区共开办了5所神学院、4所圣经学校、6所中学、上百所小学。这一阶段，女子教会教育也逐渐走向成熟。

2. 各级各类教会女学的开办

这一阶段的教会教育不仅在地域范围内有了很大的拓展，而且在女子教育方面，各级各类的教会女校也应运而生，逐渐形成了一个包括小学教育（初级、高级）、职业教育、师范教育等在内的完备教育体系。

第一，教会女子中学的创办。到1950年，基督教各教派开设的中学有十余所，其中专门为女子开设的中学有1939年开办的昆明恩光女子中学，并附设1所小学和1所幼儿园；昭通女子中学；昆明尚智女校，1916年设男女校，进行分班教学，1937年专门招收女生，学生人数达到了250人。

第二，教会女子职业学校的创办。如昆明高级护士职业学校。这是一所1937年在云南惠滇医院内开办的四年制职业学校，由圣公会所属惠滇医院院长、英籍传教士兼教会医生华德生负责。因为当时的医疗技术和药物质量处于较低的水平，护理工作就显得尤为重要。医院对护士的需求量也比较大。该校每年招生一次，每一次招生40名。实行半工半读的制度，除每天上课两小时外，还要到医院做六小时的护理工作。又如福清中级护士技术学校。这是由循道公会1935年在昭通开办的，校长是马香云，有教师13人，非教徒教师4人，首届招生24人，有5人为非教徒。

第三，女修院。据有关资料统计，自天主教传入云南到1950年之间，教会在云南共开办女修院近10所，如1936年建于昭通县城毛货街天主堂内的昭通童贞院；1917年建于路南县（今石林彝族自治县）路美邑教堂的路美邑童贞院；1921年建于德钦县茨中教堂内的茨中女修院；1933年建于宾川县属平川褚苦拉教堂的褚苦拉女修院；1934年建于今大理市大理古城教堂内的大理女修院；1938年建于保山县城教堂内的保山女修院；1949年建于大理下关教堂内的下关女修院等。修女入院后，除了学习一些圣经和神学知识外，更多时间要学习一些家庭劳动技能和医疗护理知识，每日还要念经、祈祷。毕业后，修生就安排在教会内做杂活。

第四，特殊教育学校。如振聩瞽目学校。1922年，中华国内布道会在云南昆明设立振聩瞽目学校。1924 年，该校由内地会所属的一个德国宗教团体接办。创办初期仅招女生，后男女兼收。开设课程有盲文、体育、音乐及宗教等课程，学校经费主要由德国的宗教团体提供。[36]滇光女子瞽目学校。1922 年由中华国内布道会的中国人开办，为开办此校，专门从广州请来当过盲人教师的女盲人于素娟来负责。

3. 女子教会教育的本土化

这一阶段女子教会教育的发展逐渐本土化。一方面教会学校招收的学生并非都是基督教徒，非基督教徒的数量也有所增加；另一方面，早期的教会教育培养出了少数民族自己的传教士和教师，从而使师资来源由开始的纯粹以外国传教士为主转变为以本地传教士为主，有部分地区的教会学校从负责人员到教师或传教士都已经由本土民众承担，而且本土女传教士也逐渐在教会学校中承担教学任务。

（四）结束

新中国成立以后，云南社会各界包括少数民族地区开展了轰轰烈烈的“三自”革新运动，少数民族地区的教会断绝了与外国教会的一切联系，人民政府接手了教会学校。教会学校有公办和民办两种形式，根据各地的不同发展情况渐进有序地被纳入国民教育体系中，对其的接管和改造也采取了形式多样、方式灵活的政策。而原来教会学校的学生成为国民教育体系内的学生，教会教师也基本转正。原有各个教会组织也不复存在。至此，宣告了女子教会教育在云南少数民族地区一段历史的结束。

二、近代云南少数民族地区女子教会教育的特点

云南少数民族女子教会教育的发展与沿海一带的女子教会教育既有共性，又有自身的特殊性。

（一）少数民族女子入学的初衷是宗教的认同而非教育的认同

1. 宗教救世观念对少数民族女性的渗透性更强

尽管沿海一带基督教义中的“普世”观念也是其女性信教并进入教会女校学习的根本原因，但由于沿海一带经济较为发达，女性的社会地位相对较高，生存环境也不像云南少数民族地区那样恶劣，他们能接触到许多新观念，外来文化并不单一，所以，她们并不一味地渴望自己在宗教中得到“拯救”。进入教会学校

学习，大部分女子以及父母更加希望他们学习更多的先进知识而不仅仅局限于信教。所以，在沿海一带传教事业受阻后，传教士们便把传教活动发展到了蛮荒的少数民族地区。可以说，云南边远的少数民族地区是基督教影响最深的地区。其原因在于：一是当时云南的少数民族社会在经济上处于无力自拔的窘境，在政治上、文化上处于被排斥、受歧视的边缘状态，他们的物质生活和精神生活都极度贫乏。所以，从社会学的角度来分析，贫困和边缘化使人们处于一个不确定的、充满偶然性的匮乏环境里，自然在精神上对宗教产生一种特殊的情感需要。这种社会生活的短缺和强烈的宗教意识，为基督教的传播创造了有利的社会环境和心理条件。二是传教士们入乡随俗，尊重少数民族的风俗习惯，使宗教很快顺应并适应了民族文化。他们在传教的过程中不仅穿起了少数民族服饰、口操少数民族方言，而且还创制了少数民族文字、培养了少数民族女传教士。这些在很大程度上消除了文化上的隔阂，少数民族女性能把对宗教的信仰与生活衔接起来，让她们感觉到“这就是我们的宗教”[37]。

事实上，大多数少数民族女性是为了加入宗教而进入学校学习的。因为在当时处于社会最底层的少数民族女性处于社会的最底层，封闭在隔绝的、分散的社会中，靠着原始的生活方式，维持着最低的生活标准。在家庭生活中，她们不仅被禁锢在繁重的家庭劳务中，而且很少得到关注和关心，家庭地位永远低于丈夫和儿子。在这样一种无能为力的生活匮乏中，她们比男性更祈求得到神灵的帮助以摆脱这种困境。原始的生活状态使她们比沿海地区的女性更加渴求平安的生活，充满被宗教拯救的希冀。而基督教的“普世”观念无疑适应了这些少数民族女性的需要，满足了她们希望被“拯救”的愿望。传教士们还用自己的实际行动进一步瓦解了女性心中对外来宗教的戒备。

2．父母对女子教会教育的认同度较低

在沿海地区，教会女学开始的时候实行的是免费入学的政策，但随着教会教育的发展以及教育质量的提高，入校人数逐步增加，社会也逐渐认可了教会女学，免费教育随之取消。教会女学的音乐、舞蹈、琴科、英语及家政课程等吸引了大部分家长，父母为了培养自己的女儿成为名门闺秀，愿意承担高昂的学费。这表明沿海地区的女子教育已经被这些家庭接受和认可。而在云南少数民族地区，尽管教会教育深入到了其高寒山区、牧区、林区、边境地区，但是由于当地人经济落后，没有足够的金钱作为教育经费，教会教育的经费多是传教士自筹，所以教会教育在这些地区只能实行免费教育，有些还提供免费食宿。可以说这是吸引少数民族女性信教的关键因素。在教会女学发展的过程中，由于教会没有足够的经费开办教育，当地群众又不愿让自己的孩子脱离生产进行长期的学校教育，所以少数民族地区的教会女学以小学居多，且持续的时间并不长久。

可见，云南少数民族地区虽然信教群众颇多且宗教的影响深远，但实际上女子教会教育还未被家庭完全接受和认可。

（二）教会女校的办学模式与少数民族社会相适应

传教士在云南少数民族开展的女子教会教育，相对于沿海地区的女子教会教育来说，虽然发展比较缓慢，招生人数较少，也没有形成相对完整的从小学到大学的教育体系，但是其波及范围之广，影响之深远，却是能与之媲美的。

1. 教育对象广泛

在沿海一带主要以招收汉族女性为主，而在云南少数民族地区，居住着26个少数民族，各少数民族又再划分为不同的支系，所以基督教的影响在当地是广泛的，教会学校至少有10多个民族的女性参加。其中信仰较为集中的民族有苗族、彝族、傈僳族、怒族、拉祜族、景颇族、佤族等，哈尼族、傣族、独龙族的信教比例相对小一些。在这些少数民族社会，女性教徒占信教群众的20%。[38]不仅如此，在沿海地区，由于教会教育体系较为完备，办学条件相对成熟，自19世纪70年代起，免费教育就逐渐取消，而且教会学校的学费相当昂贵，只有富贵人家才上得起学，所招收的学生逐渐转变为官僚和买办家族的子女等；教会大学所招收的学生也多为高级女知识分子。而在云南少数民族地区，传教士把传教重点放在处于社会最底层、躲进深山大壑并自我封闭、地处中央封建文化边缘地带的民族，因此，所招收的学生多为孤儿、贫苦人家的子女、寡妇的孩子、残疾的儿童等。

2. 办学层次偏低

沿海一带的女子教会教育有教会女塾、女中、女子大学等类型；而在云南少数民族地区，主要有普通教育和神学教育两大机构。其中普通教育机构有初级小学、教会女中、职业学校等；神学教育机构有昭通童贞院、路美邑童贞院、茨中女修院等7所专门招收女子的神学院校。这些办学机构，从分布上看，几乎遍及全省各地，办学规模少者仅三四人，多者近百人。

3. 课程设置人文化

由于沿海一带教会教育的生源不同，所以教会女校开办的课程除宗教课外，其余的主要包括儒经、自然科学、英文、家政等。传教士认为，教会女学既要培养对圣道的人才，又要培养“贤妻良母”[39]。而云南少数民族教会女学的课程主要包括圣经课、识字课、自然科学、外文、家政、医疗护理、体育、宗教音乐。传教士根据少数民族女子能歌善舞的特色，编写了不少用少数民族语言作词的歌颂上帝耶稣的歌曲，在讲经布道时歌唱，从而体现出其课程设置的人文化。

4. 教学方法多样化

为了取得更好的教学效果，传教士们往往想出很多方法吸引学生。除了像在沿海地区传教士采用的口头、文字、戏剧、图画、留声机、幻灯片等办法外，还为一些少数民族创制拼音文字，并以此为基础编写教材、翻译教义等。除此之外，各地传教士提倡工读结合的培养模式，促使教学方法及教育内容与家庭需要相结合，实行教育与生产劳动相结合，从而诱发了少数民族父母送女子上学的行为。

（三）行为教育是女子教会教育的重要手段

在云南少数民族地区，由于受传统文化以及原始宗教的影响较深，人们的风俗习惯与沿海一带有很大的不同，很多传教士难以理解，如一夫多妻制；生病不是选择就医而是求神拜佛；在景颇族社会，一些女孩甚至还光着下身。所以相比沿海一带的女子教育，少数民族女子更需要严格的行为教育，各地教会也根据当地的生活习惯做出了不同的教规。如禄劝撒老乌教会的教条是：“不吸烟、不赌钱、不喝酒、不种烟、不算命、不送鬼、不拜菩萨、不跳神、不择日子、不娶妾。”武定的教会则规定“同村男女不通婚”，禁止男女通奸的行为，对这种行为规定了惩罚办法[40]；滇东北的循道公会主张革除妇女裹脚的封建陋习，提倡妇女解放、妇女有入学接受教育的权利等。此外，根据少数民族地区卫生条件差、疾病长年流行等情况，教会学校还组织了一些少数民族女信徒进行医学知识以及卫生基础知识的学习，直接改变了少数民族地区妇女的一些不良的生活习惯。在此之前，许多少数民族女性受本民族原始宗教的影响，迷信鬼神能掌控生死，生病不是首先选择就医，而是祭拜神灵，使得病情延误而死亡，这样的例子数不胜数，传教士在传教过程中用医学知识治病救人开始使一些少数民族女性选择相信科学；有些女教徒被选入教会医院担任护士或医生，以改变少数民族地区的卫生陋习，减少疾病对本民族人民的危害；在道德教育上，传教士还提倡与人为善、宽以待人等。

三、近代云南少数民族地区女子教会教育的影响

对云南少数民族女子教会教育的评价，我们既要看到其文化侵略的一面，也要肯定其积极的客观效果，不能持全盘否定或全盘肯定的态度。

（一）积极影响

1. 促进了少数民族地区教育结构的改变

在外国传教士入滇前，少数民族女子的文化教育主要靠家庭和社会教育来完成。而教会教育在云南少数民族地区开展的最直接意义就是使少数民族社会突破了传统的家庭教育和部落生活教育这种自发的和经验性的教育模式，在其70余年的发展过程中逐步建立起一套集近代宗教神学教育、学校教育和社会教育于一体的教会教育系统。这一近代学校教育体制的传入，开了少数民族女校教育的先河。从纵向看，女子教会学校基本上是按西方学制建构的，有学前教育、初等教育、中等教育等多层次的教育；从横向看，有师范教育、职业教育、特殊教育等多种类型的教育。特别是在各级各类教会教育中，均办有女子教育，或实行男女同校。通过教会教育，少数民族女性不仅获得了系统的宗教知识，而且受到了科学文化和现代文明的熏陶，为少数民族女子的解放做出了一定的贡献。教会学校中首先引进了欧美的教育内容和制度，为女子教育内容补充了新鲜血液，有力地促进了近代云南少数民族女子教育制度的现代化。

2. 提高了少数民族女性的文化素质

新中国成立前除了官宦人家子弟可以进入学校受教育外，绝大多数的少数民族尤其是居住在山区的少数民族基本停留在以刻木记事、用豆计算的阶段，而这一记事技能主要由本民族较有威望的男子来继承和完成。在《“窄门”前的石门坎》一书中就记载了当时的苗族社会中“许多成年女子数不完整一百以内的数字”。景颇族当时有一首民歌：“天上的星星能照着景颇人的心，山里的泉水能流进景颇族的田，穿不起鞋子的景颇人啊，何时能踏进学校的门？”[41]教会学校的开办在一定程度上改变了当地女子的教育现状，使她们受到了现代文明的熏陶，从而提高了她们的文化素质。教会教育仅在云南和缅甸交界的北部，“从片马往密支那走，每个较大的村子就有一所小学，小村子两三村合一所”[42]。这就为许多官办教育未涉及的偏远农村地区的少数民族子女受教育提供了方便。从云南女子教会教育的实际来看，越是贫穷的地方，信教的女性越多。中央访问团在对怒

江区的调查资料中写道："不论碧江、福贡，教育另有一个教育系统……碧江理悟底村的好多信教的女孩，都在家中读傈僳文。教堂办短期的唱诗班，一间草房，一个教师，学生都拿着'洋装书'，带着铅笔，整天念赞美诗。"[43]事实上，教会学校除学习宗教知识外，还介绍和引进了西方先进的自然科学和社会科学知识，培养了一批能读书识字的民族女性。

3. 提高了少数民族女子的社会地位

各地的基督教会都根据当地的民风民情为信教群众分别制定了许多戒律和戒规。其中，怒江地区的教会"十戒"规定："（1）禁止饮酒；（2）禁止吸烟；（3）禁止赌钱；（4）禁止杀人；（5）禁止买卖婚姻；（6）不骗人；（7）不偷人；（8）不信鬼；（9）讲究卫生；（10）实行一夫一妻制。"[44]传教士把现代婚姻家庭的观念和制度带进了少数民族社会，有些地方的教会严格推行一夫一妻制，禁止三代（有的地方是五代）以内的近亲结婚，主张婚姻自主，结婚不收彩礼。在昭通一代传教的柏格理在1909年就提出了"改革苗族地区风俗习惯"的方案，并规定"男子年龄需满22岁，女子年龄需满20岁，有自给的能力和资金，并各需有相当的知识，至低应读完夜课读本全部，女子更需两年的家政训练毕业后始具完婚资格。"[45]在碧江傈僳族聚居地，教徒结婚，女教徒18岁，男教徒20岁，有传教士做介绍人，双方愿意，在教堂举行婚礼，男方不用付女方财物，从而改变了傈僳族地区自古以来男方需要给女方家若干头牛，导致男方家庭生活贫困的传统风俗。可见，传教士重视少数民族女子的社会地位，使她们接触到了现代文明中的"男女平等"、"婚姻自由"等观念，第一次享受到了接受学校教育的机会，这在少数民族女子中的影响可能比想象中要更为广泛、深远而持久。

4. 开启了少数民族地区的自办女校

教会女校的创立打破了少数民族地区没有女子学校教育的局面，教会教育逐渐在中国取缔后，当地政府接收了教会女学，教会女子办学体系从此融入了官办女学的办学体系中。尽管教会女校在教学组织、教学方法、教学内容、教学管理等方面不够完善，但它引进了西方近代教育模式，采用西方的年级学习制和班级授课制，介绍西方的文化科学知识，开设了自然科学、外语、音乐、体育等一系列新式课程，为少数民族社会的传统女子教育带来了一股清新之风，为后来云南自办女校提供了有益的借鉴。新中国成立以后，传教士纷纷撤离云南，地方政府接管了教会学校，很多学校沿用了教会学校的课程设置和管理体制等。在接管了教会女校后，不少官办女校仍沿用教会女校的办学模式，新办的女子学校有的也借鉴了教会女校的办学模式。如课程设置方面，取消了诵经课、读经科、外文课，增加了汉语课程，部分地区沿用了少数民族文字课；适合本地女子发展的一些家政课程得以沿用，如刺绣、裁缝、编物等课程；而算数、物理、化学等科目在原有的基础上得到了进一步的发展。不仅如此，教会女子职业学校、师范院校和护士学校在新中国成立后得以进一步发展壮大。

5. 培养了少数民族地区第一批职业女性

在封闭的少数民族传统社会，女子从小就被家庭教育培养成为在家从父，出嫁从夫，负责操持家务的传统女性，学校教育、外出就业、抛头露面的机会微乎其微。教会通过“教育传教”、培养“本土传教士”使得基督教传教事业后继有人，这可以说是少数民族地区师范教育的雏形。教会教育培养的修女毕业后都会被分配到诊疗所参加医务工作，到各宗教机构进行宗教教育服务，从事手工业等。如十字修女会受大理教区的委托，负责培训中国修女，照顾孤儿及郊区神职人员的膳食服装，并从事手工刺绣及饲养家禽等工作。新中国成立后这些职业女性也在各自领域发挥着举足轻重的作用，从事教育行业的知识女性在官办教育接受教会教育后，成为了首批进入教育体系的女教师。

（二）消极影响

教会女校是中国半殖民地半封建社会的产物，它的产生和发展是与西方列强的对华侵略方针紧密联系在一起的。教会女校设立的目的不单纯是为了传播基督教教义，更主要的是培养和造就一批精神领袖，为其殖民统治服务。因此，教会女校对云南少数民族地区的社会和教育产生的消极影响也是不容忽视的。

1. 教育目的的殖民化倾向

教会女校在云南少数民族地区开办的初衷是为了以宗教为文化侵略的武器，对当地女性进行文化和思想上的奴役，企图在民族间宣扬分离主义，挑起民族间的矛盾。如在澜沧的教会学校就露骨地宣扬“多一个基督教徒就少一个中国人”，用拉祜文编写的识字课本上也公然写着“汉人来了，我怕”，碧江教会的传教士就对当地的傈僳族教徒宣传说“没有中国政府可以，没有教会不可以”。这些言论都表现出教会学校在教育目的上的宗教狭隘性。对于云南少数民族女性来说，教会学校实质上是对其进行奴化的工具，从而麻痹了其意志，弱化其民族意识。事实上，在基督教传播的过程中，许多少数民族女性政治意识和爱国情感越发淡薄，在教徒与非教徒之间原本的相互认同开始断裂。由此导致新中国成立初期许多少数民族基督教徒公开响应传教士分裂中国的号召，强烈要求将中国割土分界。因此，在认识宗教对云南少数民族文化教育的影响时，必须充分注意到它在宗教意识与政治意识的宣传上对少数民族社会政治的破坏作用。

2. 办学层次普遍偏低

女子教会教育的意图是尽可能多地培养能为其殖民统治服务的基督教徒，以便从思想上控制更多的中国人。这一宗教目的，导致了各教会女校都把向学生灌输基督教精神放在第一位，无论从形式还是内容上，教会教育都带有浓厚的宗教性质。学生每天必上的课程是宗教课、诵经课；“教会和学校是打成一片的，教员就是播道员”，“凡事都效法基督精神”，“随时随地在讲神学”[46]；“读完高小会看《圣经》就行，有知识就会作怪”。正是教会教育的这些传教目的和原则，导致了少数民族地区的教会学校主要还是以初级小学为主，办学层次很低。除了诸如循道公会和德国内地会等开办了少数几所教会中学以外，绝大多数教会的学校教育活动仅仅局限于初级小学，其次就是职业学校。到1919年，教会在少数民族地区所开办的初级小学有95所，而中学只有2所。据新中国成立前夕的统计来看，各教派或传教组织开办的小学有97所，而中学只有10所。这一现状表明，其开办教会学校的目的在于对女性进行宗教教育和殖民化教育，教徒们只要掌握了文字，能读能看宗教手册，迅速推进教会扩张足矣。任何超越此种目的的学校教育活动都是无益的、多余的，甚至是有害的。因此，内地会传教士郭秀峰就对苗族信徒公开表示：“读完高小会看《圣经》就行了，有知识就会作怪。”[47]在滇北苗族和彝族地区活动的英美内地会就曾明文禁止信徒小学毕业后继续上中学读书。

尽管如此，女子教会教育的效果与其宗教教育的目的其实并不完全一致。正如恩格斯所言：“历史上活动的许多个别愿望，在大多数场合下所得到的完全不是预期的效果，往往是相反的效果。”[48]因此，我们对于云南少数民族女子教会教育应持客观公正的态度，既要看到其局限性，也要充分肯定其社会意义。

四、近代云南少数民族地区女子教会教育的历史反思

女子教会教育在近代中国以特殊的方式产生、存在和发展，又以特殊的方式消失。这一特殊的教育现象既有中国遭受西方列强侵略欺凌的时代背景，也在客观上起到了西学东渐方面的文化交流作用。教会教育在云南少数民族社会争取了如此之多的女信徒，其成功和失败对现代少数民族女子教育仍有值得借鉴的

地方。

（一）对少数民族女子教育给予足够的重视

在教会女校没有开办之前，云南少数民族地区没有女子学校教育；在清政府以及民国政府还未意识到女子教育的重要性时，传教士首先以女子教育作为突破口。他们通过自身的努力，包括自筹经费、自主招生、自建校舍等行为，深入到边远的农村，将教会女学从无到有地开办起来，使得学习了现代知识的少数民族女性，靠自身的努力，获得了身心的解放。当今中国的女子教育虽然获得了较快的发展也取得了一定的成绩，但由于受自然条件、社会经济、文化发展不平衡的影响，云南经济欠发达的边疆少数民族地区的女子教育仍然参差不齐，程度普遍偏低，存在着较高的文盲率，而女性文盲又占了其中的大多数。边远少数民族儿童失学现象仍然普遍，失学儿童中，女童又占相当大的比例。为此，我们要直面当前少数民族女子教育中存在的问题，借鉴教会在发展女子教育中的一些做法。如为吸引更多的女性进入教会学校学习，他们加大了宣传力度，在边远地区的贫困农村开办一些学校，方便女性就学；免费给学生提供食宿，以吸引女童前来就学。新中国成立后所制定的民族教育政策，包括实施“希望工程”、“春蕾计划”等来促进少数民族女子教育的发展，也取得很大的成绩，这也进一步说明了要发展女子教育首先必须给予女子教育更多的关注和政策扶持，从而改善少数民族女子教育的现状。

（二）提高民族生产力以推动少数民族女子教育的发展

教会教育几乎是在同一时期进入沿海以及云南少数民族地区的，但是今天云南少数民族的女子教育相比沿海一带来说，仍然存在着巨大的差距。在实施九年义务教育的今天，少数民族地区仍然没有消除文盲，特别是女性文盲占了较大的比例。主要是因为边远的少数民族地区生产力水平落后，民众的需求仅停留在生存及生理需求阶段。由于生存环境没有得到根本的改变，他们中的大多数人不愿意让孩子读书，也供不起孩子读书，特别是女孩，大多数家庭认为女孩就是赔钱货，她们能为家庭付出就只在出嫁前，对家庭来说，如果让女孩去读书就等于失去了一个生产的好帮手或是劳动力。由于生活困难，很多学生不能顺利完成学业，辍学率非常高。

（三）进一步转变女子教育观念

从统计数据看，教会虽然在少数民族地区开学校教育的先河，但开始的时候男子入学人数却远远高于女子，男女教育呈现出不均衡发展态势。这一状态延续至今，女子教育不仅深受经济限制，更受传统文化的影响，男尊女卑思想根深蒂固。西方传教士们将男女平等观念带入封闭的少数民族地区，并在其传教期间努力致力于男女平等思想的传播，虽然取得了一定成绩，部分少数民族家庭及女子自觉自愿进入了教会学校学习，但仍未达到深入人心的效果，只有短暂的影响，传统文化始终是云南少数民族地区各阶段女子教育发展的深层障碍。当今少数民族地区，经济较之以前有了很大的发展，政府对少数民族地区的女子教育也投入了人力和物力，但效果仍不尽如人意，辍学和失学现象仍然存在，女子大多不能在完成学业后找到很好的出路。大部分家庭仍把女子结婚生娃看做是女子的唯一出路。要改变这一现状，重在改变少数民族传统的重男轻女及女子读书无用的观念。各级政府要推进全社会切实保障少数民族女性受教育的权力，用法律、政策等手段消除不利于女性发展的传统意识，为女性受教育创造更加有利的条件。

（四）办学渠道多元化

女子教会教育的资金来源呈现多元化特征，主要有外国教会拨款、私人财团捐款、校友筹款、学生交的学费等渠道，特别是少数民族地区的教会女学基本上是由教会拨款。这种办学模式可否对当前云南少数民族地区的女子教育有借鉴之处？当前，少数民族地区教育经费不足导致教学水平低、教学设施落后、师资力量缺乏、贫困家庭无力承担学费等。要解决教育经费问题，国家应加大少数民族地区教育经费的投入力度和教育资源的优化配置和有效利用，鼓励多渠道办学。对于各种社会力量办学，国家应给予政策上的优惠。只有调动全社会的力量助推少数民族教育，努力改善他们的办学条件及学习环境，在此基础上逐步提高女童就学率，降低女童辍学率，少数民族女子教育才会快速发展。

（五）设置具有本土化的课程

基督教传教士在推行宗教教育时，注重神学与科学、宗教与文化的结合，使这种教育在面对宗教意识很强、物质生活匮乏且文化需求短缺的少数民族社会时，能够以贴近少数民族生活、适应他们文化特点的需要来实施教育。如传教士在少数民族地区开设了针对各少数民族文字的识字课，在很多少数民族地区都取得了比较显著的扫盲效果，这不仅能提高少数民族的民族意识，也能更好地保存少数民族文化。

有趣的是，民国政府曾经也试图在边疆地区投入人力和物力，推行国民教育，但结果却是收效甚微。一份新中国成立前的调查这样写道：“从民国元年开始，国民党地方政权便陆续在民族聚居区设立学校教育，但由于采用的是汉语言文学，所以受到的阻力颇大。在傈僳族和怒族地区，尽管地方政府强迫少数民族子女上学读书，但能连续就读三年五年的十中无一，他们把上学读书和服兵役一样看待，能从学校中毕业者寥寥无几，碧江县 30 余年学校教育仅培养出 17 人。”[49]现在的少数民族地区仍然不通汉语，仍有许多少数民族女子只懂本民族语言，为了利于学生们对教学内容的接受和理解，在一定条件下，现在的少数民族地区的学校教育应该提倡使用双语教学，这样既能满足学生对本民族语言的特殊情感需要，又增强了学生对学习内容的亲切感和理解力，排除了汉语教学所造成的语言障碍、思维障碍和学生的厌学情绪、对困难的畏惧心理，以取得更好的教学效果。

（六）为少数民族女性提供更多的就业机会

在少数民族地区，男尊女卑的传统观念根深蒂固，社会所能提供给少数民族女子的岗位仍然少之又少。这导致大部分少数民族女童在结束学业后仍找不到自己的出路，长此以往，父母普遍认为学习也并不能使这些女孩改变他们的命运及生存方式，不愿将资金投入到看不到收益的女子教育，女子本人也失去了就学的最大动力。反观教会教育时期，传教士们将优厚的就业条件提供给当时社会地位低下的少数民族女子，护士学校以及师范学校的出现就是一个鲜明的例子，这无疑给当时的少数民族女性提供了全新的就业机会和就业领域，培养了少数民族社会的第一批职业女性。这些都是值得当代少数民族地区女子教育借鉴的成功经验。如在一些手工业的制作、少数民族音乐、舞蹈等方面为少数民族女子提供就业机会。这样做不仅利于少数民族文化的保存与传承，也为少数民族女子提供了与自身生活及习俗息息相关的办学模式及就业渠道。

（七）培养本民族的女性师资

教会教育时期，大部分的传教士携妻带子入滇传教，他们的妻子成为当时宗教传播的中坚力量，也是少数民族地区的第一批女性师资力量，在少数民族女性中产生了巨大的影响。她们热衷于自己的传教事业，代表着全新的女性形象，独立自强，有着完整的人格，不仅仅以贤妻良母的女性角色而存在，这些都对少数民族女性产生了极大的影响。由于“男女授受不亲”的性别观念影响，女传教士的传教工作减少了不少家长的防备心理，从而愿意将自己的女儿送进教会学校学习，大部分学生毕业后优选送进各教育机构从事基督教传教工作，包括女传教士或女教师。在“三自”运动后，传教士纷纷撤出云南，但是却为少数民族地区的教育事业的继续发展留下了第一批女教师，她们成为了本土的第一批师资力量，投身到了云南少数民族地区的近代教育事业中去。这正好契合了少数民族地区家长希望女孩子由女教师教的心理，因为女教师的缺乏影响了父母送女入学的积极性。

参考文献：

[1][2][3][4][19] 张坦."窄门"前的石门坎[M].昆明：云南教育出版社，1992：24、9、10-15、10-15、196-202.

[5]（美）托马斯·F.奥戴，珍妮特·奥戴·阿维德著，刘润忠等译.宗教社会学[M].1990：10-11.

[6][24][28][49] 钱宁.基督教与少数民族社会文化变迁[M].昆明：云南大学出版社，1998：85、134—135、131、139.

[7] 严汝贤.民族妇女：传统与发展[M].昆明：云南人民出版社，1995：134.

[8][23][32] 马廷中.民国时期云南民族教育史研究[M].北京：民族出版社，2007：87、117、114.

[9] 昭通市教育局.昭通教育志[M].昆明：云南人民出版社，2002：267.

[10] 杨学政.昆明：云南宗教史[M].昆明：云南人民出版社，1999：463.

[11][21] 大理白族自治州教育委员会.大理白族自治州教育志[M].北京：生活·读书·新知三联书店，1992：54、20.

[12] Mienchuhsien Women's Work [J]. The West Missionary News，1918，(1)：13 .

[13] 林秋敏.清末的天足会（1895—1906）[J].国史馆馆刊复印，1994，(16).

[14] 永嘉祥.戒缠足论[A].万国公报（第29本）[M].台北华文书局影印合订本，1968：18085.

[15] 论缠足之害及其关系[A].万国公报（第38本）[M].台北华文书局影印合订本，1968：23781.

[16][17][美] 卜舫济.去恶俗说[A].万国公报（第30本）[M].台北华文书局影印合订本，1968：18949.

[18] 阿信.用生命爱中国——伯格里传[M].北京：民族出版社，2009：58.

[20] 魏志臻.彝族史料集[M].成都：四川民族出版社，1989：278.

[22] 杨学政，韩学军.云南境内的世界三大宗教[M].昆明：云南人民出版社，2000：212.

[25] 李红军，梅英.浅析基督教对云南少数民族社会教育的影响[J].临沧师范高等专科学校学报，2007，(6).

[26] [30] 蔡永春. 中华归主——中国基督教事业统计（1901 ~ 1920）[M]. 中国社会科学出版社, 1987: 35、35.
[27] 李湘敏. 基督教与近代中国妇女 [M]. 福州: 福建教育出版社, 1999: 17.
[29] 杨树谷. 澜沧县外来宗教情况 [M]. 云南民族情况汇集（下）, 1985: 35.
[31] 红河哈尼族彝族教育局. 红河哈尼族彝族自治州教育志 [Z]. 昆明: 云南大学出版社, 1995: 223.
[33] 蔡寿福. 云南教育史 [M]. 昆明: 云南教育出版社, 2001: 324.
[34] 韩军学. 基督教与傈僳族和怒族社会 [J], 云南宗教研究, 1996, (2): 24.
[35]《中国少数民族社会历史调查资料丛刊》修订组. 云南民族民俗和宗教调查 [M]. 云南民族出版社, 1996: 293.
[36] [39] 黄新宪. 基督教教育与中国社会变迁 [M]. 福州: 福建教育出版社, 1996: 166、198.
[37] [38] 张丹枫. 近代基督教在云南少数民族地区的传播和影响 [J]. 保山师范专科学校学报, 2003, (6).
[40] 特木勒. 多元族群与中西文化交流 [M]. 上海: 上海人民出版社, 2010: 50.
[41] 韩军学. 基督教与云南少数民族 [M]. 昆明: 云南人民出版社, 2000: 58—59.
[42] 云南民族情况汇集（上）(1950 年) [C]. 昆明: 云南民族出版社, 1986: 248.
[43] 国家民委《民族问题五种丛书》云南编辑组. 中央访问团第二分团云南民族情况汇集（上集）[M]. 昆明: 云南民族出版社, 1986: 14—15.
[44] 韩军学. 云南省志·宗教志 [M]. 昆明: 云南人民出版社, 1995: 253.
[45] 东旻, 朱群慧. 贵州石门坎 [M]. 北京: 中国文史出版社, 2006: 95.
[46] 韦启光. 黔滇川边区苗族信仰基督教试析 [J]. 贵州社会科学, 1981, (4).
[47] 马廷中, 张萍. 云南民族地区教会学校教育及影响 [J]. 渝西学院学报（社科版）, 2003, (1).
[48] 中共中央马克思恩格斯列宁斯大林著作编译局. 马克思恩格斯选集（第四卷）[M]. 北京: 人民出版社, 1970: 244.

专题研究

『民间乡土知识进教材』

教材是最重要的课程资源，是学生获取知识的主要源泉，是开发学生智力和培养学生能力的必要阶梯和最佳依据。教材内容的选择，与教育目的实现、人才培养的规格和标准有着直接的关联。然而目前，民间文化作为我们不可或缺的基因文化，却遭受着理论构建上缺乏、教材编排上缺失、教师实践中漠视的窘境。为改变这种现状，培育出具有民族特色的新一代，理论研究者和教育实践者必须转变固有思维和惯性行为，从理念上重视民间文化，在理论和实践中积极构建和渗透传播民间文化。

论教材中民间文化的导入

□ 王文雅　金志远
内蒙古师范大学教育学院

民间文化是我们民族古老的生命记忆，是我们民族活态的文化基因，它代表着我们民族的普遍心理认同和基因传承，体现着我们的民族智慧和精神。传承和发展我们的民间文化，是教育不可推卸的责任。作为文化遗产传承的重要阵地——学校，应当倡导多元、开放的教育理念，加强民间文化基因认知的自觉，建立起文化多元的传播体系，最终才能培育出流淌着民族热血的建设者和接班人。然而，无论是理念上还是现行的教育知识体系中，基因文化都处于被遗忘的边缘。因此，我们应该尝试在学科创新发展和课程与教材改革中去寻找解决问题的路径。

一、民间文化进教材的重要性和必然性

陈思和先生是巴金研究专家，是著名的文学评论家，他在其《民间的浮沉：从抗战到“文革”文学史的一个解释》一文中指出：“民间文化是在国家权力控制相对薄弱的领域产生的，保存了相对自由活泼的形式，能够比较真实地表达出

民间社会生活的面貌和下层人民的情绪世界。”[1]我们常说的民间文化具体就是指中国的传统民间文化，它主要是相对于传统的精英文化而命名的，包括民俗文化、民间文学和民间艺术三个部分，是一种由人民大众自发创造的、体现人民大众思想和智慧的一种生活文化。文化部副部长周和平在其文章中强调：“中华传统文化尤其是民族民间文化，是我们民族的精神植被与灵魂根脉，也是我们当今建设中国特色社会主义先进文化的重要基础。”[2]民间文化的重要性和独特性在于它给我们带来的不仅是文化本身的内涵意义，更是一种民族的认同，只有具备了这种民族认同感，才会产生我们的民族尊严和民族精神，它是我们民族内在深处最为本质的表征，是我们民族生生不息的根基。

民间文化资源是教育培养儿童热爱自己民族文化的最好的素材，我们只有善于利用和开发我们优秀的民间文化，才能让我们的教育在多元文化世界中永葆特色，在强势文化的入侵中永不迷失自己。然而，课程专家们却常常忽略了本土民间文化的这一独特功能，而是把眼睛死死地放在传统文化中的精英文化上，认为精英文化代表了我们传统文化的精髓，传承我们的民族文化只需学习精英文化就足够了，却忘记了高雅的精英文化也是来自于民间的智慧结晶，是在民间文化的滋养中剥离出来的，也只有不脱离民间文化的沃土，才能散发出迷人夺目的光彩。

学校在保护和传承民间文化方面，承担着重要的角色。一方面学校教育有传播民间文化的责任，另一方面还承担着培育出传统文化传承人的重任。从文化传承的角度来讲，我们的课程教学除了要体现它的工具性，让学习者学到必要的知识技能外，更重要的是通过这些知识的传授，让我们的民族文化得以传承，民族精神得以延续。从教育教学效果上来看，儿童只有了解了精英传统文化的成因和渊源，才能把精英文化吸收得更为彻底。教师在施教的过程中，如果能培养儿童从民间文化的视角来解读和看待高雅的精英文化，必然会使儿童深刻地体会到原汁原味的精英文化。我们语文教材上涉及的大量的经典作品如曹雪芹的《红楼梦》，老舍的《茶馆》、沈从文的《边城》以及鲁迅的《阿Q正传》等，无不涉及大量平凡的民俗生活描写，要想真正读懂这些作品，了解作品的民俗民间文化背景是必不可少的，学习者应该从民间文化的视野和角度去剖析这些经典的作品，才能真真切切地体味到作者所要表达的主题思想和真实情感。此外，从社会发展的需要和儿童长远的成长来看，了解和学习民间文化也是儿童未来生活和发展的需要，只有具备了一定传统文化素养的人，才无愧于中华儿女的称号，才能真正成为中华民族合格的建设者和创造者。

总之，无论是从宏观的文化传承还是微观的学习者适应和发展方面来讲，让民间文化走进教材都应该是教育者和受教育者的必然选择，也是最好的选择。

二、民间文化进入教材的研究现状分析

对民间文化走进校园、走进课堂和教材的呼吁，是儿童身心健康发展的需要，是未来社会发展的需要，也是个体适应客观环境的需要。然而目前，无论是理论层面上还是实践层面上，我们在这方面做得都不到位，现状令人堪忧。

1. 理论构建层面缺乏

对于民间文化走进校园、走进课堂、走进教材的研究，研究者虽多，建设性研究成果甚少。许多观点也是掺杂在对传统文化与教育教学的联系的研究中，略作阐述。其中有许多研究成果主要是对于民间文化的教育价值、教育功能做了详细的论证，呼吁我们要重视民间文化的教育教学价值，如田由在其文章《民族民间文化的教育作用》中，论证了民间文化的重大教育价值，指出民间文化是孩子的第一门课程，民间的童谣和故事是孩子的第一本教科书。[3]再如许钰的《加强民间文化教育功能的研究》指出，过去的研究者总是有意无意地强调民间文化思想中那些与精英文化对立的成分，而忽略了精英文化与民间文化联系紧密、互相协调和互补的事实，指出这不利于弘扬民族文化的精华，也不利于民间文化的发展。[4]还有从社会发展需要的层面来论述民间文化的重要性的，如喻峰、付安平在《民族民间文化保护与当今中国发展之需要》中指出，民间文化是中华文明的重要组成部分，是不容忽视的，更是不可代替的，并提出了一系列的保护民间文化的措施，阐述了目前我们民间文化的处境堪忧，如大量的民间文化流失海外，民间文化的传承渠道不畅，教育领域正规的民间文化教育极少，缺乏民间文化保护的氛围，民间文化保护与教育脱节。[5]这些研究虽然有着重大的现实意义，使人们能够关注和认识到民间文化的重大教育价值，但是太过宏观，对于如何使民间文化发挥其巨大的教育功能和价值，民间文化如何走进校园课堂及教材等方面没有论述，致使研究成果在实践的具体操作层面的指导力度不够。

2. 教材的编排层面缺失

国家统编教材初中和高中的语文教科书对传统文化内容虽然有一定的涉猎，但其编排和呈现方式存在一些不足。如初中语文教材较为偏重对学生的语言技能

的训练，从“急功近利”的“致用”出发，太过注重语言的外在交际功能而忽视了对内在精神的探究。并且，教材所呈现的传统文化内容单一，仅仅局限于从时间的维度去选取作品，而忽略了文化本身的丰富性和多样性。选择的大部分都是经典的名作，鲜少涉及戏剧、电影等文学作品的欣赏，尤其是我们古代大放异彩的书法、音乐、绘画等民间文化更是被束之高阁无人问津。[6]高中的教科书也是同样的覆辙，传统文化的内容占一定比例，但是内容不够丰富多样，其中民间民俗文化的比重太小，尤其是与日常生活紧密联系的生活话题几乎没有涉及，完全忽略了传统文化在民间生长的土壤和养分。[7]地方课程和校本课程是国家课程的补充和延伸，是完善教育多样化和突出教育特色的重要方式，然而，由于各地的经济、文化等因素的限制，地方课程教材和校本课程教材是有的地区有，有的地区无，有的地方干脆不开这些“无用”的课程，有的地方即使开设了也是形同虚设的政绩工程，都不能起到很好的补充和完善作用，最终使得许多优秀的民间文化悄然逝去没能被传承下来，也没能发挥其巨大的教育价值和功能。

3. 教师实践层面漠视

无论是充分的挖掘教科书中已有的传统文化教育资源，还是补充和延伸教科书之外的民间文化资源，都需要教师具备深厚的传统文化功底和强烈的传统文化情结，这样才能有热情并且也有能力去挖掘我们身边的民间文化资源，去拓展课堂教育教学，去传播我们的基因文化。然而，奋斗在一线的教师们好像对我们的民族传统文化失去了信心，也失去了耐心，因传统文化的教育教学不会像其他技术性学科那样能够快速地看到实效，而对民族传统文化的世界影响力和现代作用力产生了怀疑。教师们普遍有些趋利倾向，在实践的教育教学过程中，重视死记硬背、机械训练、琐碎讲解、共性灌输、时尚浅读，尤其是把应试技能的训练放在教学的首位，求高成绩带动高收入，而轻视陶冶涵咏、修习历练、整体顿悟、个性选择、经典欣赏和提高人文素养这些好的教学理念和方法，更不用说，能够做到用文化的眼光在教材中挖掘传统文化的内真价值和寻找开发生活中的民间文化了。

三、民间文化进入教材的方法论思考

1. 教育理念的重视

首先，树立开放的教育理念。任何的研究和实验都需要有理论的指导和论证。民间文化要想走进教材必然也需要有充分的理论依据来作为指导。当今是一个信息多元和文化多元的社会，各种文化之间应该相互接纳和吸收，学校要树立开放的教育理念，以多元文化教育的理念为指导，肯定文化多样性的价值，尊重文化多样性下的人权，要教导儿童具备多元文化的认知和价值观。认识到民间文化作为这诸多文化之中重要的本土基因文化，更应该将民间文化纳入到我们的教育知识体系中，才能培育出具有本土特色的人才。其次，重新规划课程标准。课程标准是规定教学内容的文件。教科书的编撰、升学考试以及平时的教学活动无不受到课程标准的影响。因此，要想使民间文化走进我们的教材，使其纳入到我们正规的教育知识体系中，需要国家教育政策和资金的支持，课程标准上有所规划，这才能使我们的民间文化进入课堂和教材"名正而言顺"。

2. 学生特点的思考

民间文化进入教材，主要的服务对象是儿童，因此在课堂的结构安排和教材内容选择、编排和表述上，一定要符合儿童的年龄特征和认知规律，这样才能激发起学生对民间文化学习的热情和积极性，最终使儿童达到情感上的共鸣和精神上的共通。一般来讲，儿童的认知总是遵循由感性到理性、由浅入深、由易到难循序渐进的规律，因此无论是在课堂上的教授安排上还是教材的编排上，都要关注这个重要特征，科学安排，合理安排。另外，民间文化进入教材，还需要关注儿童的个性和兴趣，要体现民主平等的思想，多创设情境，引导学生尽快地进入课堂和教材设定的氛围之中，多调动孩子的生活体验，这样才会使学生的思想感情和心灵活动与课堂融合起来和教材碰撞起来，产生良好的效果。

3. 教师行动的转变

一线的教师们，不能成为教材的被动使用者，离不了教科书，也不会拓展教学内容。应该充分发挥教师研究创造的积极主动性，使教师在实践中不断地探索，不断地进行教学改革和学科创新的尝试，从而达到牵动课程和教材改革的目的。对于民间文化走进课堂和教材，教师要做到以下两个方面的转变：首先要改变过去照本宣科、惟教材是从的教学方式，要善于挖掘生活中的民间文化，利用民间文化作为依托诱发儿童学习教材中编排的知识和文化。其次，教师要用发现的眼光去挖掘更多的优秀民间文化资源来扩充课堂和完善教材，使课堂和教材有专属于民间文化的一方天地，紧紧地和儿童现实生活相联系，从而提高儿童的生活实践能力。相信这样的循环往复，最终一定会"去伪存真"，筛选出更有价值也更有利于儿童吸收和接纳的民间文化资源。

4. “活”课堂与“活”教材

对于民间文化的学习和利用，一定要摆脱以往固定的单一授课讲课模式。采用“活”课堂和“活”教材相结合的教学方式。所谓的“活”课堂与“活”教材相结合主要是针对以往的固定地点、固定时间、固定教师、固定的教科书、统一的室内授课方式提出来的，这里的“活”主要是指课堂组织和管理的灵活多变以及“教科书”这一教学媒介的不拘一格。如教师可以组织学生去参观有形的民间文化遗产，可以带学生去参加民间的各种民俗文化活动，可以让他们聆听民间歌者的优美旋律，可以让他们学习民间艺人的精湛民间技术……这样的授课方式不仅锻炼了儿童的实际生活实践能力，并且通过亲身的感受和体味更能激发他们对民族文化的自豪感和求知欲。通过这样的方式授课，课堂就有可能设立在儿童现实生活中的任何地方，而此时的教材也不一定只是出版成书的纸质教材，生活中将处处有美好的课堂，也将处处有独特的教材。

总之，只要研究者和教育者从意识理念和理论建设上重视民间文化、完善理论构建和课程教材建设，实践教师能够在学科创新和教材改革中，善于运用各种方式开发与渗透民间文化，民间文化就不难走进课堂与教材，就不难走进儿童的心里，就不难渗入到炎黄子孙的灵魂，为我们的年轻一代烙下民族的标志。

参考文献：

[1] 陈思和. 民间的沉浮：从抗战到文革文学史的一个解释［A］//王晓明. 批评空间的开拓［C］. 上海：东方出版中心，1998：218－219.

[2] 周和平. 传统—现代—非物质文化遗产［J］. 中华遗产，2005，(3).

[3] 田由. 民族民间文化的教育作用［J］. 民族教育研究，1993，(6).

[4] 许钰. 加强民间文化教育功能的研究［J］. 北京师范大学学报（社会科学学报），1994，(4).

[5] 喻峰、付安平. 民族民间文化保护与当今中国发展之需要［J］. 理论前沿，2006，(8).

[6]［7］周勇. 传统文化·课程开发［M］. 合肥：安徽教育出版社，2007：49、56.

皮影娃剧团

□ 李蓉华　周　媛　黄　萍　皮小韫
成都市第十三幼儿园

大班幼儿在参观皮影博物馆后，对皮影产生了浓厚的兴趣。通过探索、制作皮影，孩子们萌发了强烈的表演欲望。在与同伴的互动中，他们已不满足于自发地、三三两两地表演，渴望能表演给更多的人观看。于是在老师的支持下，他们分组成立了“勇士”、“公主”、“小乖乖”、“开心闯龙年”等四个皮影剧团。

全班参观四川省皮影博物馆

一、“我们有自己的剧团了”

为了成立皮影剧团，孩子们七嘴八舌地开始了讨论。平日里喜欢“打打闹闹”的男孩子们，想用皮影来表演动作场面的故事；而有公主情结、爱美的女孩子们则想成立一个充满童话色彩的皮影剧团；一些喜欢小动物的孩子们则希望用皮影来演绎动物之间的故事；喜欢热播剧《喜羊羊与灰太狼》的孩子们则渴望将动画片搬上皮影舞台。

讨论皮影剧团的成立

崇尚武功的男孩们组成了《勇士剧团》

喜欢小动物的女孩们组成了《小乖乖剧团》

喜欢动画片的孩子们组成了《开心闯龙年剧团》

沉浸在童话世界的男孩、女孩组成了《公主剧团》

二、“争”团长——团长大不同

《开心闯龙年》剧团是由杜妍仪本人自荐团长组成的剧团。仪仪从小很喜欢画画，家长也很重视她这方面的培养，在园外也为她报了绘画班，使这个孩子的动手能力很强。所以小朋友们一直对她非常信任，而这种以信任作情感基础组成的剧团，也是对仪仪的肯定，使她当这个团长从心里很开心，发自内心的喜欢，因此她乐意为这个剧团出谋划策。

《勇士》剧团团长的诞生是由游戏“石头、剪刀、布”诞生的。一群清一色的男孩通过游戏，因蒲浩歌的胜出而理所当然的担任团长。在确定表演故事内容的过程中，讨论出来的故事不是铠甲勇士就是起搏少年，而商量故事名称就经历了多次活动才出炉。由于因团长是一次游戏的胜负选出的，因此在这个剧团没有凝聚力和主见，讨论中迟迟不能定下角色和故事。当他自己不能完成分配到的任务时，没有想过寻求老师、同伴的帮助，而是自己悄悄地哭，一个人默默地承担团长的责任。浩浩是一个以自己为中心的孩子，很少会去关心关爱其他人，致使最后这个剧团的团员对于他的评价也有很多不满，最终把他这个团长给撤了。

《勇士》剧团谁来当团长？游戏“石头、剪刀、布”推选团长被孩子们自己否决了。这时其他剧团已经完成讨论，开始分配制作角色，甚至有的快开始排练节目了，《勇士》剧团的团员们着急了。此时，老师可一点不急，就想看看这群小子怎么解决。

通过思考，男孩们放弃了最初谁都想自己当团长的想法，为了全团活动的顺利开展，推选出了在男孩中有号召力的王启瑄和动手能力超强的蒋天宇担任团长和副团长。

“我能当好团长，请投我一票”

三、皮影娃剧团开始活动了

（一）剧本诞生

1. 成品故事

在剧本选择上，孩子们挑选自己喜欢的动画片、童话故事、童谣等，以图加文的方式编写剧本。在这一过程中，许多男孩子喜欢的“植物大战僵尸”由于没有对话和角色制作上的问题而被大家否定掉了。

选择条件：故事情节简单，对话经典易记，音乐节奏明快，易于表现。如：《小兔乖乖》《白雪公主》《变脸》《西游记》。

2. 自“编”剧本（小故事）

创作剧本不同于仅仅追求演出效果的“剧场戏剧”，它以幼儿的参与为根本，以幼儿各方面发展为诉求，可以说，“以儿童的意愿、努力和健康成长为中心”是创意戏剧教育的主要特征。剧本是戏剧工作的开端，也是最基础的工作。过去，剧本创作通常是由教师或专业戏剧创作人员来完成的。我们发现，只要引导得当，幼儿是完全可以参与到这项工作中来的。幼儿创编、改编了《开心闯龙年》《人鱼公主》《铠甲勇士》

铠甲勇士出击

我来记录

（二）角色诞生（协商、分配角色）

角色竞选条件讨论片断记录：

师：大家觉得什么样的条件才能当选呢？

可寒：要画得好、做得好的才能当选。

若明：平时乖的小朋友当选。

师：怎样算表现乖呢？

若明：上课、吃饭、睡觉等都表现好。

西西：他只是表现好但是皮影做得不好也不行。

师：要进行皮影剧表演，除了刚才可寒说的要画得好、做得好以外，还需要什么条件呢？

然然：我认为需要选会讲故事的小朋友。

虎虎：对，还需要记性好能记住故事内容的。

师：会讲故事的如果皮影做得不好，皮影做得好的故事又讲得不好怎么办？

秋池：那就让讲得好的去练习做皮影，做得好的去练习讲故事。

龙龙：我觉得除了做得好、讲得好，还要会操作皮影表演才行。

师：如果没有一个人能同时满足这三个条件怎么办？

若明：那我们就让做得好的去做，讲得好的去讲，会操作的去表演不就行了吗？

师：对，刚才明明讲的就叫分工合作，我们在表演中有时就需要大家一起分工合作才能完成。

在皮影角色竞选条件的活动中，老师并没有直接给出答案，而是给予孩子充分的自由，让他们自己讨论，自己得出答案，这比直接交给幼儿更能让他们理解。我们说通过皮影活动发展幼儿的合作意识和能力，最主要的就是通过皮影这个载体，让幼儿知道当自己不能独立解决问题时，可以去寻求帮助，每个人都有很能干的地方，也有不足之处，大家可以互相取长补短，分工合作完成任务。

竞选《小兔乖乖》角色

（三）制作皮影形象

在皮影制作中，孩子们先是直接在幻灯片上画角色，再用剪刀进行分肢，最后连接。当发现这样的方式并不能将皮影人物做到最大、最好时，我们组织孩子进行了讨论，得到第一次结果：可以在幻灯片上分开画四肢。孩子们又继续讨论，他们有想过这样的方式但害怕画错。于是得到第二次结果：先在图画纸上打草稿，再用幻灯片蒙着画。有的孩子会说蒙着画看不清哪条线才是正确的，所以得到了第三次结果：用铅笔打草稿，在用深颜色的油性笔蒙着画。通过三次讨论，孩子的制作方法得到了统一。

当幼儿在制作活动中遇到困难、沟通难以顺利进行时，最简便、最有效的办法就是教师适时适当的示范，正如木匠师傅教徒弟使用刨子，除了必要的讲解外，还需要亲自刨一刨一样。在皮影制作交往活动中，教师应通过语言暗示、问题探究等多种手段，启发幼儿自我解决问题。（1）引起悬念。幼儿有了强烈的悬念，便能积极主动地去解开悬念，从而促进幼儿彼此间的互相交流。例如：幼儿不知怎样连接时，不应直接给予答案，而是留出悬念让孩子自己思考。（2）引发疑问。幼儿的求知欲强，遇事总爱问“为什么”，因此我们在幼儿无疑问时主动提出疑问，在他们有疑问时给予强化，从而促进幼儿之间产生争论，主动去探究问题。对一些无法与他人交流、互动的幼儿，我们加强了个别辅导，为他们提供一些必要的语言或内容上的支援，对他们的交往方式、态度、礼仪等进行指导。另外，我们还让那些善于表达的幼儿发挥他们的积极影响作用，通过同伴间的互动、交流以及示范，去影响、带动部分表达、交流有困难的幼儿。

我来帮你画

怎样才能变脸呢？我们一起想办法

请你帮我看一看

懿懿："哎，我们每个人都是从不会到会的。"

颢然："我来画大灰狼吧！人要勇于挑战自己。"

（四）剧团表演

1. 角色分工

皮影活动要求小组成员在共同感兴趣的问题情境的基础上进行讨论，协商产生明确的、将要承担的共同任务（共同研究或解决的问题）。为了增进儿童的理解与体验，还要培养幼儿的轮流互让、守序意识，强调多种经验的相互变通与应用。

“我来演……”

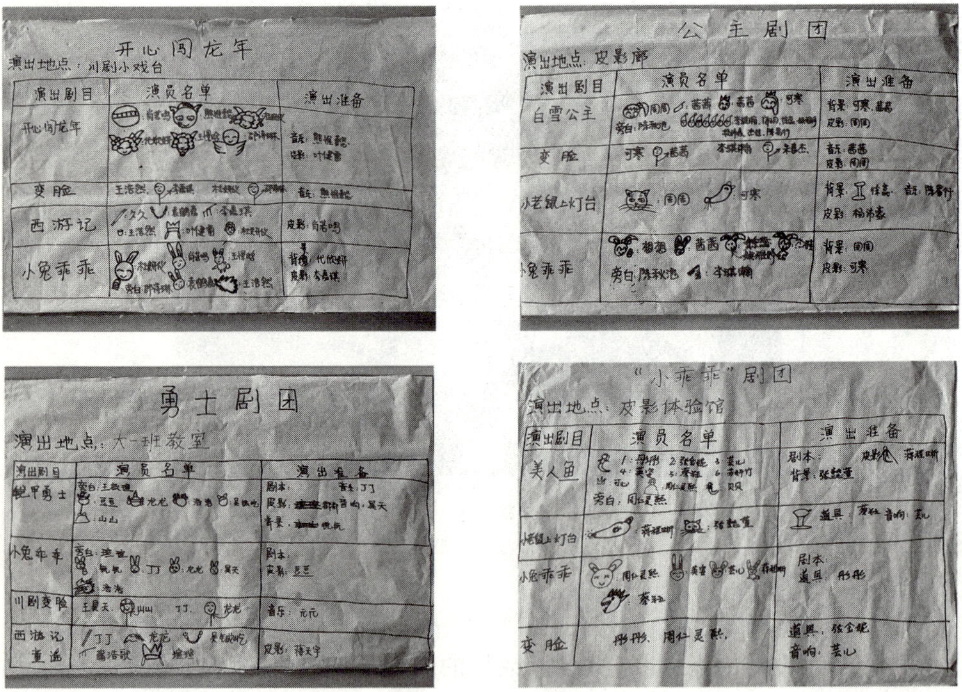

四个剧团的分工表

2. 巡回演出

四个皮影剧团分别在大一班教室、皮影体验馆、皮影廊和川剧小舞台进行巡回演出。

我们的皮影剧

小兔乖乖

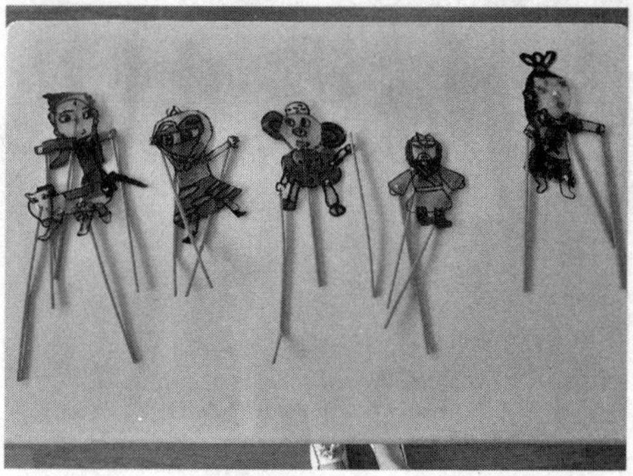

西游记

铠甲勇士

川剧变脸

演出中

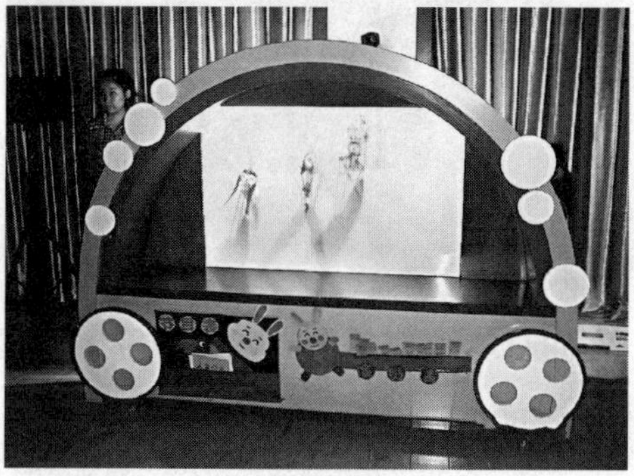

《小乖乖》剧团巡演中

《公主》剧团巡演中

演出后的调查、统计，“弟弟妹妹们，你们喜欢我们的演出吗？最喜欢的是什么？最不喜欢的是什么？还想看什么？”

孩子们正在对演出结果进行调查

孩子们对调查结果进行统计

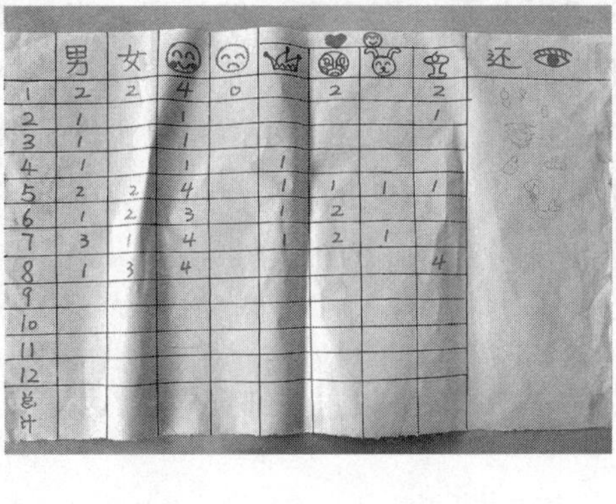

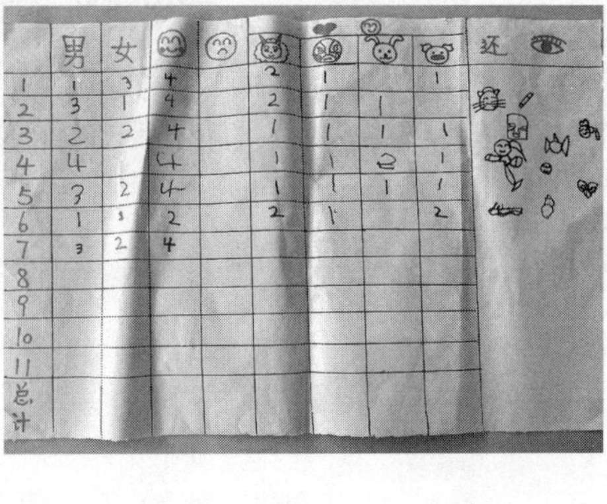

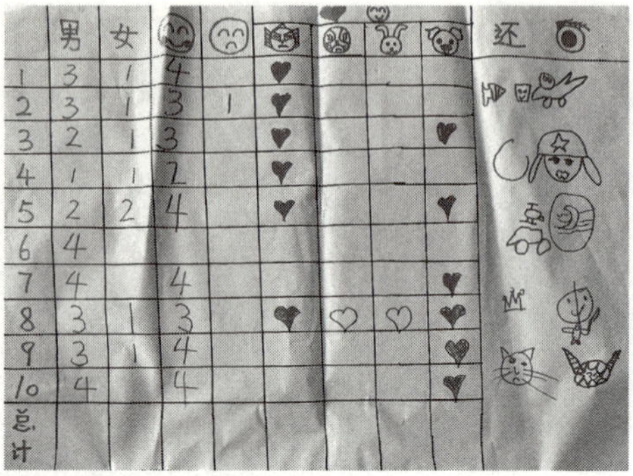

四个剧团的汇总表

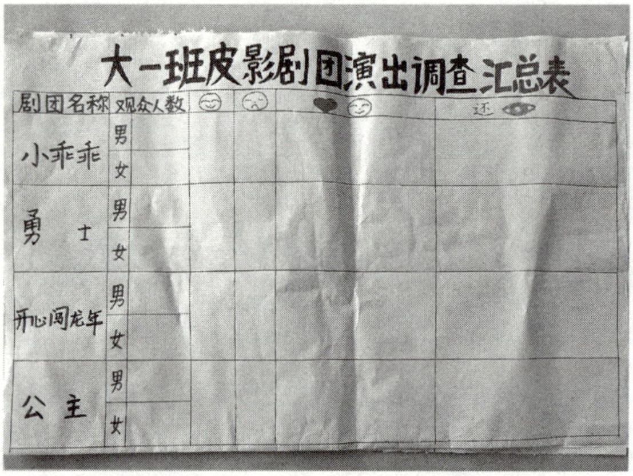

皮影娃剧团调查汇总表，孩子们将根据调查结果，开展剧团活动

在皮影剧团活动中，剧团活动所承载的“以儿童发展为本”的特点，主要体现在以下几个方向：一是关注过程，强调儿童的自发生成活动，充分体现皮影活动的选择性和生成性，淡化活动的结果，关注活动的过程，尤其是关注幼儿在“皮影探索”上“奔跑”的经历、经验与过程。二是提供给幼儿合作探究的学习机会，帮助幼儿形成良好的同伴关系，培养幼儿同伴合作的社会性能力。

民族民间音乐资源在幼儿音乐教育活动中的应用，无论是丰富幼儿民族情感，还是拓展幼儿园音乐教育内容，都具有重要意义。红星幼儿园就民族民间音乐资源在幼儿园音乐活动中的应用从以下四个方面进行了探索和讨论：(1) 民歌、童谣在儿童歌唱活动中的改编及运用；(2) 大班儿童民间音乐作品欣赏活动中如何突破“儿童理解”的困境；(3) 遵循知—感—学—行—创的基本规律学习民族民间集体舞蹈；(4) 韵律活动中音乐的选择与处理。

幼儿园音乐教育中民族民间音乐资源的应用

□黄　曦　淳遂娟　曾　曦
成都市红星幼儿园

民族民间音乐资源是指全国各地域、各民族流传在民间的、传统的、以各种风格和形式呈现的富有教育价值的、能够作为教育内容或服务于教育目标的音乐资源，它包括具有民族民间特色的歌曲、舞蹈、戏曲、说唱音乐及器乐等。民族民间音乐资源在幼儿音乐教育活动中的开发利用，不仅可以丰富幼儿民族情感，还可以很好地拓展幼儿园音乐教育内容和帮助儿童体验不同民族的艺术文化魅力。

一、幼儿园音乐教育中民族民间音乐资源应用的现有理论与实践

1. 柯达伊教学法与奥尔夫音乐教育思想

现有的关于民族民间音乐资源在幼儿园音乐活动中运用的国外理论肯定了民族民间音乐资源对儿童发展的重要价值。

以匈牙利著名作曲家、民族音乐家、音乐教育家佐尔丹·柯达伊命名的“柯达伊教学法”，是当代世界影响深远的音乐教育体系之一。在柯达伊的教育体系

中，他反复强调“民族音乐语言、民族音乐思维对于培养民族情感和在音乐教育中的意义”，音乐教育的重要任务就是继承本民族传统与学习人类优秀艺术文化。柯达伊认为，“民间音乐参与到音乐生活中来，并给以创造性的影响，这一切都是民族意识的标志，是在民族中坚持其本性，保持着‘文化统一’的力量标志”。他同意民间文学研究家爱尔德里·雅若什（Erdelyi Janos）的观点：“向全人类阐明我们整个民族的本性、我们民族的尊严，使我们对自己有所了解，并在民族自觉中认识到我们整个历史的本质。”[1]

柯达伊认为，挖掘民族民间资源，以民族音乐文化为音乐母语来实施基础音乐教育可以更有效地提高全体国民的音乐文化素养，让音乐真正地属于每一个人。同时，他和匈牙利的教育工作者们在民间音乐的创作和教育中一直不懈努力着，他们坚信，音乐与数学、自然科学有着直接的内在联系。他们相信，音乐对孩子们的逻辑性和批判思维有所帮助，学习音乐的过程能够发展完整的人格。[2]

德国伟大的作曲家和音乐教育家卡尔·奥尔夫，在谈到他推崇的“原本性的音乐”教育时说：“原本的音乐不是指单独的音乐，它是和动作、舞蹈、语言紧密结合在一起的；它是一种人们必须自己参与的音乐，即：人们不是作为听众，而是作为演奏者参与其间。”他强调“儿童在其中不是被动的听众，而是音乐创作的积极参与者。他简单易行，没有人为的附加物，没有繁赘的结构，近于生活、自然及儿童的天性。”[3]“原本性的音乐”除了参与性的要求，还与“即兴演奏”有关。奥尔夫在研究中多次指出，原本性音乐的出发点，就是即兴演奏，完全从即兴出发的自由教学，永远都是一个卓越的出发点。

奥尔夫音乐教育中所提倡的“即兴性”，恰好和民族民间音乐的特性相吻合。民族民间音乐的重要特征就是“即兴性”，民间民族音乐的传承往往是口传身授，大多时候，年轻艺人或徒弟在向老艺人学艺时是凭借听觉和记忆，基本上不采用书面乐谱。一方面，民间音乐的保存具有易变性和失传性，但另一方面，又能使后人在继承和学习中即兴发挥，对原有的民间音乐进行加工和改编。这样发展下来，民族民间音乐在演唱、演奏中的即兴发挥，反而成了验证歌手、艺人水平的标准。我们看到，在各民族、各地区的传统对歌活动中，善于临场发挥的歌手往往是最出彩的表演者。如此，民间音乐往往比专业音乐更加鲜活、更加有生气。

从柯达伊和奥尔夫的教育思想和实践中，我们可以得到这样的启发，在中西文化的碰撞中，在学习、借鉴外来资源的同时，传承本民族宝贵的艺术遗产和培养幼儿的民族审美观，对加强幼儿的民族意识和民族精神，学习和了解我国的传统文化有着重要的意义。

2. 我国幼儿园民族民间音乐教育的一些途径和方法

以2006年在深圳举办的第五届全国幼儿园音乐教育研讨会为例，在会议安排的52个观摩活动中，音乐材料带有我国少数民族风味、民间特色的活动占22个，从西北的花儿、安徽的黄梅戏、湖南的花鼓戏到闽西山歌、广东童谣，从新疆的纳尔孜库姆舞、广西的蚂拐舞到云南的迎客舞、霸王鞭，都充分展现着我国民族民间音乐素材的丰富与别致。[4]这也表明了我国的幼儿教育工作者在对民族民间音乐资源在幼儿音乐活动中利用的重视程度越来越高。

目前，就如何促进民族民间资源在幼儿音乐教育中的应用，研究者们得出了以下研究结果：

（1）将提升幼儿教师的音乐素养纳入到专业的课程中

民族民间音乐资源能否在幼儿园音乐教育中取得良好的效果，其中非常重要的一个因素就是幼儿教师能否胜任民族民间音乐教育活动。教师自身的音乐素养是促进民族民间资源在幼儿音乐教育中的应用的重要条件。如果要真正实现民族民间音乐资源走进幼儿园的教育活动，则需要在学前教育课程设置或相应的课程上增加民族民间文化的内容，以培养能够胜任此项教学任务的教师。教育部已有类似的条文，规定2007年起音乐院校的教师教育专业必须开设《中国民族音乐》这门课程，并指出在音乐教育中要注意全国性与地方性的有机结合，既要重视对全国有影响的代表性民族音乐的了解和学习，也要重视本土音乐的介绍和传播。

（2）从节奏入手培养幼儿对民族民间音乐的兴趣

音乐作为听觉艺术，运用音响、节奏、旋律等塑造出艺术形象，来影响人的情感。因此，我们首先要培养幼儿的良好听觉能力，才能去感知音乐艺术的美。据专家研究，孩子从四岁左右开始正式形成旋律感，在针对更小的孩子音乐教育时，我们可以让孩子优先接触节奏。[5]我国的民族民间音乐中，节奏是非常具有特色的，像我国的各类号子等。我们可以把这些节奏写出，在老师的带领下让孩子模仿学习，然后根据情况再慢慢把音乐加进去，当孩子慢慢熟悉音乐后，再让孩子通过音乐打节奏，这样既可以培养孩子的感知能力，又可以让孩子接触并熟悉我们的民族民间音乐，逐渐培养对我国民族民间音乐的兴趣。

（3）主张通过欣赏民族民间音乐作为幼儿学习的起点

世界各地的音乐教育家和研究者们发现，音乐欣赏活动可以很好地发展幼儿音乐感受和审美能力，强调在音乐教育中，要注意通过对“好”的音乐的欣赏来丰富经验和开阔音乐视野。日本幼儿音乐教育家铃木在其著名的“天才教育”理念中指出，应把最好的、世界的音乐给孩子欣赏。所谓最好的、世界的音乐，就是各个国家、各个民族、各种风格的优秀代表之作。[6]

（4）主张以本地民间音乐为起点选择素材

“民间音乐作为艺术的本质意义，并不主要在于其单一的音乐知识技能，而在于它是民间文化的生存体。通过民间文化帮助幼儿去认识和理解家乡周围的民间生活方式，其人文教育的意义超越了音乐艺术本身的技能技巧”。[7]

很多研究者都认为，幼儿园民族民间音乐教育的最佳素材来源为本地的民族民间音乐，因为这些素材来源于幼儿的成长环境，本地的音乐有其方言和独特的表现形式，幼儿从家庭、幼儿园、社会等方方面面都能够感知本地音乐，容易使其耳濡目染，更加容易学习。教师可以结合自身所在地区的特色，挑选具有代表性的地方音乐素材，比如四川民歌《太阳出来喜洋洋》、湖南民歌《浏阳河》、江西民歌《八月桂花遍地开》、新疆民歌《库尔班大叔喜洋洋》等。

（5）寓教于乐，培养兴趣

传统的音乐教育过于偏重音乐艺术使命，追求成品的灌输，教师注重孩子学会了几首歌、会跳几支舞蹈。我们经常看到，在一些幼儿园的舞蹈活动中，孩子们总是听教师枯燥地讲解，然后一遍又一遍地机械模仿，无法体验活动中表现创造的快乐。研究表明，如果能让幼儿的音乐活动生活化、游戏化，让孩子在活动中感到自由和欢愉，他们就能自然而然地走进民间音乐世界。

所以，教师应该大胆地对传统音乐教育方式进行突破和创新，积极地尝试新的教学方式，用符合幼儿天性的轻松愉快的游戏方式，培养幼儿对民族民间音乐的兴趣。

（6）现代教学手段与民族民间音乐教育相结合

教师要善于利用演示型的多媒体课件，将文字、图像等直观地展示出来，为幼儿提供丰富多彩的欣赏资源，为幼儿营造一个色彩缤纷、声像同步、能动能静的欣赏情景，充分调动幼儿的视觉、听觉等多种器官，把幼儿在音乐欣赏活动中的审美体验推向高潮。[8]多媒体等视听技术、网络媒介等广泛地运用到民族音乐教学，是一个必然的趋势。通过多媒体的手段，能够给学生丰富的感性材料与信息，同时也能更好地帮助学生理解教师所讲的理论知识，化抽象为具体，化艰涩为通俗。[9]幼儿教师要在掌握各种艺术形式的风格特征以及它们所产生的历史文化背景基础上，力争用丰富多变的教学手段去获得良好的教学效果。

但是，当前民族民间音乐在幼儿园音乐教育应用中仍然存在诸多问题。

（1）幼儿园民族民间音乐教育实践仍是以教师为中心

幼儿园民族民间音乐教育的困境首先在于幼儿园音乐教育活动中的民族民间教育活动基础模块和活动设计参考案例的局限，活动形式上以集体教育活动为主，在教育方法上以教师为中心。幼儿教师在设计组织教学时，考虑的大多数问题仍然是围绕着教师的“教”展开的：如何挖掘民间音乐的文化价值、如何凸显音乐的特色、如何突出教师的表演、如何生动地讲解与教授等，对幼儿的学习能力及其主动发展关注不够，体现出一种以教师为本、以教论学的教学观。

（2）教师自身的音乐素养的欠缺

许多幼儿教师认为，作为文化遗产的民族民间音乐，是不能随便改变其内容的，只能传承和模仿学习；有的教师在活动前没有认真分析素材，没有给予幼儿必要的经验准备，导致幼儿在对背景知识一无所知的情况下，被老师“安排”在音乐活动中紧张学习与重复单调地练习；还有一些老师因为自身对民间音乐及文化缺乏必要的了解，缺乏根据幼儿兴趣与需要去引导孩子自如发挥的能力，活动方式非常单调。比如，在学习民族舞蹈时，把“动脖子”等同于新疆舞，把耸肩等同于蒙古舞，造成孩子从小对民族舞蹈产生生硬的理解，并产生厌倦感。

（3）对本地民族民间音乐资源缺乏系统和有效的整理

虽然已有研究明确了民族民间音乐在幼儿园音乐教育中的重要性和必要性，以及诸多研究者对幼儿园民族民间音乐教育的重视和诸多尝试，但至今仍然缺乏对民族民间音乐资源特别是对本地区民间音乐的系统有效整理。此外，幼儿园进行民族民间音乐教学时很少有针对不同年龄幼儿的资源模块。

（4）对民族民间音乐素材缺乏具体、深入的分析

在实际活动的观察中我们发现，许多老师都能运用民族民间音乐资源开展音乐活动，但对其所利用的基础资源却不求甚解。比如，老师们选取了《百鸟朝凤》这首曲子作为幼儿音乐欣赏的素材，但这首曲子表现的内容、曲式结构怎样，哪些可以成为孩子们感受的亮点等都不太清楚，导致在具体活动过程中，对活动结构及内涵显得肤浅和囫囵吞枣。

（5）对幼儿园各类型民族民间音乐活动的组织策略缺乏系统的研究

就全国各地幼儿园的音乐活动实践来看，虽然并不缺乏使用民族民间音乐资源开展活动的案例，但民族民间资源运用于幼儿园音乐活动的原则是什么，在具体的选材和组织上有什么策略，却很少得到讨论。这使得老师在开发民族民间音

乐资源时缺乏根基。

民族民间音乐资源在幼儿园音乐教育中的应用，对于正在发展的幼儿，既能丰富爱国、爱家乡的民族情感，还可以帮助幼儿感受不同文化背景、不同民族的艺术魅力，在一定程度上保护、传承了民族民间文化。因此，对于幼儿教师来说，我们在认识到民族民间音乐资源在音乐教育中的重要意义的同时，若能下工夫挖掘出它的艺术内核，就更能打动孩子们的心灵。

二、红星幼儿园的实践

基于以上幼儿园音乐教育中民族民间音乐资源应用的理论与实践现状，我们以省级机关红星幼儿园教师研究团队为基础，对“民族民间音乐资源在幼儿园音乐活动中的应用”进行了一些有益的尝试，以常态的音乐欣赏、韵律活动、歌唱、舞蹈等活动中的组织难点为突破口，对民族民间音乐教育资源的开发利用进行了探索和实践。下面就其中两个方面略加阐述：

（一）认真分析作品，形成幼儿园民族民间音乐教育活动的基础模块库

在立足本土资源的基础上，经过对民族民间音乐作品的搜集、风格特点的分析，我们在众多优秀民间音乐作品中，选择和提炼出幼儿园各年龄班的基础模块库，包括适合2－6岁幼儿歌唱活动、欣赏活动、舞蹈活动和音乐游戏的34个素材。以下为大班的素材目录库（表1）。

表1　幼儿园民族民间音乐教育基础模块表（大班）

形式	素材名称	流传民族（地区）	素材分析	策略建议
音乐剧欣赏	金沙	古蜀	展现了3000多年前神秘的古蜀文明，如祭祀、战场、芙蓉古都等场景。	通过观赏、故事活动了解金沙展现的场景，能感受音乐剧的形式和特点。
音乐欣赏	青城滑竿闪悠悠	四川	展现了青城山旅游特有的人文风情。	引导幼儿模仿具有四川特色的交通工具滑竿“闪悠悠”、“一起一伏”等动作。

续表

形式	素材名称	流传民族（地区）	素材分析	策略建议
音乐欣赏	溜溜康定	四川康定	展现了四川康定特有的环境和风俗习惯。	引导幼儿欣赏不同版本的四川名歌《康定情歌》，了解当地的风俗和感受多种艺术样式。
韵律活动	孙悟空打妖怪	曲艺快板书	传统的内容加上传统的快板边敲边唱，别具风格。	幼儿在已有的强、弱节奏经验的基础上，尝试顶板和让板（弱起）。
集体舞	七月火把节	四川凉山	舞蹈充分展现了彝家人过火把节的欢快热烈。	幼儿在了解彝族风俗和民间活动的基础上，尝试模仿彝族典型的“对脚”、“平步”等动作，并学习与舞伴进行目光、表情的交流。
集体舞	跳锅庄	四川阿坝	流畅和奔腾的乐曲，欢快的动作表现了藏族人民的生活情景。	通过“骑马、举东西、嬉水”等行为的模仿，提炼锅庄的基本动作。
集体舞	俏花旦	川剧	从俏皮的川剧表演动作中给幼儿带来非常兴奋的感觉。人声伴奏的鼓点形式和摇头一招一式帮助孩子丰富戏剧元素。	引导幼儿学习用眼神、表情交流，学习山膀按掌圆场步的基本动作。
韵律活动	梨园小儿郎	川剧	非常典型的戏剧曲目。ABA曲调结构。	通过观赏及尝试，学习川剧中具有代表性的顺风旗、山膀、寸腰（提襟）、双扬掌等元素动作；分清川剧中男女不同的手型和基本步伐。
韵律活动	马兰花	四川童谣	歌词简单，朗朗上口，典型的四川童谣模仿。	结合民间流传的儿童橡皮筋玩法学习和感受。
集体舞	扇子舞	民间	舒展大方的造型，与扇子融为一体的舞蹈，舒缓轻快的节奏，表达了内心的喜悦之情。	教师可引导幼儿在舞蹈的过程中尝试用扇子表达自己的情感，摆出自己喜欢的造型。

续表

形式	素材名称	流传民族（地区）	素材分析	策略建议
歌唱活动	小河淌水	云南	歌词简明朴实，平易近人，生动灵活，节奏欢快。让人仿佛有一种流水声就在身边的感觉。	教师引导幼儿在完整唱完歌曲的同时，体会歌曲中所包含的愉快情感。
创造性律动	放马山歌	云南	歌词简朴，结构简练，极富生活气息，亲切自然的唱词，反映出牧马人典型的生活。	引导幼儿体会“喔噜噜的”等衬腔、赶牲口的吆喝声，体会其中的情感，创造富有特点的动作。
音乐欣赏	百鸟朝凤	河南、河北、山东等	欣赏唢呐不同的音色变化、小乐队的巧妙伴奏所展现的热闹场面。	教师可运用道具或口技的方法引导幼儿欣赏和模仿各种鸟鸣、虫叫声。
歌曲欣赏	小黄马	内蒙古	结构短小，节奏规整，表现出草原牧民的热情、爽朗、豪放而质朴的性格。	引导幼儿体会蒙古民歌特有的热情、悠长的风格等。
乐曲欣赏	采茶舞曲	浙江	旋律优美、欢快、别具一格。	让幼儿体会葫芦丝吹出的不一样的声音。
歌曲欣赏	卖菜歌	山西	歌词中包含一些山西特有的风格，从中可以体会别具一格的山西卖菜场景，极具生活趣味。	教师在让幼儿欣赏前可以先简单介绍一下这首歌及它的一些背景，让幼儿易于理解歌词和体会歌曲中的乐趣。
舞蹈欣赏	长鼓舞	朝鲜族	长鼓舞是朝鲜族代表性舞蹈之一，每逢佳节之日，民间常出现跳长鼓舞者，深受大家欢迎。长鼓舞花样多变，用以表达喜悦、欢快的情绪，以优美的舞姿和娴熟的鼓技给予人们美好的艺术享受。	教师可以在欣赏活动开始前给幼儿讲一些关于长鼓舞背景的知识，便于幼儿理解舞蹈里包含的感情。

续表

形式	素材名称	流传民族（地区）	素材分析	策略建议
集体创编舞	采茶舞曲	浙江	旋律优美流畅，曲调欢快、跳跃，极具生活气息。	教师在之前可以给幼儿看一些采茶的图片让幼儿感受采茶的欢乐情景，体会采茶人的快乐心情，并把这种快乐的心情展现在舞蹈中。
集体舞	泼水节	云南傣族	傣族人民通过“泼水”，表达了憎恨残暴，追求美好的心愿。	以了解傣族泼水节的习俗作为基础，创设情景，在泼水的活泼气氛中展现孔雀的美丽舞蹈。

（二）突破幼儿园音乐教育组织的难点，形成了较为丰富的活动案例

1. 民歌、童谣在儿童歌唱活动中的改编及运用

（1）根据幼儿生活经验可适当改编民歌童谣的内容

民歌童谣以其生动的旋律、与生活贴近的歌词深受幼儿喜爱。在实践中，我们搜集和选择了富有典型方言特色、歌词朗朗上口的民歌民谣，根据幼儿的接受能力和特点作适当改变，以便孩子们更加喜欢和更容易学习。

例如，“蚂蚁儿来了”这个以民谣为载体的歌唱活动，原来的名称是“黄丝蚂蚂”，但因为“黄丝蚂蚂”是川北的称呼，川西并未有这样的说法。老师在设计活动时，把名称改为了“蚂蚁儿来了”。原歌词里有一句：黄丝蚂蚂，请你家公婆来吃嘎嘎，坐的坐的轿轿，骑的骑的马马。老师在组织教学活动时将“公婆”改成了“外婆”，以蚂蚁外婆的方式导入活动，这样就能更好地贴近孩子的生活经验。

（2）活动过程中民歌、童谣在歌唱活动运用的策略

①充分运用游戏的方法让幼儿“玩”童谣

例如，在歌唱活动《鹦鹉你从哪里来》中，主教老师请出助教老师扮演鹦鹉一问一答帮助幼儿初步了解歌词内容后，幼儿分两组跟两个老师一问一答扮演角色，问答时用“念词”，回答时用“唱词”，当老师问“你来做啥子噻”，原来的对应词是“我想进城来和你们一起耍”，但孩子们熟悉歌词后，就可以用自己想到的唱词回答，比如“我想进城来和你们看电影”、“我想进城来和你们玩游戏”

等，在这个过程中，孩子既了解了蜀都童谣中方言的对话特点，又体验了蜀都童谣音乐游戏的快乐。

②采用累加的方式开展活动

民歌童谣的中的节奏、歌词和曲调往往可以分解出来，作为节奏朗诵活动或韵律活动的基本材料，老师可将这些部分提取出来放到其他类型的活动中使用，当实施音乐活动时，幼儿就会在有一定准备的情况下接受完整的内容，这样学习起来就会亲切和轻松，更好地掌握相应的内容。

2. 大班儿童民间音乐作品欣赏活动中如何突破“儿童理解”的困境

大班儿童进行民族民间音乐欣赏活动时，我们往往会让他们去感受、表达和表现音乐的含义，但由于孩子不同的生活经验和作品本身的地域特征，他们所表达和表现的内容和方式往往和作品本身的寓意大相径庭。这个现象往往会导致的教学误区是：为了让幼儿达到对作品原汁原味的理解，老师会不顾孩子们的想象而把个人的观点和作者的思想强加给儿童，让孩子在学习过程中感觉枯燥。

通过实践，我们发现，其实对音乐素材的选用和设计不必完全拘泥于素材本身的寓意，而是可以充分发挥幼儿对作品的想象，尊重他们特有的理解和支持他们对音乐内容的创造性表现，这样的话，即使是作品原来的寓意有一些“偏差”，教师也可以通过基于“儿童式”思考的角度进行良性的转换。比如《马刀舞曲》是描写库尔特族出征前的战斗舞曲，急板的强奏贯穿整个乐曲。结构分为ABC三段，A段与B段乐曲旋律相对比较工整，缓和平稳，而C段表现的是草原牧民杀敌的情景，这种比较激烈的战斗场面对幼儿是否有负面的影响呢，老师非常担心。经过认真的分析和处理，原激烈的战斗场面变成了草原牧民为保护羊群而抗击豺狼的故事。在图谱和声势游戏的配合下，幼儿将废旧纸筒作为骑马和挥刀的道具，驱赶的信号就是乐曲中容易辨听的装饰音，幼儿在丰富的想象中饶有趣味地进行关于《马刀舞曲》的欣赏活动。虽然对原作品的寓意进行了改编，但因为并未抛弃音乐表达的内涵，在随后进行的打击乐活动中，孩子们再次以特有的理解进行了组合演奏，收到了令人惊叹的好效果。

由此可以看出，突破大班欣赏活动的关键之处是教师除了能很好地分析熟悉作品外，更要研究真正适合幼儿的学习方法。具体包括：一是选择分析音乐后，根据幼儿的年龄特点对音乐难度做出调整，制定适合幼儿发展的目标；二是要尽可能调动幼儿生活经验理解作品，不要照搬原作品的思想和寓意；三是调动孩子肢体参与的感觉欣赏作品，通过图谱、声势游戏等激发孩子表现的积极性，同时要对孩子创造性的表现给予专业的支持。

3. 遵循知—感—学—行—创的基本规律学习民族民间集体舞蹈

根据系列层次活动理论的相关论点，我们认为：幼儿教师在组织舞蹈教学活动时，应按照“小步距”来设计每一个阶梯的学习，这种“小步距”的活动设计，遵照了孩子们的心理发展规律，在活动中能获得更多主动发现和创造的机会。这要求教师在组织活动时，不要把精力只是放在向幼儿传授某个动作上面，而是要研究孩子们内心更有意义的接受方式，把思考主要放在如何有效地激发孩子的学习欲望上，以使活动能更好地促进孩子们的发展。在实践中，我们总结出幼儿园舞蹈教学活动设计和组织的“五步渐行法”，即以一个民族舞蹈为核心，遵循知（初步认识民族特点）——感（感受体验民族生活）——学（从民族舞基本动作开始学习）——行（学跳完整的集体舞）——创（自由创编舞蹈）等五个步骤来开展活动。

以大班藏族舞蹈《跳锅庄》为例，其基本框架设计为：

表2 大班藏族集体舞教学方案步骤一览

步 骤	活动目标	主要活动或内容
第一步：知——认识别具特色的藏族生活	认识藏族有代表性的风俗习惯及民间活动，对藏族生活产生兴趣。	1. 观看视频：热情的藏族锅庄； 2. 科学活动：好看的藏族服饰； 3. 语言活动：藏族民间故事； 4. 手工活动：自制的藏族服装和佩饰：男孩的简易帽子、女孩的水袖、围裙。
第二步：感——感受体验有趣的藏族民间活动	在参与体验藏族游戏的过程中，充分感受藏族音乐的欢乐和奔放。	1. 户外活动：抛石头； 2. 综合游戏：热情的锅庄舞、过藏历节。
第三步：学——从学习藏族舞蹈基本动作切入开始学习藏族舞	通过“骑马、举东西、嬉水”等行为的模仿，提炼锅庄的基本动作。	1. 律动：骑马 2. 表演舞蹈：快乐的锅庄
第四步：行——跳锅庄	进一步愉快地模仿、学习藏族锅庄舞。	集体舞：藏族锅庄
第五步：创——快乐的篝火晚会	激励幼儿自由快乐地创编锅庄舞。	1. 告诉幼儿要开一个篝火晚会，邀请每一位幼儿参加“锅庄”表演； 2. 教师与幼儿随音乐手牵手跳锅庄； 3. 请幼儿与幼儿之间结伴跳出与老师不一样的锅庄动作； 4. 品尝藏族的酥油茶，体验藏族人民跳完锅庄后与亲朋好友在一起庆祝丰收的愉快心情。

4. 韵律活动中音乐的选择与处理

教师们在组织韵律活动中经常困惑的是，韵律活动和音乐欣赏的区别是什么？在韵律活动中到底是音乐在前还是动作在前？通过不断实践和观察，我们发现，音乐欣赏中，感知音乐的意义会可以通过身体律动的活动方式（动作相对简单）来进行，最重要的是对音乐的理解。而韵律活动的重点是动作，音乐是影响动作的载体。在具体实施韵律活动时，既可以从“动作”开始，也可以从“音乐”开始，其核心目的是为了激发幼儿愉快地参与活动，愿意用肢体进行表现和创造性表达。在活动中，音乐作为韵律活动中非常重要的元素，可以尽早地加入，在幼儿头脑中建立整体的艺术形象，这样，幼儿对音乐没有完全的陌生感时，就会有更多自由地表现动作的自觉性。

实践证明，在选择适合韵律活动的音乐素材时，明快开朗的节奏、富有感染力的旋律特别能吸引幼儿和便于幼儿理解，如果音乐具有一定的情节，幼儿更能“手舞足蹈”。我们在前面提到过，民族民间音乐所具有的感染力，对孩子来说，更是具有天生的可融入性。为托班的孩子在选择音乐时，除了可以听国内民间音乐《拔萝卜》，还引入了国外民间音乐《吹泡泡》；中班后期，为孩子们提供了具有明显地域感和民族个性的音乐，比如新疆舞蹈《摘葡萄》，东北舞蹈《东北秧歌》；在大班，我们进一步丰富民间民族音乐的体裁和形式，例如：音乐剧《金沙》、川剧《俏花旦》、浙江的《采茶舞曲》、云南的《小河淌水》、曲艺快板书《孙悟空打妖怪》等。

总的来说，我们在将民族民间音乐应用到幼儿韵律活动中时，其本身特有的节奏和旋律，往往能深深地感染幼儿，包括一些戏曲能给孩子们带来强烈的震撼，在这样的感染下，非常有利于教师和孩子们进行创造性的动作表达。

在幼儿园民族民间音乐教育实践过程中，我们深深地感到，民族民间音乐资源在幼儿园音乐教育活动中的应用具有重要的价值和美好的前景。今后，我们还会继续系统整理和改编民族民间音乐资源，组织有特色的音乐教学活动，积累优秀的民族民间音乐活动案例，不断提升教师的音乐素养和专业技能。更重要的是，“民族的就是世界的”，在让我国灿烂的民族民间音乐文化更好地传承和传播的过程中，不断培养孩子们的审美能力，增强孩子们的民族情感。

参考文献：

[1] 柯达伊．论匈牙利民间音乐［M］．北京：人民音乐出版社，2010.
[2] 乔晓鸥．透视柯达伊音乐教育思想精髓——基础音乐教育及其社会效应的思考［J］．长春师范学院学报（人文社会科学版），2008，（1）.
[3] 曹理．普通音乐教育学概论［M］．北京：北京师范学院出版社，1990.
[4] 曹青．奥尔夫音乐教学法的中国本土化进程初探［D］．南京艺术学院硕士论文，2007.
[5] 陆凤桃，雷梅菊．小班幼儿民间音乐教育初探［J］．教育导刊·幼儿教育，2000，（2）.
[6]［8］杨晓．民族民间音乐在幼儿音乐教育中的渗透［J］．民族音乐，2010，（5）.
[7] 程英．文化的断裂与生态式融合——多远文化视角下幼儿园闽南民间音乐教育的思考和探索［J］．绥化学院学报，2008，28（6）.
[9] 石莹．试探索民族民间音乐理论教学模式［J］．中小学音乐教育，2008，（4）.

游戏作为文化的一种表现形式，是文化传承的重要形式之一。从“女童—母亲—外祖母—曾祖母”、“男童—父亲—祖父—曾祖父”四代人的游戏来看，游戏在传承也在变化，从曾祖父辈到祖辈、父辈之间游戏传承内容丰富，如捉迷藏、抓石子、玩泥巴、竹蜻蜓等都是三辈人儿童时代最常玩的游戏；而父辈和子辈之间，最常玩的游戏就很少有交集了，只有捉迷藏和老鹰捉小鸡在当代儿童中玩得较多。传统游戏在零零后子辈这一代出现了最明显的断层与变化。

四代人的儿童游戏

□包　丽　杜小凤　宋敏丽　魏　佳
四川师范大学教育科学学院

游戏具有文化传承的意义和价值。正如荷兰学者胡伊青加（Johan Huizinga）所说：“在文化中，我们发现，游戏作为一桩重大事件在文化本身存在之前就已经出现了，它从最早开始，就伴随着文化、渗透于文化，一直到我们今天的文明阶段。”[1]儿童游戏作为一种社会文化现象，是儿童早期文化适应的基本途径。[2]鲍勃·休斯（Bob Hughes）认为，游戏是人们同其所处的文化环境接触的过程。[3]朱迪斯·凯夫等人认为，儿童游戏反映并影响着他所生活的文化背景。[4]文化的传承很重要，今天社会存在的很多问题，比如儿童与家长之间的矛盾和隔阂就是因为文化传承没有得到妥善的处理而导致的。

尽管游戏是幼儿生活的重要组成部分并有着重要的意义，并且在游戏中文化得到了传承，“……但令人遗憾的是，随着社会的发展，城市化进程的加快，具有如此多优点的‘为几代儿童成长立下‘汗马功劳’的这些昔日‘功臣’们（传统游戏——作者注），现已渐渐远离了城市人的视野，作为一种文化也正逐渐消退，有些甚至处于濒临失传的险境”[5]。在信息化社会的今天，儿童的游戏又在发生了什么样的快速变化？他们的游戏精神是否真的在丧失？

本文以游戏为载体，通过游戏这种具体表现形式来看文化的传承与变迁。具体而言，就是从考察当前儿童的游戏入手，关注当前儿童正在玩什么游戏？他们是怎么玩的？进一步追溯其父辈、祖辈，甚至是曾祖父辈儿童时代玩什么游戏，是怎么玩的？我们试图从四代人的儿童游戏状况中探明传统游戏在哪一代出现了断层与变化，进而分析四代人儿童游戏变化背后的文化传承问题。

一、调查说明

本文从考察儿童游戏入手，选取了33组农村家庭，27组城市家庭，采用“女童—母亲—外祖母—曾祖母”和“男童—父亲—祖父—曾祖父”的线索对其进行访谈。

在四川省5个不同城乡（如表1），我们随机抽取3－12岁儿童家庭作为本次调查的样本。调查对象分为曾祖父辈（约三十至四十年代出生的人）、祖辈（约五十至六十年代出生的人）、父辈（约八十年代出生的人）、儿童（约零零年代出生的人）以及幼儿园教师。

表1　调查对象抽样地点属性

	农村			城市	
抽样地点	广安市邻水县兴仁镇	南充市南部县太华乡	眉山市东坡区三苏乡	遂宁市	广安市邻水县县城

通过观察当地幼儿园，走访儿童家庭，兼以访谈儿童和家长为主，观察儿童为辅的方法，以“女童—母亲—外祖母—曾祖母”和“男童—父亲—祖父—曾祖父”四代人为线索，利用视频搜集、录音、笔录等手段，我们团队成员共走访了60多个家庭，获得了有效数据60组，其中农村33组，城市27组。在实际调查中，有的家庭成员由于外出打工、去世、没有居住在一起等原因，使得我们有些“代”或“辈”的调查数据有缺省。以下（表2）是我们实际调查人数统计表。

表2　四代人实际受访人数

	子辈		父辈		祖辈		曾祖父辈	
农村／城市	农村	城市	农村	城市	农村	城市	农村	城市
受访人数	33	27	23	25	25	19	8	1

我们将调查到的儿童游戏进行了分类，分类标准来自学者毛曙阳的《儿童游戏与儿童文化》，即“儿童自选的各类物品游戏（娃娃家扮演游戏、搭积木、串珠、夹弹子等）、大人组织的游戏（跳模仿操、玩音乐游戏、邮电员游戏、手指游戏、词语接龙和户外体育游戏等）、规则游戏（各种棋类游戏、体育比赛、拼图游戏）、竞赛运动类活动（如打球、跳绳、踢毽子、滑滑梯等）、消遣娱乐、活动（如打电脑游戏、看卡通片等）、嬉戏活动（如在场上追逐）、感兴趣的活动（如画画、看自己喜欢的书、听好听的故事、写数字、尝试自己的乐意的事情等）、节庆活动（如六一游园活动）和休闲活动（如游玩等）。”[6]

图1　图片依次是我们此次走访的：太华乡十二村幼儿园、兴仁镇宝贝幼儿园和小灵通幼儿园

二、调查结果与分析

尽管我们的调查不能穷尽所有儿童游戏的种类和形式，但是，正如胡伊青加（Johan Huizinga）指出的那样：“论旨游戏与文化的关系，我们无需涉及游戏的一

切可能形式，而只需限于它的社会表现。”[7]就目前所收集到的儿童游戏以及其他三辈人的游戏，我们归纳了四代人游戏的特点和文化传承方式。

(1) 儿童游戏

1. 当代农村儿童的游戏

表3　当代农村儿童最常玩游戏①

游戏类别	儿童自选的各类物品游戏			嬉戏活动			消遣娱乐、活动			其他	
百分比	30. 9%			20%			19. 4%			29. 7%	
游戏项目	玩小玩具	玩泥巴玩沙	过家家	捉迷藏	老鹰捉小鸡	老狼老狼几点了	看电视	玩电脑游戏	玩手机游戏	滑滑梯	其他
人数	14	12	6	9	6	3	16	11	5	7	

由上表可以看出，在农村地区最受儿童欢迎的三类游戏依次为：儿童自选的各类物品游戏（其中玩小玩具、玩泥巴玩沙、过家家排前三位）；嬉戏活动（其中捉迷藏、老鹰捉小鸡、老狼老狼几点了排前三位）；消遣娱乐、活动（其中看电视、玩电脑游戏、玩手机游戏排前三位）。

看电视、玩小玩具（多为大孩子玩过不要的玩具）、玩泥巴玩沙、玩电脑游戏、捉迷藏、坐滑梯、老鹰捉小鸡、过家家（即娃娃家扮演游戏）等都是农村儿童在学校（幼儿园和小学）和家庭经常进行的娱乐方式。

以下是笔者记录整理的一段访谈。其中，“女”为6岁大班女童，“男”为7岁一年级男童（两人为邻居），“包”为项目组成员。

包：那你们平时放了假最喜欢耍啥子游戏？

女：迈步。

男：啊，我不喜欢。她（指6岁女孩）一般都是看电视，她看电视看的好猛哦，每天下午回来都看。

包：看啥子电视？

男：《大风车》《巴拉巴拉小魔仙》。

① 此表不是儿童游戏的所有类别及项目，我们将儿童游戏分为9个类别，而表中是排前3位的类别，每个类别下列举了排前3位的游戏项目及人数。

女：还有《迪迦奥特曼》……

男：她要说："爸爸，我不想写字了，我想看电视。"

包：你们喜欢耍游戏？还是喜欢看电视？

男女齐声：看电视！

包：一般看啥子电视？

女：看《迪迦奥特曼》嘛平时。

男：我一般都是看《虹猫蓝兔》《喜洋洋与灰太狼》，《虹猫蓝兔》完了我就看《喜洋洋与灰太狼》。

在农村地区进行访谈时，很多儿童都表示自己喜爱看电视的程度胜过做游戏的程度，在无外力强迫的情况下，儿童肯定是选择自己最喜欢的事情去做。电视在当代儿童生活中扮演很重要的角色，因为它带给儿童的视觉冲击和感官刺激较强。

零零后的一代绝大多数是独生子女，在农村也不例外。在跟他们交流的过程中，我感受到了这一代孩子的孤独，陪伴他们成长的不是同伴，而是电视和玩具。可是一个人的玩具没有分享也没有快乐，他们的玩具要么被束之高阁，要么很快就被弄坏了。相比之下，他们更愿意看电视，因为这不需要任何沟通，只需要将眼睛注视着五彩缤纷的屏幕，就可以消耗掉大半天的时间。可是，孩子们哈哈大笑之后，留下的是什么呢？

看电视既是社会的一种发展，可以扩大儿童的知识面，也是儿童间接的信息来源，让农村的儿童也可以接触到更多的外部世界；但是也要警惕电视节目给儿童带来的不良影响，如一些不良的信息被传递，外来文化也阻隔了亲子互动等。

2. 当代城市儿童的游戏

表4 当代城市儿童最常玩游戏

	消遣娱乐活动			儿童自选的各类物品游戏			竞赛运动类游戏			其他	
百分比	32.9%			31.6%			14.4%			21.1%	
游戏项目	玩电脑游戏	看电视	玩手机游戏	玩玩具	娃娃家扮演游戏	搭积木	跳绳	迈步	打球	游乐场	其他
人数	19	4	2	11	5	2	3	2	2	4	

本次调查发现，在家庭和学校（幼儿园和小学）最常进行的前三项游戏依次是：消遣娱乐活动（其中玩电脑游戏、看电视、玩手机游戏排前三位）、儿童自选的各类物品游戏（其中玩小玩具、娃娃家扮演游戏、搭积木排前三位）、竞赛运动类游戏（其中跳绳、迈步、打球排前三位）。

在城市地区，电脑游戏、玩具（玩具车、玩具枪、玩具公仔）、娃娃家扮演游戏、游乐场、看电视为儿童最常玩的游戏。电脑游戏、玩具车、玩具枪、玩具公仔等在城市儿童的游戏生活中占了主角地位，这也是社会发展的一种趋势和潮流。

3. 城乡儿童游戏比较

由表1可以看出，无论是农村儿童还是城市儿童，都对“儿童自选的各类物品游戏”、“消遣娱乐活动”这两大类游戏情有独钟，又最体现在玩电脑游戏、玩小玩具、看电视、娃娃家扮演游戏上，其次还有捉迷藏、玩手机游戏、老鹰捉小鸡等。“切西瓜”、“植物大战僵尸”、“巴拉巴拉小魔仙”、玩具赛车、玩具枪这些时下流行的游戏，无论是城市还是农村的儿童都对其津津乐道。城乡之间很多游戏已经在慢慢趋同，随着农村的快速城市化，可以预计，再过不久，城乡儿童游戏就会更加趋同。

“植物大战僵尸”游戏

“切西瓜”游戏

城市儿童向我们展示的《植物大战僵尸》游戏书

图2 几种电脑游戏

尽管如此，农村儿童和城市儿童最常玩的游戏种类和比例也有差异，最主要的原因如下：

（1）环境差异。嬉戏活动较少有城市儿童玩，却是农村儿童的主要娱乐活动。农村环境更开阔，像捉迷藏、老鹰捉小鸡、老狼老狼几点了这些游戏就有可以发挥的空间。而在城市，高楼林立，幼儿很少有机会能在比较开阔的地方玩嬉戏追赶游戏，而在家里玩电脑游戏就成了普遍现象。自然环境方面，农村地区有天然泥土、沙，因此玩泥巴、玩沙理所当然地成为了农村儿童最常玩游戏之一。

（2）经济差异。相对来说，农村较城市地区经济基础差。在城市，家长会不惜金钱给孩子买很多价值不菲的玩具，各种各样高级玩具车在城市家庭里很常见，接触电脑、对于他们来说也是常事，因此，电脑游戏也就成了城市孩子们游戏生活里的主角。农村儿童就最多看电视，玩大人手机里的游戏就很满足。城市儿童还可以常去游乐场玩，农村地区则没有这样的经济条件和游乐设施，因此农村儿童在大型玩具上最常玩的就是坐滑梯。

（3）观念不同。在我们的访谈中，有些农村的家长担心孩子玩电脑游戏会弄坏自己的电脑，几乎不会给他们接触这类游戏的机会。孩子们别无选择，只好玩一些小玩具或和几个同伴一起玩些嬉戏追赶游戏。而在城市，大多数父母是80后，他们自己也要玩电子产品游戏，并因此影响了孩子。有时他们也为了减轻自己的负担，允许孩子玩电脑游戏，以便他们有时间做自己的事情。

（二）四代人的游戏与文化传承

当代儿童游戏在农村和城市地区是呈现明显差异性的，但是如果追溯到其父辈、祖辈，甚至是曾祖辈童年时代玩的游戏，差异则并不明显，甚至有所趋同，都是一些传统老游戏，如跳绳、捉迷藏、踢毽子等等。所以我们将其农村和城市地区的游戏合并在一起进行统计，整理出每一代人最常玩的游戏如下图（图3）：

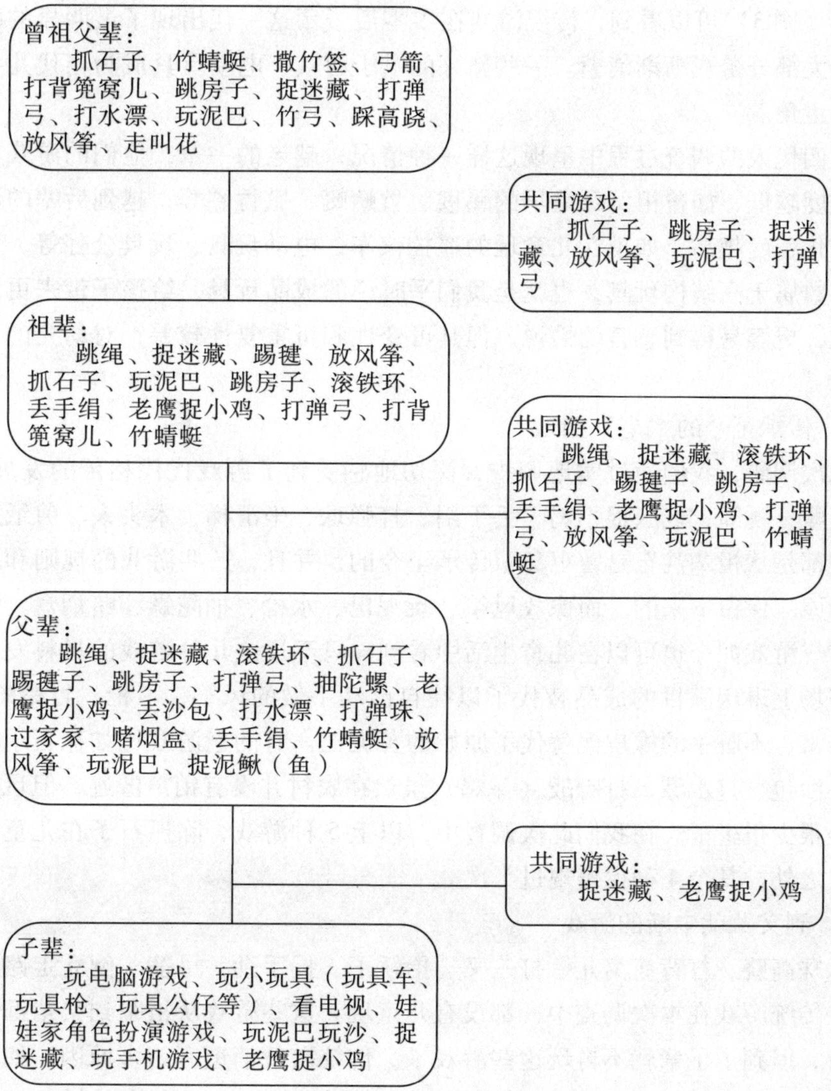

图3　四代人主要游戏传承关系图

从四代人主要游戏传承关系图可以看出，游戏在传承也在变化，从曾祖父辈到祖辈、父辈之间游戏传承内容丰富，如捉迷藏、抓石子、玩泥巴、竹蜻蜓等都是三辈人儿童时代最常玩的游戏；而父辈和子辈之间，最常玩的游戏就很少有交集了，只有捉迷藏和老鹰捉小鸡现在儿童玩得较多。传统游戏具有多方面的价值与传承功能，比如促进幼儿身心发展、传承社会角色意识、传承生存规则等。但由上图（图3）可以看到，传统游戏在零零后子辈这一代出现了最明显的断层与变化，大部分游戏渐渐消逝。一些新兴的电子游戏、电动玩具成为当代儿童游戏生活的主角。

在四代人的调查过程中呈现这样一种情况，越老的一辈，他们的游戏材料结构化程度越低，如曾祖父辈最早的踢毽、竹蜻蜓、撒竹签等；越到后辈的游戏材料结构化程度越高，如现在儿童玩的遥控汽车、电动玩具、玩具公仔等，这类玩具大多数属于高结构玩具，也就是我们平时说的成品玩具，给孩子带来更多的新异刺激，更容易得到感官的愉悦，但其可变性和可重复性较差，对幼儿的挑战也较小。

1. 传承至今的“老”游戏

此次调研，我们通过实地调查，深切地感受到了游戏代代相传的发展过程，像捉迷藏、跳绳、老鹰捉小鸡、丢手绢、打弹珠、坐滑梯、木头人、剪纸这些传统游戏都是从祖辈甚至是曾祖父辈传承至今的，并且，这些游戏的规则和玩法都是原汁原味保留下来的。而像放风筝、玩泥巴、水枪、抽陀螺、赌烟盒、竹蜻蜓这些传统游戏如今也可以在儿童生活中看到，只不过这几种游戏的材料发生了变化，市场上琳琅满目的成品替代了以往自己动手做的风筝、水枪、竹蜻蜓等等，色彩丰富、不脏手的橡皮泥替代了原始的黄泥巴。有的老游戏比如抓石子、滚铁环、丢沙包、打水漂、打脚战（斗鸡）虽然在农村并没有销声匿迹，但玩耍的儿童已经很少很少了。在我们此次调查中，以上5种游戏，除抓石子在儿童中出现过两次之外，其余4种仅出现过1次。

2. 到父辈就中断的游戏

像踩高跷、打背篼窝儿、打三叉、抬轿子、扳手劲、弓箭、倒立走路、摸鱼虾这些传统游戏在本次调查中，都没有儿童玩。这些游戏从祖辈到父辈都一直被传承着，但到了子辈就不再玩这些游戏了。传统游戏消逝有诸多原因，如游戏规则复杂（打三叉）、游戏材料不易得（比如踩高跷等）、环境的限制（打背篼窝儿）、脱离了时代感（如滚铁环、打水漂），儿童对此没有兴趣等。如果没有老师、父母或年长一些的人教，这些游戏就只能存在于祖父辈的记忆里了。

3. 零零后出现的“新”游戏

传统游戏的消逝并不意味着现在的孩子没有游戏了。信息时代，电脑、手机早已成了家家户户的必备品。无论在城市还是农村，电脑、手机使用得更普遍。在这样的环境下，电脑游戏几乎成了孩子们最喜欢最常玩的游戏，如切水果、植物大战僵尸、愤怒的小鸟、打地鼠、捕鱼大师等，这些名词不仅是年轻人的时尚话题，而且早已进入了孩子们的生活。同时，从商场里买回的各式玩具，如各种高级的遥控汽车、电动玩具，似乎已经代替了旧时的同伴。

4. 儿童游戏与文化传承的关系

游戏与文化之间具有动态的相互影响关系，游戏行为既能传承文化也能改变文化，尽管文化具有跨时代的稳定性，但它也是动态的，并随着一代代儿童留在文化中的印记而不断进化。[8]我们中华文化博大精深、源远流长；而游戏作为文化的一种表现形式，同样也是异彩纷呈的。通过我们此次调查得知，捉迷藏、跳绳、老鹰捉小鸡、丢手绢、打弹珠、坐滑梯、木头人、剪纸、放风筝、玩泥巴、水枪、抽陀螺、赌烟盒、竹蜻蜓、抓石子、滚铁环、丢沙包、打水漂、打脚战（斗鸡）等传统老游戏依然流传至今，有的传统游戏甚至是相当受当代儿童的喜爱。而任何一种文化都由物质文化、制度文化和精神文化三部分组成。儿童游戏作为一种社会文化现象，也必然存在并体现着物质文化、制度文化和精神文化。[9]

游戏材料或玩具作为儿童游戏的物质文化层面，是一种活生生的物质形态，是文化传承的最佳载体之一，也是各民族物质文化的浓缩。[10]当今儿童多竞相购买的玩具，往往是生产商将以往游戏中使用的玩具和当代孩子们感兴趣的卡通等有机结合起来后生产出的产品，游戏的形式在一定程度上得以传承，如抽陀螺、放风筝、玩泥巴、打水枪、赌烟盒、竹蜻蜓等，游戏文化的传承性与时代性从而得以融合在一起。

［个案一］**陀螺的演变**

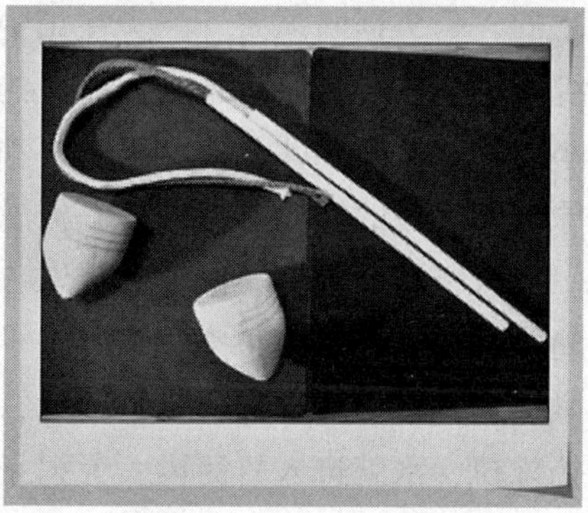

20世纪八九十年代的陀螺大多是孩子们自己砍制的，选用体积在10立方厘米的木块，砍制成梨形圆锥体，将表面打磨光滑，一个陀螺就制作好了。市场上也有卖的陀螺，都是木质的，表面光滑，有的表面还有彩色装饰。但是要玩陀螺的游戏，还要必备一根鞭子，一根细木棍绑上一条软硬适中的绳子，一般以棉麻绳为好。玩的时候，现将细绳环绕在陀螺上，将陀螺放在地上，猛

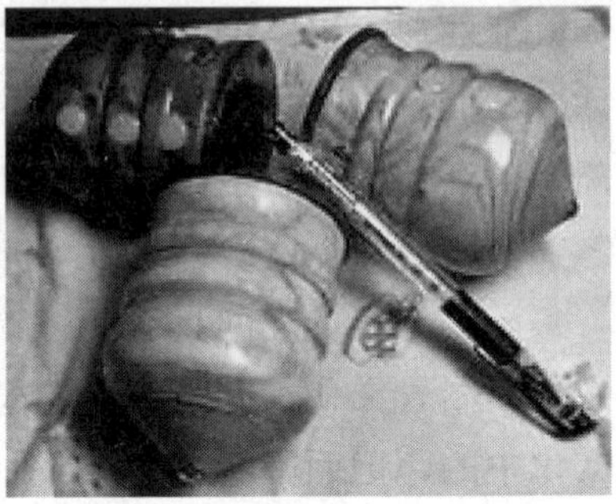

地抽掉绳子，陀螺开始高速旋转。这时孩子们就用绳子奋力抽打陀螺，使其保持旋转，旋转时间最长者为胜。有时几个孩子也抽打陀螺相互撞击，最后剩下仍在旋转的为胜。

随着社会的发展，陀螺发生了很大的变化。从材料上看，不仅有木质陀螺，还有塑料陀螺和金属陀螺。

玩法上也有了很多新花样，如塑胶类陀螺，玩的时候，将弹簧绞紧后，按中间的按钮，下节的响螺就会脱离，而旋转在桌上或地上，也非常有趣好玩。塑胶橡皮筋陀螺也是塑胶做的，陀螺像一个小飞碟一般，但上下各有一轴，利用橡皮布的拉力，将陀螺固定在手枪形的发射器上。玩的时候，左手转动陀螺，使橡皮筋绞紧，放松板筋之后，陀螺就固定在发射器上，再用食指轻扣扳机，陀螺就会旋转。

现在的"陀螺"在原有基础上，不断改进，出现了各式各样的陀螺，有些陀螺还可边旋转边发出声音、光电和色彩等。

［个案二］**水枪的演变**

20 世纪六七十年代，儿童玩的水枪大多是自己动手用竹筒做的，用来打水仗。做水枪的竹子遍地都是，又用不着花一分钱，从上好的竹子上选择一节长而粗的，一头锯断，另外一头在正中用烧红的粗铁钉烙出一个小孔，然后子竹签上绑一团破布，要尽量塞满竹筒里的间隙，水枪的雏形就大体完备了。然后把开有小孔的一头插入水中，其用力一抽，满满一竹筒"水弹子"，就已箭在弦上了。原理和现在的针筒的原理是一样的。

低级竹筒水枪的做法是只取一节竹筒，保留一端的竹节，如上所述。高级竹筒水枪抽动杆要用中空竹竿，头子上缠紧几圈布拴紧，使打湿水后能在竹筒内较紧抽动，水枪淹进水桶或水盆后，中抽杆推进竹节，用大拇指蒙住中空竹竿上孔往外拉，水就进入竹筒内，大拇指放开中空竹竿上孔往里压，水从中空竹竿上喷出，喷水可连续进行，对儿童来说吸引力更大。

而现在儿童玩具水枪是一种手枪或冲锋枪造型，以水作为"子弹"，是男孩子喜欢的较安全的玩具。

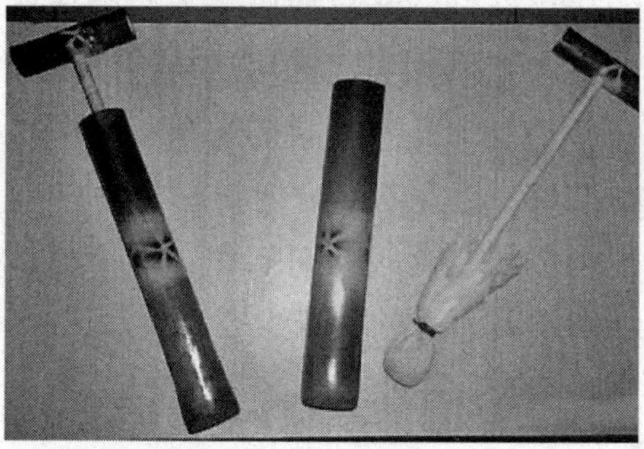

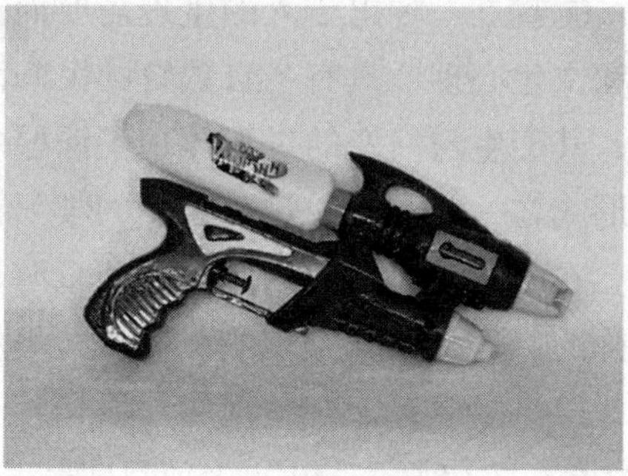

规则是儿童游戏中体现制度文化的主要游戏元素，是制度化了的游戏行为规则。在规则游戏中，儿童通过互相合作，共同制定、接受和遵守规则，并监督游戏规则实施甚至接受不愉快的游戏结果，使得游戏顺利地进行下去。[11]如在“捉迷藏”的游戏中，在没有人自愿当“逮者”的情况下，就往往借助“剪刀”、“石头”、“布”的规则选出“逮者”，剩余的是“被逮者”，使游戏得以进行。在儿童的游戏过程中，规则发挥着至关重要的作用。如在“丢手绢”的游戏中，规则要求：①丢手绢的人不能绕着圈子走了一圈又一圈，还是没有把手绢丢给某人。②丢手绢的人刚走过你的身后时，你不能偷看背后有没有手绢。③其他人不能提醒被丢手绢的人。④丢失手绢的人得跑完一圈才能丢手绢。由此可见，儿童游戏中形成的各种游戏规则，体现出平等与正义、制定与遵守、监督与惩罚的和谐统一，这不仅仅只是游戏规则，更是人类在群体生活中恰当处理人与人之间关系的一种基本价值和准则，是人际关系的预演。儿童游戏规则中所体现的公正，实则是儿童真正人格的公正。

游戏文化作为儿童游戏文化的核心，则更为深刻地体现出儿童游戏中所表现的文化特质。在我国传统游戏中往往体现出合作、群体、竞争、勇敢等总的精神特征。[12]不同的游戏活动中的游戏精神也有差异，如棋类游戏体现出集智慧、胆识、谋略、静思于一体的中国文化特征。而到了当代儿童的游戏中，就拿儿童喜欢的“娃娃家”角色扮演游戏来说，就是由传统游戏“过家家”演变而来的一种儿童模仿成年人的角色扮演游戏，体现了协作、群体、自由、创造的文化特征，又如“老鹰捉小鸡”体现出儿童机警、灵活的文化特征，“三个字”体现了竞争与合作、反应敏捷的文化特征。从古至今，这些游戏带给儿童的精神内涵没有变。所以，在游戏中，文化被传承了下来。

（三）儿童游戏传承方式

游戏是一种出于人的生理需要而产生的玩乐活动，各民族由于不同的风俗习惯和文化心理，具有各自独特的民间游戏活动，它们作为一种传承的民间文化形态，其产生与演变的过程体现了深厚的文化价值。[13]儿童游戏的流传是文化传承的形式之一。游戏通过孩子们的学习被不断继承，也在不断被创新、改造。

在此次调研中我们发现，儿童游戏的传承主要是通过哥哥姐姐、同辈群体和老师的口耳相传来实现的，而从父母那里继承学习而来的游戏少之又少。

以下是笔者记录整理的一段访谈。其中，“M”为8岁女童的妈妈，“G”为3岁女童的奶奶，“包”为项目团队一成员。

包：那你们那会儿耍的时候是哪个教你们的吗？还是各人就会了？

M：那么多大妹儿比我们大几岁，大两三岁的，把我们带起去河边去，去藏猫儿，啥子都来，我觉得。

包：那这会儿她们（指她女儿）这一代耍的游戏是你们教的吗？

M：没有教，哪个教。

G：哪个教，她各人是一代一代的人呢。

M：嗯，没得哪个教，没得哪个教。

包：你们那会儿呢，也是跟到大妹儿就会了？

G：嗯！

上述访谈中的现象并不是个案。我们发现，现在的家长特别是农村地区的家长，对儿童游戏的关注意识不高，亲子之间的游戏对话较少。一方面，大部分家长对打麻将简直是情有独钟，稍有空闲时间就钻到麻将桌上，而谈到陪孩子，总是没时间，更别提关注孩子的游戏了。农村家长就打发孩子一些零钱，买些小玩具自己玩或者和其他孩子在马路上嬉戏追赶。城市家长通常就用电脑游戏、手机游戏而将孩子支开。另一方面，现在的儿童对电子类游戏产品敏感度较强，不需要成人过多干涉指导，自己就很会玩。电脑游戏、手机游戏很快就琢磨透彻。高结构的玩具，如遥控车、玩具枪，对儿童更是没有挑战。长此下去，成人文化和儿童文化之间将会出现更大的代沟。

民间游戏传承的方式可以在物质生产、生活过程中对成人的劳作方式进行模仿，改编成游戏活动；[14]而现在随着生活方式和环境的改变，儿童对成人的模仿游戏更多地表现为娃娃家扮演游戏，以此来模仿成人的生产生活方式。还有些游戏是通过学校的正规体育教育进行传承的，如老鹰捉小鸡，丢沙包。有关游戏的书面资料和图像资料对游戏的传承也有一定的贡献（比如图 2 中《植物大战僵尸》游戏书）。

但是，在幼儿园里，集体游戏很少举行，这有多方面的原因。我们到小灵通幼儿园观察该幼儿园集体游戏，该园园长展示了该园最拿得出手的几个游戏，但第一个《丢手绢》就让我大跌眼镜，园长选了班上最优秀的女班长为丢手绢的人。

园长说：好，蹲下，蹲下。（全体儿童蹲下）好，开始。

园长开始：丢～丢～丢手绢～唱！

幼儿边唱，园长边解释：放下去过后就要追，搞忘了啊是不是？

极少数幼儿回答：没有……

园长纠正道：不要车过去（回过头）看咯，放到你背后头，丢下去过后你都要跑哦，是不是？

园长示意女班长：甩嘛

女班长不知所措，高举起手帕就往其他幼儿围成的圆圈中间丢……

园长回过头来看着我，表情尴尬：转圈圈丢，从背后转圈圈丢……

之后孩子们在园长不断的干预下才完成几轮丢手绢游戏。该园长将《丢手绢》游戏展示给我这个来访者，说明该游戏幼儿园比较拿得出手的，是做得比较好的，但是出来的效果竟是这样。这说明该园是不常玩类似游戏的。

教师可能也有自己的苦衷和压力，而且也自认为知识比游戏重要。我们环视了一下其户外场地，没有专门的户外游戏场所，户外就是门外的坝子和公路。在整个丢手绢的游戏过程中，有个娃娃摔倒，就是因为场地是斜面不安全。可能正因为此该园教师才不敢经常把孩子放出来游戏。由于场地原因，这个幼儿园属于开放式的，不像一般的封闭式幼儿园，家长不知道里面教的什么。如果家长们经常看到自己的孩子在外面乱跑、追赶，他们就会觉得这个幼儿园没有教什么东西，整天都是放孩子出来玩。

（四）当代儿童游戏精神被赋予了新的时代内涵

关于游戏精神的内涵，不同的研究者根据不同的研究视角，对其界定也各不相同。丁海东从儿童生活的角度阐释了游戏精神，指出游戏精神不仅仅是童年生活与发展的产物，它也在以一种完整与和谐、自由与创造的精神倾向，赋予儿童生命与成长以完整与和谐、自由与创造。[15] 在幼儿教育领域中，游戏与幼儿及幼儿教育是息息相关的。这一视角下的“游戏精神”具有五个特点：游戏精神是一种自由的精神，游戏精神是一种愉悦的精神，游戏精神是一种创造的精神，游戏精神是一种超功利的精神，游戏精神是一种平等的精神。[16]通过对“游戏精神”的研究和理解，我们概括出儿童的游戏精神包含两个方面：一方面在于它的趣味性，是不是好玩，儿童是不是会玩；另一方面就是发展性，游戏给儿童带来了哪些方面的发展，游戏本身是不是多变的、充满挑战的、能够反复玩的。

从这个层面来看，游戏精神赋予儿童的不仅仅是游戏时的快乐，更在儿童的生命与成长中扮演着非常重要的角色。纵观 80 年来四代人的游戏，从曾祖父辈、祖辈、父辈，再到当下的子辈，每一代人的游戏在传承之中又有新的变化。从我们的研究来看，从曾祖父辈一直到父辈，他们童年时代的游戏都没有发生太大变化，主要游戏是跳绳、抓石子、捉迷藏等。在这些传统游戏中，孩子们能够学到很多。如跳绳需要团队协作，抓石子锻炼手眼协调，捉迷藏训练观察能力。孩子们玩什么游戏，怎么玩，完全是出于自愿的，几个孩子聚在一起选定游戏项目，定好规则（当然绝大部分游戏已经有既定的规则），就可以玩上大半天。在我们的访谈中，当上几代人谈到小时候的游戏时，都津津乐道，有的还热情地拿起身边的“道具”给我们演示。由此，我们可以看出，上几代人的游戏是丰富多彩的，也充满了游戏精神。然而，到了零零后的一代，批判之声四起，缺乏游戏精神的游戏伴随着子辈一代的成长。首先，让我们来看看现在的孩子玩什么游戏：玩电脑游戏、玩玩具（玩具车、玩具枪、玩具公仔等）、看电视、娃娃家角色扮演游戏、玩泥巴、玩沙、捉迷藏、玩手机游戏、老鹰捉小鸡等。从我们的调查得知，这些游戏占了现在孩子们游戏的绝大部分时间。植物大战僵尸、切水果、巴拉巴拉小魔仙，这些词更是孩子们口中的热门词。很多人认为，传统游戏消失了，游戏精神缺失了。那么，游戏精神是不是已经从子辈一代消失了呢？

首先，在我们看来，儿童的游戏精神随着时代的变化被赋予了新的时代内涵——与现代化发展同步。时代在变化，信息化时代的游戏已经离传统游戏越来越远，新兴的电子游戏、电动游戏具有趣味性、挑战性，如植物大战僵尸要考验游戏者的统筹安排能力和材料的正确选用，切水果更是能锻炼反应力，更加注重对游戏者细微感官以及智力的考验。通过电视、网络等新型媒介可以拓展视野，掌握更多的知识。其次，虽然有的传统游戏消逝了，但儿童对教师在幼儿园开展的新游戏依然很感兴趣，如幼儿园区角游戏（娃娃家扮演游戏）等。因此，不能片面地批判当今儿童游戏精神正在消失。

在信息时代成长起来的孩子必然会接触到各种各样如电脑、手机、电视、电动玩具等一类的信息化产品，这样才能与时俱进，拓展其生存空间。我们要做的不是盲目地阻止，而是有针对性地加以改进，帮助孩子在众多的游戏中做好选择，做出取舍。

三、对当代儿童游戏与文化的支持

1. 既应注重传统游戏，也应关注“新”游戏

传统游戏具有多方面的价值与传承功能，因此传统游戏在零零后子辈这一代出现了明显的断层与变化现象值得我们去关注与重视。

电子游戏、电动玩具这类新兴游戏同样具有其现代价值和意义，并且已经成为社会发展不可阻挡的潮流和趋势。

因此，我们既应注重传统游戏，也应关注“新”游戏。在信息时代成长起来的孩子必然会接触到各种各样如电脑、手机、电视、电动玩具等一类的信息化产品，这样才能与时俱进，拓展其生存空间。我们不能一味地提倡回归传统游戏，减少电子类游戏；也不能任由孩子一味的玩电子类游戏，而忽略了传统游戏。对于电视、电脑、电动玩具这类新兴游戏，不应带着排斥和恐惧的心态去对待它，而应引导孩子做出取舍以及合理安排游戏时间。

2. 让“老”游戏焕发“新”面貌，“新”游戏有“老”精髓

我们看到在城市地区，玩电脑游戏已经成为孩子最主要的娱乐方式，而祖辈、父辈等玩的走跑跳类传统游戏已越来越少。作为教育工作者，我们应当理性对待这种现象，因为玩电脑游戏已成为一种不可阻挡的潮流与趋势。我们可将“老”游戏的价值性与“新”游戏的趣味性相结合，将儿童感兴趣的虚拟游戏改编为现实版游戏，吸引儿童户外游戏。鼓励喜欢电脑游戏的儿童，将游戏里的人物、元素改编为现实版人物、元素，将电脑游戏里的规则变成现实版的游戏规则。比如《植物大战僵尸》变成真人版，儿童分为两方，一方为植物，一方为僵尸等等。让“老”游戏焕发“新”面貌，“新”游戏有“老”精髓。

但怎么改，也是值得我们注意的。一些规则简单、无场地限制、对参加的人数要求不高的游戏比较容易普及和传承下来。那些游戏规则复杂（打三叉）、游戏材料不易获得（比如踩高跷等）、有环境限制（打背篼窝儿）、脱离时代感（如滚铁环、打水漂）的游戏易消逝。怎样有价值的改造“老”游戏，也需要教育工作者特别是教师的思考以及家长的支持。

3. 注重游戏材料的价值挖掘与文化传承

玩具，其制作过程本身就伴随着创造，需要相当的技艺，使孩子们变得心灵手巧。而我们看到现在的孩子，无论是农村还是城市，手工操作的游戏越来越少，代之以市场上买来的游戏材料越来越多。对儿童来讲，缺少自己手工制作玩具的体验，实际上缺少了培养创造力、想象力的机会以及付出与收获的心理体验。像祖辈、父辈玩的风筝、沙包、毽子等，其制作过程本身也是游戏的一个组成部分，儿童可以在制作风筝、沙包、毽子的过程中体验到快乐，传承人类文化。风筝的制作、装饰、创意是一种文化的传承。而现在，市场上琳琅满目的风筝、沙包、毽子代替了手工制品。而作为文化传承的一个部分，内涵却少了许多。

游戏材料不仅作为物质文化的表现形式，其开发与制作过程还肩负着文化代代相传的使命。重视对传统游戏材料的价值挖掘，亲自动手操作游戏材料，既能使传统游戏及传统文化得到传承，也能在这一过程中体验快乐，培养动手能力。

4. 提供给儿童的低结构玩具应多于高结构玩具

曾祖父辈、祖辈、父辈那几代人，他们玩的很多游戏材料都属于低结构玩具，并且很会玩，很会奇思妙想，除了固有的玩法，还会利用有限的玩具、材料因地制宜想出新玩意儿新玩法，怎么快乐怎么玩。而现在的儿童特别是城市儿童，很容易被遥控汽车、电动玩具、玩具公仔这类玩具与高结构玩具带来的新异刺激和感官愉悦所吸引，但其可变性和可重复性较差，对幼儿的挑战也较小。

从这个方面来讲，我们可以建议不论是父母，还是幼儿园的教师，在给儿童选择、提供游戏玩具、材料时，以低结构玩具为主，但还是要优先考虑儿童的意愿。

5. 家长应多花时间，带着游戏的心态与孩子交往

在游戏中，我们时常会忽略家长的价值观发挥的教育作用，如只看到丢沙包对身体有好处，下棋促进其认知，老鹰捉小鸡促进其合作，从很小的局部来体现对个体的意义。实际上我们更应要看到在游戏过程当中，会因为家长和孩子的交流这样一种方式，对文化的传承和社会的发展起到一定程度的作用。文化正常的发展是必要的，但其断裂也很厉害。

许多传统游戏，有的是由于没人教，孩子不会玩了；有的游戏是因为脱离了时代感（如抓石子、打水漂），孩子们没有兴趣，因此失传了。对于前者，父母应该从麻将桌里抽出身来，多关心自己的孩子平时都在干些什么，带着游戏的心

态和孩子交往，潜移默化地将一些传统的老游戏带入孩子生活之中，如带孩子玩抓石子、打水漂、撒竹签等等。而对于后者，则需要相关方面，特别是幼儿园老师在幼儿园里将传统游戏的精髓与孩子们感兴趣的元素结合起来，满足孩子们玩耍的刺激感。

四、附录：若干老游戏的玩法

1. 打背篓窝儿

割猪草牛草是20世纪五六十年代的孩子经常被要求做的一件事，所以在此时就出现了打背篓窝儿的游戏。这个游戏的地点通常是在田地间。发起游戏的人和参与者大多是割猪草牛草的人。游戏的玩法是，在一个地方将背篓放在距离初始点三米左右及以上的地方，背篓旁边放有猪草或者牛草，参加游戏的人站在初始点，向背篓投掷镰刀，如果投掷的镰刀进了背篓，则此人将赢得这些猪草或者牛草。投掷镰刀来决定输赢猪草或者牛草，带有输赢的游戏能吸引人们参与的兴趣。但是随着社会的进步，经济的发展，饲料代替了猪草等，所以打背篓窝儿这个游戏也随着时代的发展而消失了。

2. 走叫花

这是一种棋类的游戏，这一游戏几乎不受任何地点和条件的限制。如果想下一盘，两个人寻个地方蹲下来，在地上用石头或者粉笔画一些格子“棋盘”，样子类似跳棋，“棋盘”如下图，然后每人找一个“棋子”就可以开始游戏了。棋子可以是小石子、小瓦片、小砖头，总之，只要两人的棋子能够分辨就行了。游戏开始之初，每人的棋子摆在各自眼前边界的左右下角，“棋子”只能在格子线的交点上走，每人每次只能走一格，走的路径可以自己选择，最先到达三角形的地点为胜利者。依此类推，可以不断地增加横竖线以增加更多的格子，从而增加游戏的难度。

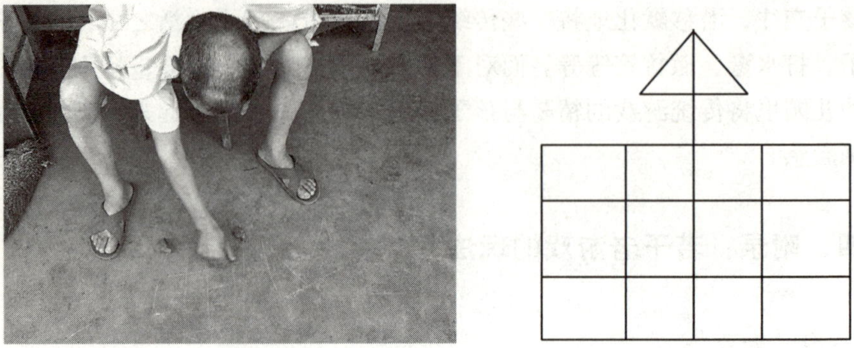

图4 左为农村一祖辈级爷爷展示“走叫花”游戏，右为其在地上画的方阵图

3. 老游戏竹蜻蜓

用一块约三四寸长，半寸宽的竹片儿，消磨制成略呈光圆边的样子，正中间钻一个孔，小孔两边逆向倾斜，成一螺旋状，在小孔上插一根约半尺长的细圆竹签儿，一个小小的“竹蜻蜓”玩具便做成了。

玩时，将竹蜻蜓放在两手掌间，两手掌使劲儿搓动，由慢到快，然后松开双手，竹蜻蜓便绞动空气向上飞升起来，直到停止转动才落下地来，可以反复地玩。

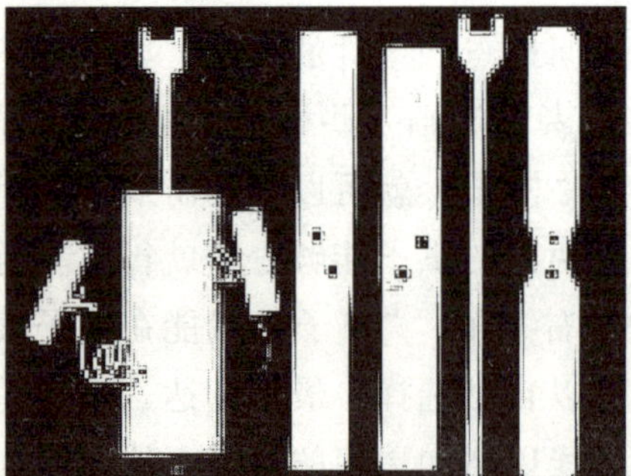

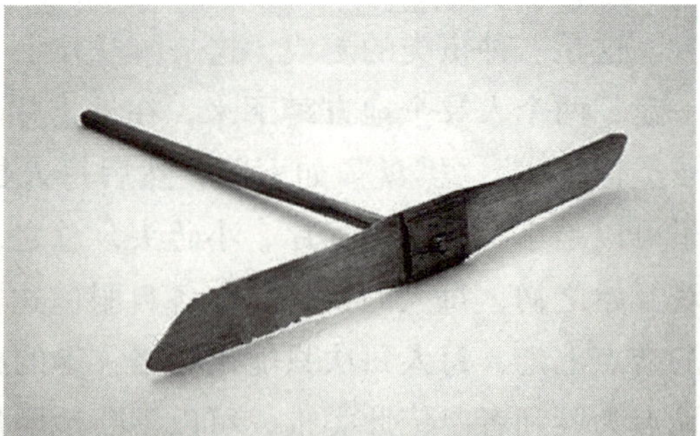

4. 跳房子

各地玩法大同小异。在我家乡，一位受访者告诉我游戏是这样玩的：先在地上画许多格子，构成飞机状，有机尾向上朝机头看去，每一个方格内写一个数字，一次为1、2、3各一格，4、5由左而右两个并列，向上6为单独一格，7、8由左而右两格并列，再上为顶端，分两格，分别书左“天”、右“地”二字。最后以半弧线包其外，玩时多用石子或“沙包”。跳至7、8两个圆圈时，接着双脚

同时跃起向后转身，再往回跳，至第二间“房子”时弯腰拾起开始是扔入第一间房子的沙包，由第二间跳跃到第一间外。以后沙包扔第二间，则由第三间拾起沙包至第一间再跳出。以此可类推。最后，绕着房子三圈就可以占一房子。

虽然有很多受访者表示玩过跳房子，但我只选了一名63岁、一名62岁的女性受访者详细询问该游戏的游戏规则。根据已查文献可知，画的房子部分和澳门的“跳飞机”类似，但游戏规则又是内地较传统的。我觉得这很有趣，但不知道他们说的这个游戏规则是不是在我家乡广泛流传的版本。

跳房子在城乡都很受欢迎，没有明显城乡差异。而且，无论是城市还是农村，跳房子这个游戏都得到了较好的传承。在祖父辈和父辈间传承时，该游戏在两代的流行程度几乎一致。但是在父辈和子辈间传承时，该游戏在子辈的流行程度稍有降低，而且游戏规则出现了简化，出现了“七步猫”、“五步猫”，这些游戏已经没有了沙包、石子等辅助材料。

5. 抓石子

抓石子亦称“抓子儿”。这是一种很考验手眼协调能力的游戏。石子要到河边挑选大拇指大小的石子儿，最好是白色晶莹的那种小卵石最好。如果没有的话，就将大石头慢慢砸成小圆球形，用瓦片蘸水来磨，也可以用杏核儿或者用布做的小沙包代替。游戏可以2至4人一起玩儿。游戏玩法分三种，现分别介绍如下：

玩法1：

3颗石子在桌面上丢开；拿起其中一颗石子向上抛，趁向上抛的石子未落桌面前，抓起桌面上第二颗石子，再来接住刚才向上抛的石子。依此类推，抓起第三颗石子。

规则：如果三颗石子同时接住，再同时往上抛，此时手掌迅速翻过来，使三颗石子落于手背上；然后再往上抛，若能接住三颗石子，即游戏成功。如果抛起的石子没接住，或者桌面上的石子没抓起，就结束游戏，该对方开始。

玩法2：

5颗石子在桌面上丢开，拿起其中一颗石子向上抛，趁向上抛的石子未落桌面前，抓起桌面上第二颗石子，再来接住刚才向上抛的石子。将刚刚拾起的石子放下，再拾第二颗，依次把四颗石子拾完。然后再把四颗石子撒在桌面上，将手中剩下的一颗向上抛，抓起对方选定的两颗石子，并接住刚才抛的石子。继而再将手中的一颗石子向上抛，把其余两颗石子叠高，然后拾起来。

规则：按以上程序顺利完成者为赢家，否则轮到对方继续玩。

玩法3：

第一关：8颗石子全部抓在一个手中，往上抛，此时手掌迅速翻过来，让一颗石子落于手背上（如果落在手背上有多颗石子，就把其他的石子抖落到地上，手背上只剩一颗石子），然后手背把石子往上抛，此时手背迅速翻过来，用手心接着石子，再往上抛，趁向上抛的石子未落桌面前，抓起桌面上其中一颗石子，再来接住刚才向上抛的石子（抓石子的时候手不能碰动桌子上的其他石子）此时手中有两颗石子，把其中的一颗石子放在另一只手上，按照此方法再一下子抓两颗石子，再一下子抓三颗石子，再抓最后一颗石子（抓石子的顺序是1颗、2颗、3颗、1颗），成功后进入第二关（不成功就由对方开始）。

第二关：第二关有两种过法：①8颗石子全部抓在一个手中，往上抛，此时手掌迅速翻过来，让两颗石子落于手背上（如果落在手背上有多颗石子，就把其他的石子抖落到地上，手背上只剩两颗石子），然后手背把两颗石子同时往上抛，此时手（还是这个手）迅速从空中抓住一颗石子，然后手翻过来用手心接住另一颗石子，接着把两颗石子往上抛，此时手掌迅速翻过来，让一颗石子落于手背上（如果落在手背上有两颗石子，就把另一颗石子抖落到地上，手背上只剩一颗石子），然后手背把石子往上抛，此时手背迅速翻过来，用手心接着石子（后面的玩法同第一关），成功后从开头再做到省略号前这个动作就进入了第三关（进入第三关就按照第三关的方法抓此时桌面上的石子）。

②8 颗石子全部抓在一只手中，往上抛，此时手掌迅速翻过来，让四颗石子落于手背上（如果落在手背上有多颗石子，就把其他的石子抖落到地上，手背上只剩四颗石子），然后手背把四颗石子同时往上抛，此时手（还是这个手）迅速从空中抓住三颗石子，然后手翻过来用手心接住另一颗石子，接着把四颗石子往上抛，此时手掌迅速翻过来，让一颗石子落于手背上（如果落在手背上有多颗石子，就把其他的石子抖落到地上，手背上只剩一颗石子），然后手背把石子往上抛，此时手背迅速翻过来，用手心接着石子，到这里就进入第三关了。

第三关：此时手里有一颗石子，往上抛，趁向上抛的石子未落桌面前，抓起桌面上其中一颗石子，迅速放到另一只手上，这只手再回来接住刚才向上抛的石子，此时手中只有一颗石子，按照此方法再抓剩下的石子（抓石子的顺序也是 1 颗、2 颗、3 颗、1 颗），成功后进入第四关。

第四关：第四关有三种过法：①一只手捏着一个石子，另一只手抓着七颗石子，“捏着一只石子的那一个手”把石子往上抛，趁向上抛的石子未落桌面前，另一只手把手中的石子撒在地上，“捏着一颗石子的那一只手”接住刚才向上抛的石子，再往上抛，趁向上抛的石子未落桌面前，抓起桌面上其中两颗石子后，迅速抬起手从空中抓住刚才抛起的石子，此时手中共有三颗石子，然后大拇指和食指捏着一颗石子（其他的石子攥在手心里），把捏着的石子往上抛，趁向上抛的石子未落桌面前，迅速把手中的两颗石子放在离桌面上的石子远点的地方，尔后接住刚才抛起的石子，然后按照第一关的方法，分别抓起桌子上剩下的五颗石子（抓石子的顺序是 1 颗、3 颗、1 颗）；此时手中剩下六颗石子重新从第二关闯到第四关（闯关的方法不变，闯到第三关时，就赢得了放在旁边的两颗石子。闯不过第三关，就失去了放在旁边的两颗石子，由对方开始，自己退回第四关），接着一只手捏着一颗石子，另一只手抓着五颗石子……抓起桌面上其中两颗石子后（玩法同第四关）；接着手中剩下四颗石子（当剩下四颗石子时，抓石子的顺序是 2 颗、1 颗）重新从第二关闯到第四关，再接着一只手捏着一颗石子，另一只手抓着三颗石子（按照第四关的方法再做到前面这个动作），此时手中有一颗石子，桌面上有一颗石子，抛起手中的石子，趁向上抛的石子未落桌面前，抓起桌面上最后一颗石子。“此时手中共有两颗石子，同时抛起，然后一个手接着一个，再同时抛起，由一个手在空中抓住两个”，这个动作重复做八下，最后一下把手中的两颗石子按在桌面上，再拿刚刚放在旁边的其中一颗石子，往上抛，趁向上抛的石子未落桌面前，抓起桌面上的两颗石子，游戏结束。

②一只手捏着一颗石子，另一只手抓着七颗石子，“捏着一颗石子的那一只手”把石子往上抛，趁向上抛的石子未落桌面前，另一只手把手中的石子撒在地上，“捏着一颗石子的那一只手”接住刚才向上抛的石子，再往上抛，趁向上抛的石子未落桌面前，抓起桌面上其中四颗石子后，迅速抬起手从空中抓住刚才抛起的石子，此时手中共有五颗石子，然后大拇指和食指捏着一颗石子（其他的石子攥在手心里）把捏着的石子往上抛，趁向上抛的石子未落桌面前，迅速把手中的四颗石子放在离桌面上的石子远点的地方，尔后接住刚才抛起的石子，此时共剩下四颗石子，然后再按照①中所述的方法做，至游戏结束。

③一只手捏着一颗石子，另一只手抓着七颗石子，“捏着一颗石子的那一只手”把石子往上抛，趁向上抛的石子未落桌面前，另一只手把手中的石子撒在地上，“捏着一颗石子的那一只手”接住刚才向上抛的石子，再往上抛，趁向上抛的石子未落桌面前，抓起桌面上其中六颗石子后，迅速抬起手从空中抓住刚才抛起的石子，此时手中共有七颗石子，然后大拇指和食指捏着一颗石子（其他的石子攥在手心里）把捏着的石子往上抛，趁向上抛的石子未落桌面前，迅速把手中的六颗石子放在离桌面上的石子远点的地方，而后接住刚才抛起的石子，此时手中共有两颗石子，然后再按照①中所述的方法做，至游戏结束。

规则：如果抛起的石子没接住，或者桌面上的石子没抓起或没抓够数量，或者抓石子的时候手碰动了桌子上的其他石子，就结束游戏，该对方开始。游戏结束时，谁赢得的石子多谁就胜利。

以上游戏规则简单、无场地限制、对参加的人数要求不高，所以较容易普及和传承下来。

参考文献：

[1] [7] [荷兰] J. 胡伊青加. 人：游戏者 [M]. 成穷译. 贵州：贵州人民出版社，1998：5、7.

[2][9][10][11][12] 申晓燕，陈世联．儿童游戏·游戏文化·儿童文化——基于文化学的探讨［J］．重庆师范大学学报（哲学社会科学版），2008，(3)．

[3] Zahirun Sayeed & Ellen Guerin. Early Years Play. London：David Fulton Publishers，2000：17－26.

[4] Judith E. kieff & Renee M. Gashergue. Playful Learning and Teaching［J］：An Introduction. Boston：Allyn and Bacon，2000：1－6.

[5] 招乐辉，付海燕，何稀翎．城市化进程中传统游戏的消逝与拯救［J］．广州体育学院学报，2010，(4)．

[6] 毛曙阳．儿童游戏与儿童文化［D］．南京师范大学，2008：20.

[8] 约翰逊．游戏与儿童早期发展［M］．华爱华，郭力平译．上海：华东师范大学出版社，2006：132.

[13][14] 陈育梅．民间游戏与文化传承．民族论坛，2005，(10)．

[15] 丁海东．论儿童的游戏精神［J］．山东师范大学学报（人文社会科学版），2006，(1)．

[16] 陈艳蓉．试论“游戏精神”的内涵［J］．太原城市职业技术学院学报，2010，(3)．

广州珠村小学的乞巧文化教育

□ 乐理明　杨　蕾
广州市天河区珠村小学

乞巧文化是广州珠吉地区流传八百多年的民俗文化，原意是当地老百姓（特别是成年女孩子）为祈求幸福、美丽、安康，在每年的农历七月初七自发进行的一项民间活动。这个风俗源于"牛郎织女鹊桥相会"的美丽传说。农历七月初七，习称乞巧节、七夕节、女儿节等，广州人称为"七姐诞"。在广东民间，自古就有农历七月七日过乞巧节的传统活动。

珠村被誉为"中国乞巧第一村"。在这条有着近千年历史的古老村落里，珠村人对乞巧文化传统的执著、勇敢和沉醉，令乞巧这一民俗文化在沉寞多年后，重新绽放出持久的魅力和生命力。自1998年珠村的八位乞巧婆婆重新发起珠村乞巧文化至今已历15年，珠村乞巧也由最初的"地下活动"崛起为这个城市的盛会——广州乞巧文化节。乞巧节比春节还热闹。精美的手工，传统的技艺，盛大的祭典，实在是包罗万象。乞巧文化节也成为天河区一大文化品牌。

在深厚历史人文环境熏陶下的珠村小学，从昔日的珠村祠堂办学，到今天的现代化新校，无不烙印着珠村的乞巧文化。早在2004年，学校就初步接触到了珠村的乞巧文化。在日后学校加入乞巧文化节的活动中，有机会接触到珠村的民间艺人，亲身感受乞巧文化的魅力，在耳濡目染中，越来越深入地了解到乞巧文化的内涵与精髓。这浓郁的地域文化不仅吸引了学校，更让学校思考：在现代快餐文化大行其道的今天，怎样让我们的地域文化得到更好的发扬与传承？怎样使富有地域特色的民间文化在学校的德育、智育、体育、美育中寻找合适的切入点，将其巧妙融入学校的育人之中？以"文化熏校"为办学指导思想，立足校本，依托社区，珠村小学开发出了具有地域文化特色的乞巧文化教育内容。

一、乞巧文化教育的理念及定位

2006年，学校提出了“文化熏校”这一理念，以“制度立校、师德奠基、生本兴校、文化熏校、环境美校”为办学策略，经过三年的实践，学校又提出了“为孩子们的幸福人生奠基”的办学理念，理念决定行动，行动产生效果——“文化熏校”理念很重要。在这一理念的指引下，学校经过五年的实践和探索初步形成了以乞巧文化为特色的校园文化，逐步形成了“乞巧德育”这个学校品牌，呈现出“五育”并举、共铸品牌的成效。

乞巧文化教育的理念具体体现在：

（1）以德为先：以乞巧文化为载体，地域文化和学校德育相结合，以评乞巧之星带动学校五星班级的评比，创新了德育工作的新模式。

（2）以智育人：把乞巧文化有机结合到课堂教学中，呈现乞巧课堂，使地域的文化资源为学所用，使学生喜闻乐见，让课堂焕发生命活力。

（3）以体促德：把划龙舟、舞龙舞狮、巧手穿针引线等传统的珠村文化和学校的体育大课间活动有机结合，在《众人划桨开大船》和《彩云追月》等民间音乐的伴奏下，大课间操生动活泼，培养学生爱家乡、爱民俗文化的兴趣，养成学生的集体主义精神。

（4）以美熏德：学校美术课以《我们的乞巧》为校本教材，每周在地方课时中安排一节，在美术课上专门上乞巧课，在课堂上渗透。在音乐课上，学校把音乐课开足开齐，有机渗透《珠村七夕吟》本土音乐素材，以合唱为抓手，重点突出培养学生的审美能力。

（5）以劳健心：在学校的第二课堂，每星期二的下午第三节课，学校聘请珠村的乞巧婆婆来到课堂作指导，在专门的乞巧手工制作室里开设乞巧手工课。培养学生的耐心。

总之，乞巧文化已经渗透到学校的教学、德育、体育和美育之中，正日益显现出其传承的价值和功效。

二、建立乞巧文化教育的专门管理制度

学校成立了乞巧德育课题组，主要参加人员有9人，其中包括聘请的广州市

民间文艺家协会的专家、天河区美术学科教研员、珠村民间老艺人、珠吉街道文化站的领导作为学校德育联席工作小组成员。学校作为每年举办一次的广州市乞巧文化节的承办单位，组委会会预算一部分的经费专门支持学校的相关活动。

三、编写乞巧文化校本教材

在2005年的乞巧文化节上，我校成功地推出了由我校杨蕾老师编撰的《我们的乞巧》这本乞巧文化校本教材。从教材编写到教材的推出和应用，学校领导高度重视。在市、区、街道、学校各级领导关怀下，在街道文化站的大力支持和协助下，杨蕾老师日夜奋战，从美工到文字到编排，细心雕琢，完成了这本艺术教育校本教材。

该书以学校参与的乞巧活动为依托，借助于乞巧文化节丰富的乞巧文化资源，挖掘和整理了珠村古老的乞巧资源。整本教材从三个部分进行了介绍：走进乞巧、体验乞巧和欣赏乞巧，从了解、体验、欣赏三大方面让学生对乞巧文化有了更深刻的认知。

该书的目录为：

第一单元　走进乞巧

第1课　读一读，什么是乞巧节

第2课　游一游，盛大的珠村乞巧节

第3课　品一品，丰富的乞巧文化

第二单元

第4课　做一做，体验乞巧的乐趣

第三单元

第5课　看一看，我们的成果

第6课　赏一赏，精致的乞巧工艺品

第7课　画一画，我们眼中的乞巧节

这本教材被誉为中国第一本乞巧文化校本教材。该书由花城出版社正式出版，并于2008年8月在广州市乞巧文化节开幕式上隆重首发，获社会各界的高度称赞。

作为珠村小学特有的校本课程，这本乞巧文化校本教材在学校每个班级每周一次的美术课堂上作为学生循环使用的教材使用，同时也是作为广州市乞巧文化节在我校建立广东省（广州市）乞巧文化传承基地的培训教材使用。

四、开展丰富多彩的乞巧文化系列活动

1. 年度乞巧活动展示

最为隆重盛大的是一年一度的乞巧活动展示。每年的五月，学校就会开展乞巧作品制作比赛，贯穿课堂、课后，在六一节举行大型的乞巧作品展，再选出精品制作者参加暑假举行的珠村乞巧节活动。该活动贯穿全年，在六一及暑期乞巧节推出大型作品展示，不仅锻炼学生灵巧细心的品质，也丰富了学生的课余生活。学生们都非常乐于参与，不但很多女生能够制作精美的乞巧工艺品，一大批男孩子做出的作品同样令人赞不绝口。

2. 把乞巧文化融合在体育大课间活动之中

2007年9月，珠村小学把珠村地域文化（“乞巧文化”和各类民间文化活动）和体育大课间活动相结合研究，在原有的“双操”基础上，构思了以“生动、活泼、健康、自主”为主题的大型课间文体活动。具体而言，乞巧大课间活动是在广播操、自编操的基础上演变而来的，结合奥运、亚运等国家大事，设计了相应的游戏项目，通过有机渗透珠村地域本土文化，融入了“竹竿舞”、“舞醒狮”、“划龙舟”、“乞巧穿针引线”等民间文化元素，在“众人划桨开大船”“彩云追月”等传统广东音乐的伴奏下，激发学生参与大课间活动的热情，让学生感受美、加入美、欣赏美。

每周三、周五第二节下课是全校的大课间活动时间。大课间操安排到课表，学校常抓不懈，通过挖掘体育课程的教育功效，丰富学生的文化内涵，让学生乐于加入，在加入中感受地域文化的魅力。

总之，通过坚持开展特色大课间活动，培养了学生爱家乡、善合作的品格，有目的地引导学生在活动中提高集体服务意识，使之关心他人、热爱班集体，从中学会与人合作，学会做人。

3. 评选乞巧之星

学校还开展了以“乞巧之星”为主题的德育特色活动。组织师生积极参与每年一届的“广州市乞巧文化节”，展示公开课，让学生感受传统文化的魅力，传承爱国、爱民、爱家等优秀的文化思想，培养学生心灵手巧的本领、集体合作的意识。学校把五星班级的评比和五星少年的评选活动结合起来，相互促进，以乞巧活动为主线，每学期开展乞巧之星、读书之星、学习之星、体育之星、艺术之星的“五星”少年评比，对班级开展五星班级的评比——两读（早读、午读）、两操（早操、眼保健操）、环保、纪律、卫生、礼仪五个方面的评比。每学期学校将班级评选出的30名“五星少年”的照片和事迹张贴在学校橱窗里，以先进促后进。

五、营造乞巧文化氛围

学校注重校园硬环境的文化内涵的打造，把乞巧文化和书香校园环境建设相结合，二者互为熏陶，创设乞巧德育文化氛围，形成乞巧文化的显性平台。

（1）装点乞巧文化氛围。在学校一楼、二楼等楼道专门把具有乞巧特色和乞巧内容的摄影作品装点到楼梯道上，让师生耳濡目染。

（2）建设品德品书廊。珠村小学的创始人潘文治将军的雕像矗立在校园的一楼品德廊旁，还专门开辟了乞巧文化廊，把珠村清朝举人潘名江（潘文治之父）亲自撰写的《珠村七夕吟》展示在乞巧文化廊中，把优秀的中国传统文化、名人名言镶嵌在亭廊之间，供学生流连阅读。这样就形成了乞巧文化廊、品德廊、品书廊三廊相映成趣、书香满校园的视觉氛围。

（3）开辟乞巧文化廊。在二楼平台专门开辟了乞巧文化廊，以一个“巧”字点出主旨。同时将教学楼二楼的艺术长廊改造成乞巧长廊，展示历年来学生制作的乞巧作品中的精品，成为珠村小学“文化熏校”行动中最大的一个亮点。

（4）成立乞巧工作坊。在学校四楼成立了乞巧作品制作坊和作品陈列室。让学生在制作坊中进行手工制作，并将每年六月全校学生加入的乞巧作品大赛中获奖学生的乞巧作品以班级为单位收集在陈列室中。

六、依托社区，乞巧文化融入美术课程与教学

在乞巧课程安排上，学校把乞巧课作为美术课的乡土课程，每学期有一个月的时间用于乞巧课程的教学内容。有关于乞巧文化节的各种内容的绘画课，更有制作乞巧工艺品的手工课，一大批精美的手工作品都在课堂中制作出来。

学校还依托社区，专门聘请珠村的乞巧婆婆进入课堂手把手地指导学生们的乞巧手工制作。学校专门设立了乞巧手工制作室，每周二下午的第二课堂活动时间，十来位乞巧婆婆与一群小学生齐聚珠村小学四楼乞巧作品工作坊，进行着“上传下承”的乞巧工艺传授的教学。她们也希望“新一代要好好学，把珠村乞

巧的传统继承下来”。这些乞巧婆婆亲捻针线，向珠村小学学生示范了传统乞巧工艺品的创作过程，展示了老一辈乞巧艺人的精湛手艺。

心灵手巧的乞巧婆婆们

小学生学习制作乞巧工艺品

通过课堂教学，很多非珠村的孩子了解并喜爱乞巧这一奇特的传统民间文化，而珠村的孩子更加热爱珠村，更有强烈的自豪感和参与意识。

看看我们的成果

同时，珠村小学也积极参与到社区的文化建设之中。从 2005 年开始至今，学校协调珠吉街道文化站、区委宣传部、珠村八社，参加和协助开展每年 8 月份的广州市乞巧文化节。在每年的乞巧文化节上，学校都以不同的主题参加：2005 年的乞巧美术课堂研讨会，2006 年的乞巧校本教材开发，2007 年的乞巧手工大型展示，2008 年的以地域文化渗透到全校师生参加体育大课间操的开幕式表演，2009

年师生一同参加的“乞巧少年同绘亚运”广场绘画活动，2010 年全校师生参加的乞巧剪纸迎亚运活动，2011 年 200 人在开幕式上齐诵《七夕颂》，2012 年 150 人在开幕式上表演升级版《七夕颂》。

七、影响与评价

学校的乞巧文化教育取得很多成绩，使学校的乞巧特色得以发扬光大。例如：

1. 杨蕾老师主编的教材《我们的乞巧》已于 2008 年 8 月 4 日在广州市乞巧文化艺术节开幕式上隆重首发，反响热烈。

2. 珠村小学连续四年举办了盛大的学生乞巧作品展出活动，作品的水准逐年提高，精品不断涌现。

3. 2008 年 8 月，珠村小学获广州市乞巧文化节乞巧作品创意大赛少年组一等奖。

4. 2008 年 8 月，珠村小学获广州市乞巧文化节乞巧作品创意大赛最佳组织奖。

5. 2008 年 8 月，乐理明校长的论文《乞巧文化走进校园的思考和实践》在广州市民间文艺协会主办的广州市民间文化进校园论文研讨会上宣读并入编论文集。

6. 2008 年、2009 年连续两年全校 700 多名师生全体在乞巧文化节上表演乞巧特色的大课间操，以乞巧元素参加“七彩长绢绘亚运”现场绘画活动。

7. 2008 年，地域文化和体育大课间结合的大课间操分别获天河区、广州市中小学体育大课间操一等奖。

8. 2008 年，胡新桥副校长撰写的《创设学练条件，提高学生参加大课间活动质量》论文获广州市及天河区一等奖。

9. 连续三届获得广州市学校合唱节一等奖。

10. “乞巧德育——乞巧文化引领五星少年”荣获 2011 年广州市第二届中小学德育创新一等奖。

11. 2011 年 8 月，学校组织 200 多名学生在第六届乞巧文化节的开幕式上表演大型的经典文化朗诵《七夕颂》，并承办了由广州市教育局、市文明办组织举办的“我们的节日 · 七夕”专场活动。

12. 2012 年 8 月，学校组织 150 多名学生在广州市乞巧文化节表演升级版《七夕颂》。

13. 学校被授予“广东省民间文化传承基地”和“广州市青少年乞巧文化传承基地”荣誉称号。

学校的乞巧文化教育也获得社会各界的认同和好评。通过以上举措，珠村小学的乞巧文化氛围空前浓厚，很多精美夺目的作品受到各方来宾的称赞。珠村小学的孩子们在地域文化的熏陶下，温文尔雅，文明有礼，展现出新时代乞巧少年的风采，在多次接待来访的领导和来宾的过程中得到了较高的评价。每当一年一度的广州市乞巧文化节开幕之际，珠村小学成为欢乐的海洋，人山人海，每年都有成千上万的游客和市民来到这里参观学生的乞巧作品，并且参观人数逐年上升。2009 年 8 月，在广州市乞巧文化节开幕式上，珠村小学的孩子们围绕亚运、祖国、广州、珠村、乞巧等系列主题，用七条彩色的长绢，完成了“七彩长绢绘亚运”的大型主题绘画。而在活动的第三天，省委书记汪洋来到珠村，在珠村祠堂参观并称赞了在那里的珠村小学学生制作的乞巧作品。同时，一大批驻广州的外国理事们也在珠村小学的二楼展厅里参观了孩子们的作品。

每年的乞巧节，珠村小学人流如织

一位广州市老干部大学的观众特地用书法写了一首诗塞到校长办公室。诗的内容是："羊城珠小顶呱呱，三足鼎立育巧娃。传承创新成一统，校园遍开文明花。"读后让我们深受感动，备受鼓舞。

广州多家报纸《广州日报》《羊城晚报》《南方都市报》《信息时报》等连续多年广泛报道，其中，具有地域文化的特色大课间操被《广东卫视》报道，《广东科技报》记者以"广州有所乞巧学校"为标题，专版报道学校的乞巧活动。2012年8月，广东电视台珠江频道在《今日关注》栏目专门策划了我校的乞巧文化专题活动报道，使得"乞巧教育"这一文化品牌又声名远播。

八、启发与思考

首先，今天不容置疑的现实是，洋快餐文化已经占据了学生太多的空间，电子类的游戏、读物，网络文化中不良的部分在无形地影响着学生的身心，因此，学校要担负起运用地域传统文化教育学生的社会责任，通过"文化熏德"来感染下一代。

其次，本土文化的传承还要进一步加强。虽然近几年，对乞巧文化的拯救、挖掘、恢复、发展等活动进行得如火如荼，在广东很多地方，都开展了一年比一年热闹的乞巧文化活动，社会影响也越来越广泛，但这些活动中的中坚力量，绝大部分是村中的老人和中年妇女，学生自觉涉猎的不多，传承发展并不乐观。乞巧活动对整个教育领域影响不大，其他学校的师生对乞巧民俗仍然陌生，还有待进一步加强传承，带动更多的学校参与到传承民族文化的行动中来。

因此，我们肩负重任。今后要进一步加强与社区的联系，把社区资源纳入学校共享，对地域民俗文化进一步挖掘和拓展，不断完善，把乞巧文化融入到学校教育教学的各个方面，建设以乞巧文化为元素的学校系列校本课程，为乞巧文化的传承与创新做出新的贡献。

传承历史，彰显未来。在珠村这片有着厚重历史传统文化的土地上，珠村小学的孩子们正将古老的传统发扬光大，并注入新的生机！

逝水年华

这是一位老人对自己从半封建半殖民地社会到社会主义大变革再到社会主义建设曲折前进时期的亲身经历的回忆。这些回忆对后人了解那段历史，或许有一点帮助，最好，还能从中感悟点什么。

我的回忆

□ 谌立中

学田湾

我于1932年农历冬月十六日出生在三台县古井乡学田湾。

学田湾背靠旧寨子山，右边是元宝山，左边是新寨子山。当时湾内住着二十多户人家。清朝时湾内的土地属于公学产。湾里没有像样的水利设施，仅有一口小堰塘，多年未修理，夏秋装一点洪水，冬春天干枯，低矮的田地既受旱又受涝，山坡地则是十年九旱。

湾里二十多户人，只有姓曾的一家有两间瓦房，其余全部住的用茅草和麦秆盖的草房，大雨大漏，小雨小漏。我们家也一样，光景好一点时，请人翻修一下，光景差时没有修理，下雨时就大难临头了。湾里最穷苦的几家二手佃户，种的山坡地，还要照常交高租金，住的草房建在山坡上，又矮又小，要低头弓腰才能进屋，吃水要到沟下面去挑。

丕基老祖为举人时，因射洪凤来老家只有一点薄地，不能养活儿孙就搬到湾内租地耕种，后代儿孙一直延续下来。

我们家里租有十六亩土地，有八亩自己耕种，其余转租给两家佃户。由于弟兄姐妹多，家里全靠母亲支撑，缺乏主要劳力，靠佃户帮工，庄稼做得不好。父亲是乡村教师，待遇很低，有时没被聘用，只好待在家里，温饱没有保障，年景好一点，勉强可以糊口，差的时候就饥饿难当了，有时连买盐巴的钱也没有。记得有年过年时，无钱买粮买肉，父亲只好问贵填爷爷借一斗大麦和一点肉吃。父亲任乡小教师时，偶尔拿回一点积谷（当时官仓内的陈粮），我和二哥用石对窝轮换着把谷子舂成米，有时把手都磨破皮了，为了能吃上一点米，只好忍受疼痛。吃的苞谷和麦面，全用石磨子推，姐、二哥和母亲经常推磨到深夜。二哥长大后，成为全家唯一的、主要的劳动力，庄稼种得才稍好一些。这时父亲也应聘当了两年小学校长，家境稍好一些，我才有机会上学读书。

乡保长还要派款去抓壮丁。贵体华家为了躲壮丁，他哥哥去帮姓何的恶霸地主做苦工，没有人生自由，也没有一文工钱。即使这样，他家里这个唯一的劳动力，还是被抓过一次。家里借债买了一个壮丁，才把他放回家。他们除了帮我们家干活时能吃上一顿饱饭，其余时间从未吃过饱饭。

“昔日鬼窝窝，饿尸何其多。”所谓“鬼窝窝”是指寨子山下一个小峡谷。新中国成立前那里是杂草丛生阴森森的地方，由于饥饿和疾病，许多小孩和少年死后就埋在峡谷内，故称为“鬼窝窝”。人们路过那里都心惊胆战。

“古井坝的钟撞不得。”新中国成立前古井乡长期被恶霸地主钟白溪等封建势力控制。此人既是袍哥码头舵把子，又是伪乡民代表主席。什么团防队长、袍哥管司都是他的爪牙，手下有几十个带枪的兄弟伙，可以随便打人杀人，无人敢过问。有些兄弟伙就是土匪，所谓“混水袍哥”。土匪抢人是常有的事，有时大白天也明目张胆地抢劫。1948 年下半年，两个做小生意的叔叔赶场回家，挑着担子走到金谷湾和学田湾交界的垭口上，就遭土匪抢劫，而无人过问。1949 年冬月，我们家也遭土匪抢劫，好一点的衣服被盖和耕牛全被抢走，后来听说是附近一个保长指使兄弟伙来抢劫的。

20 世纪 40 年代古井乡瓦子垭庙内曾住过国民党新十八师一支部队。他们和土匪一样，随便抓老百姓的鸡鸭，牵老百姓的猪羊杀着吃，不给分文。更可恶的是抓妇女轮奸，以致周围妇女都跑到外地去避难。我就见到一个卖坝坝饭的少女蒙头痛哭，据旁人讲，她就被兽兵轮奸过。这些军队除欺压老百姓外，没听说干过什么好事，土匪在他们眼皮子底下抢劫，也不闻不问。

童年趣事

1. 科学知识救了命

我三岁多时，一次在水井边和隔房小弟（比我略小一点）争抢一个树格蔸，双双落入井内。两人肚内都吸满了水，失去知觉，不久大人来担水时才拉了起来。我俩肚子都涨得很大。那时大哥在家，他懂一些溺水救护的科学知识，立即把我倒放在井边斜坡上，让我慢慢地把水吐了出来，直至苏醒后才抱我回家，这样把我从死亡边缘救了回来。而那位堂弟的父母不懂救护知识，不听大哥的劝告，立即将其抱回家中，用厚被子盖住，并敬拜神灵，求神保佑，由于肚内水未吐出，始终没有苏醒过来。这事我终生难忘。若不是大哥懂一些科学知识，恐怕我也到了另一个世界。

2. 卖馍馍的人死了

我一岁多时家里很困难。母亲去古井街上赶场，卖鸡蛋或粮食，买一些盐回家，中午经常是饿着肚皮，省下一点零钱给我买一个油炸的馍馍回家。每遇逢场天下午，我就守在母亲回来要经过的埝塘埂上，迎接母亲归来，好拿着油饼解馋。后来家里更加困难了，母亲根本没钱再买油饼了。一次逢场天我迎着母亲，见不着油饼，就拉着母亲大哭大闹，母亲迫不得已只好骗我说那个卖馍馍的人死了，这样才哄住了我，以后我再也没有向母亲要过馍馍了。年岁大一些懂事了，理解了母亲的难处，在我心中永远记住了母亲的慈爱，而没有怨恨母亲编造谎言。

3. 屙尿淋坛神

由于父亲和大哥有文化知识，从来不信鬼神，我从小在他们的熏陶下，也不信鬼神。记得我七岁时，在村上小学读书，经过沟口路边时，见一座石砌的小庙，里面有几块石头垒起的所谓的坛神，一些迷信鬼神者给他披红挂彩，说他很灵，谁不敬，绊着就要遭殃。恰遇村口有一个精神病女人，那些人就说是绊了坛神，于是远近的善男信女都来敬拜，给坛神披红、放炮。有一天早晨雾很大，我和小叔子上学走到那里，我问他有没有胆量，敢不敢对着坛神屙尿，他说你敢你就屙啊！我就对着坛神屙了一泡尿，把披的红和石头都淋湿了。待我们放学时，看见很多人在那里跪拜，给坛神披红挂彩，我们就在一边暗自好笑，但当时也不敢公开此事，而所谓很灵的坛神也没把我们怎么样。以后我的胆子更大了，在唐家湾石莲寺读书时，趁老师不在，就和同学去掏菩萨肚内铜钱和眼珠子来玩。在上新读书时，夜晚到庙内去刮蜡油，用烂碗烧着玩耍。那些看来八面威风的神灵，在不信鬼神的人面前，一点也没有什么作为。

4. 六月六，地瓜熟

我几岁时，湾里儿童都处于半饥饿状态，到处找野果子吃，这也是一大乐趣。秋冬天满山摘刺梨子，虽然酸涩，但能充饥，夏天坡地和田埂上的地瓜熟了，就去掏地瓜吃。所谓地瓜，是当地一种藤蔓植物，果实有拇指大，长在泥土中，有甜味。小伙伴常念叨“六月六，地瓜熟”，三五成群地一起掏着吃。“乌泡”是荆棘上的果实，颜色由红变乌就成熟了，酸甜可口，也是大家喜爱的野果。还有丝毛草根，包谷秆等，大家当甘蔗食用。由于野果吃得多，特别是饿时吃生红苕，肚内长了很多蛔虫，常闹肚子痛。有一次痛得很厉害，实在不行了，母亲背着我到古井街上诊病，没钱付医药费，幸好遇见一个姓王的好医生，免费用药给我打了下蛔虫。后来长了蛔虫就挖苦楝根皮熬水喝，实在苦得难受，有时喝了就吐，但要打蛔虫，也只好忍着。

5. 胆大不怕邪

九岁时我到距家六里多路的万安小学读书，每天早晨天没亮母亲就煮好早饭喊我起来吃饭，天刚亮就出门。第一天路过黄家埝塘时，有一条恶狗挡道，开始很为难，怕被狗咬伤，站在那里不知怎么办，后来一想狗还是怕人的，于是手里捡了几个石头，迎着恶狗走去。那狗开始猖狂，待我走近时，见我手握石头，只得步步后退。第一次闯过去了，后来就不怕了。有时放学晚了，走到唐家垭口上，天已经黑了，那里有一里多路，既是山坡，又没有人家。开始走到那里，心里很害怕，怕遇到野狗野兽和坏人，为了壮胆，就大声唱歌，歌声壮了胆，就什么都不怕了。翻过垭口，母亲听见歌声，悬着的心也放下了。

学生时期

从小父母就对我经常讲，我们是举人、秀才的后人，再穷也要送你们读书，你们要好好学习。母亲常以“书读在心中，贼偷不去，土匪抢不去，是无价之宝”的话来教育我们。在良好家风的熏陶下，我们确实有读书上进的心，虽然有时贪玩，但学习还是认真的。

在万安、上新、下新读小学时，我的成绩一直在前三名之内。1945 年上半年，我害了一场大病，曾休学半年，暑假时在古井小学上了补习班，下半年考入三台初级中学。

大哥送我去三台初级中学时，正遇三台发大洪水，四门有三门被水淹。我们住在老西街一个旅馆楼上，地势较高，没有被淹。第二天我们去城墙上看洪水，只见一片汪洋，城外许多房屋被淹。南关外有几个人爬上已淹的屋顶，大喊救命，无人去救。当时听说县长带着家眷跑到琴泉寺躲避去了，根本无人组织救灾。

三台初级中学的学生多为富绅子弟，大都是来混一张文凭，一天吃喝玩乐，根本无心思读书。当然也有些认真学习的。我当时由于生活条件差，十多岁仍很矮小，每学期都坐前排。自己穿着较差，但从不和人比吃比穿，只有老老实实地学习，对那些阔少爷避而远之。我的各科成绩经常在前五名之内。那些阔少爷平时神气十足，到期中考试时，为了蒙混过关，出钱把试题买出来，低声下气地请人帮助做。记得有个姓马的同学就请我帮他做过题，事后他专门在城内最好的饭店请我吃了一顿。

当时学校最有威望的老师是王克询。他带来新的思想，敢于揭露国民党政府的腐败，揭露蒋介石一些丑恶的事情，可以说他是我树立革命思想的启蒙老师。父亲在古井任小学校长时，为了保饭碗，虽然参加了三青团和国民党，但思想上还是不满现实。1945 年他订了新华日报和副刊，带回家中偷着看。我假期在家时，也曾看过，知道共产党主持公道，为民众说话。目睹国民党的腐败，加之王克询老师的教导，我确实萌发了革命思想。毕业前三青团曾派人到学校来发展，以帮助介绍工作为诱饵，我就婉言谢绝了。

在我读高小时，就喜欢看课外书籍。家里有几本旧小说和历史书，曾看过多遍。读初中时兴趣更大，特别爱看武侠小说。没钱买书，就向同学借书看，多数星期天都是约一两个相好的同学，到牛头山上找清静地方看书，有时晚自习也带着小说去看。当时学校禁止看小说。国民党县党部派了一个监管学生的训育主任，姓王，是个特务，经常拿着一根专打人的“黑红木鲢鱼”，专门抓违规的人，捉住违规的人就打手心，大多数学生都被他打过。有次晚自习，我正拿着小说看得起劲，突然头上挨了一下，我以为是同学开玩笑，还骂了一句。王就揪着我的耳朵拉出教室，打了几个手心，并被罚跪。由于这人用法西斯那一套体罚管理学生，引起了公愤。在我读第三学期时，学生爆发了学潮，驱逐了那位训育主任，学校也废除了体罚。从上中学起，我也喜欢看报，关心时事，养成了看书看报的好习惯，也提高了语文水平。

1947 年，三台曾流行霍乱，死了很多人，做“火板板”的棺材铺昼夜不停地赶制棺材。当时国民党政府根本未采取有效的防治措施，只有民间流传一些防护方法，如说不要喝米汤，不要上街吃饭。那次霍乱究竟死了多少人，谁也不知道，根本无人过问。

1948年，父亲受到地方恶势力的排挤，丢掉了小学校长职务，连教师也当不成了。家里经济困难了，到我入学时，学费无着落，我急得哭了几次，后来家里卖掉口粮，才勉强解决了学费。我原来想升高中读大学，见家里无力供我继续上学就无心读书了。初中毕业后想找个工作，以减轻家里负担。当时社会混乱，经济崩溃，我曾写信托人，但毫无结果，只好在家务农放牛。那时心里很苦闷，确实盼望国民党政府早日垮台，共产党早日到来，自己才有出去工作的机会。放牛时曾向湾里贫苦农民做宣传，说共产党来了要平分土地，要打倒地主恶霸，他们听了也很高兴。

参加革命队伍

1950年元旦，解放军占领三台县城。但是两天后家里遭到土匪抢劫，幸好我抱着换洗衣服，躲在石磨盘下，未被土匪发现。家里就更困难了。我决心出去找工作。几天后一个人到城里观察动静，恰遇川北人民服务团（后改为川北革命大学）招生，我马上去报名投考，很快被录取。回家告知父母后，背着被盖卷和换洗衣服就上路了。父母见土匪猖狂，也非常支持我出去。到了城内没有约到人同行，我就一个人背着被盖前往南充。第一天走到射洪太和镇，住在一个小店内。店主见我人矮小，以为是私自跑出来，再三劝我回去，说现在很乱，等社会安定后再出去，可我决心前往，毫不动摇。第二天，恰遇解放军大队人马开往蓬溪，我一路随军安全到达蓬溪县城。第三天，天蒙蒙亮就出发，走到路边一个小店内吃饭，遇到一个被抓壮丁的农民。他刚从国民党部队逃出来，家在南充，没有手续不敢回家。经店老板介绍，他帮我背着被盖卷一起同行。我们走得很快，当天顺利到革大报到。从此我一生的命运就改变了，我满怀着希望走进了革命队伍。

初入革大，生活很艰苦。我们睡的是只铺一些稻草的大铺，吃的是剥去壳的陈旧大米，稗子和渣子混杂其中。每十人一个小桶装着杂烩汤菜，蹲着围在坝子里进食。早上到荷花池里用毛巾蘸水洗脸。那时天气寒冷，池里表面已经结冰，就敲开冰去蘸水。生活虽然艰苦，但能吃饱肚皮，还是比在家里好一些，心情很愉快。

正式开学时，胡耀邦来讲了话。他是川北区党委原第一书记和行署主任兼任革大校长。那么大的官，穿着很俭朴，没有什么架子，和国民党的官大不相同，大家都很惊奇。他的讲话言简意赅，使大家懂得在革大主要是学习革命道理。

开课后，首先学的是恩格斯的“从猿到人”和“五种社会形态”，使大家懂得劳动创造世界和劳动光荣，克服了轻视劳动人民的错误思想。接着学习了怎样划阶级成分，各自划分自己家庭阶级成分。我当时根据家庭情况自报为佃富农，得到了教导员的肯定。

初入革大，我本来想多读点书，多学一些革命理论，可是当时初解放，缺乏干部，像我这样的学生，经短期学习和考察，只要思想进步，懂一些革命道理，就马上调出去。我刚学习了一个多月，大队教导员通知我去参加南充军管会宣传队。我一再要求继续学习，不愿马上出去，后来他叫我先出去工作一段时间，再回来学习，我才勉强答应去宣传队。

参加军宣队的第二天，我们就出发到龙门场。那时当地的土匪散布了很多谣言，搅得人心不安。我们是四川人，比较容易接近群众，通过宣传，很快安定了人心。

十多天后，我又被调入川北党委工作团，到潼南做剿匪工作。我们每人发了一支枪和一些子弹。我个子矮小，发了一只短小马枪。

经过简单的训练，于四月初全团一百七十多人坐车到潼南。那里是一片战后荒凉的情景，街上有一些国民党部队丢弃的烂汽车和烧毁的房屋。

在县城停留一天后，全团整队到土匪最凶的太和区。该区离县城三十多华里，当地政府曾两次在土匪攻击下搬出。我们去时，区长带领区干队拿着区政府的牌子一起前往。部队一个营于头天晚上进驻该区。我们大队人马第二天上午才去。当时工作团的骨干是区党委文工团的同志，由区党委研究室副主任张再旺任团长，带了一个加强的警卫班。走到离该区一半路程时，我们就遇到了土匪。他们企图在前面山上阻击我们，大约有五六百人。当时带路的人回来报告后，张团长果断决定用虚张声势的办法吓退土匪，立即在路边涪江河坝里集结队伍，先叫一分队每人向前方上空打三发子弹。听说打枪，大家很高兴，一时枪声大作，威震四方。射击完毕后，张团长很风趣地对大家说；“前面土匪当道，你们的枪都能打响，不要怕土匪，他们是‘乌合之众’。现在我们要准备战斗，三人为一个战斗组，拉开距离，警卫班前面开道，大家提着枪前行。”土匪听到枪声，见前面警卫班是正规解放军，后面跟随那么多人，以为大部队来了（先前他们以为只有区干部那些人），急急忙忙地往河对面撤退。我们在河这边走过时，见对面很多人往山上爬，也有人向我们开了几枪，因距离较远，张团长叫大家不要理睬，这样顺利到达太和区。

在太和区，开始我们不知道怎么开展工作。张团长安排大家分别到群众中收集谣言和群众的思想顾虑，汇拢后，针对谣言和群众的顾虑，张团长做示范演讲，大家都觉得有办法开展工作了。通过大张旗鼓的宣传和深入细致的个别访谈，很快打开局面，安定了人心。

几天后我们分队随张团长去边远地王家场，也是部队先去，我们随后，一起住在当地乡公所内。那里是川北和川东交界的地方，有一条小河，河对面是川东管的维新场。土匪在边界地区来回窜扰，十分猖狂。那时的土匪是由地方上的惯匪、国民党的残余部队、散兵游勇与反动地主武装混合而成，有几千人的队伍，有轻重机枪和迫击炮等武器，号称什么九路军某某纵队。刚去的第二天晚上，半夜时分队在一间房内紧急集合。张团长告知我们，部队为了有利于打击土匪，已经撤走了，本来部队领导叫我们一起走，但张团长考虑为了迷惑土匪，我们暂时不撤，约定第二天下午三点前，部队没回来就撤走。当晚张团长安排了一场新的"空城计"，把分队每人编为一个排的番号，说叫某营某连某排上时，就是你上去了。他动员我们说，你们不要害怕，抗战时我们五六个人拖着日本鬼子三百多人团团转，也没怎么样，怕什么土匪，我们有一挺轻机枪守住后面山上的碉堡，他们就进不来。开始我见部队走了，心里有些忐忑不安，听了张团长一番话后，也就无所畏惧了。晚上大家分班轮流睡觉。第二天两个场镇都赶场。我们先安排一个彪形大汉持一支美国大步枪在门口站岗，我们自己出去宣传，规定一个人走一个地方，一律不带枪，只在裤包里装一个手榴弹，危急时丢出手榴弹就往回撤；然后又安排两个老战士背着冲锋枪满街巡逻，茶馆酒店都进去查看。那天我去一个庙内敞坝里的粮食市场，站在饭摊桌子上开展宣传。那里新中国成立后还没人去做过宣传，群众看见我都很稀奇，喧闹声马上安静下来，都在洗耳恭听。讲解中间两个人鬼鬼祟祟地混在人群中，可能是土匪的探子。我没理睬他，很镇静地继续讲解。讲解结束后，有人问："你们工作队待多久，走不走?"我坚定地回答："不肃清土匪，工作队绝不会走。"中午大家安全地回到驻地。下午三点未得到部队消息，大家把背包衣物全锁在乡公所一间屋内，装作出去巡逻，分两路撤到附近的田家场，和另一个分队住在一个坚固的碉楼内。这个碉堡的楼下有井，有生活设施，易守难攻。两天后部队打垮了土匪，我们才返回王家场。因我人矮小，叫我和年龄较小的女同志王珂去守土匪自新登记处。我们在街上找了一间房子，贴上纸写的标记，就正式开展工作了。由于土匪被打垮，党的政策深入宣传，虽然开始冷冷清清，但有人来询问试探，我们耐心地解答，不久就热闹了。

有一次来了十多人，带来十多支枪。我们俩很镇静，叫他们放好武器，一个个登记，分别发给自新证明。大约二十天后，那里的土匪基本肃清，社会安定了。

五月初，工作团又奉令转移到安岳石羊区。从潼南到石羊有一百多华里，走的是泥泞小路。那几天连续下雨，北方来的同志不会走烂泥路，不断有人滑倒，滚了一身泥，连张团长的马也跌倒在烂泥田里，张团长也滚了一身泥。就在这样的情况下，大家仍是热情满怀，喜笑颜开，不时互相开一些玩笑，或唱一些革命歌曲。最使我难忘的是几个女同志。她们穿着布鞋，鞋底湿透后，不断滑倒，跌一跤，爬起来满身泥浆，仍然是笑容满面，没人哭鼻子叫苦，那种精神面貌实在太令人感动了，几十年来一直铭记在我心中，终生难忘。为防土匪攻击，那天我们一直没有停歇，只简单地吃了点干粮，一鼓作气，于黄昏时到达石羊场。

石羊场曾两次被土匪占领，又被解放军攻下。我们去的头两天，部队一个旅刚攻下那里，抓了两千多人，他们无法分清土匪骨干和一般群众。到达的第二天，我们就安排做分辨工作。那时无法调查取证，只有靠察言观色来分辨。由于我们是四川人，对劳动者和不劳动的人容易分清。凡是劳动人民，询问时结结巴巴，回答不清的人，立即释放；对于对答流利，不像劳动人民的人则留下详细盘查，一天内就大部释放，只留下一百多人。

土匪为了向我们示威，我们去的那天晚上，恶毒地把唱过革命歌曲的一对教师夫妇枪杀在离石羊五里的桥上，并散布什么“捉住广八路枪毙，捉住土八路千刀万剐”的流言来威胁我们。团里绝大多数人意志坚定，但也有一个大学生被吓哭了，当即退团回家。

石羊乡国民党的留守乡长施远东，曾当过安岳、潼南、大足三县的联防大队长，杀过很多人，人称“施屠夫”，是土匪的政治参谋，伪装积极，企图蒙蔽不知底细的领导，打入我方内部，获取情报，为土匪出谋划策。工作团去时，当地地下党员密报了这个情况，建议将其抓捕，张团长不同意马上抓捕，而是将计就计加以利用。石羊场一下去了那么多部队，加上工作团的人，首先遇到的难题是缺粮。因为临近解放时，施远东把仓库内的存粮全部运出去藏了起来。张团长施巧计，以征粮为名，诱使施全部交出了存粮。施以为骗取了信任，洋洋得意，进出工作团驻地很方便。为了迷惑施，张团长表面上对他很器重。

经过一段时间工作，石羊乡大多数地方的工作都打开了局面，但有个二十六保却很麻烦。该地离场镇有二十多里，是深丘陵山地，名叫“乌龟石”，从镇上先走六七里平地，再爬六七里山坡，上面是较宽的平地，是土匪的“老窝子”。

工作团大队人马去过两次，土匪在山上看见大队伍去了，胁迫群众全部躲藏起来。第一次去没见着一个人。第二次去时见到两个瞎眼老妇人，问话一言不答，实在难以打开局面。张团长想到利用施远东，把他叫到团部，叫他去那里宣讲政策。施为了骗取信任和联络土匪，满口应承。为了表示对施的信任，张团长只叫两个“小鬼”陪同施一起去。施走后，张团长把我和小陈叫去，给我们交底说：“施是通土匪的，但你们不必害怕，估计不会有什么事，不用带枪，一人带一个手榴弹，要装不懂事的样子，一定要跟紧他，撒尿也要轮流去，如有事就拿手榴弹押着他，就很安全。”第二天早饭后我们去乡公所。施说他已通知那里的保长召开保民大会。他带了两个乡丁，我们跟着一起前去。到那里时已有几百人集中在一个庙内。施讲话时台下很安静，因为群众十分怕他。我和小陈分了工，由他跟着施，我到群众中找劳动人民个别摆谈，认识一些人，了解了他们住的地方，为开展工作做好准备。施讲话后，请我们在大会上讲话。我们装傻没讲，只说施乡长讲得很全面，我们没有讲的了。会后保长在家用酒肉招待施，我们只好随和应付。以后我们去时，群众就没有躲避了，很快打开了局面。那天我们也有一点失误。在从该保下山后，经过六保时，保长叫我们进屋去喝开水，我们口不渴没去，让施一个人进去了。他和土匪头目进行了面谈，为土匪出谋划策，叫土匪暂时隐蔽力量，等待时机。这是后来被捉的土匪交代出来的。张团长叫我们以后要多长个心眼，不要被假象蒙蔽。

石羊乡的局面打开后，我们分队调到了高升乡。那里县上派有一个卫成同志和我们一起工作，他是从解放军下来的排长，有战斗经验，和土匪打过多次仗，背着四十八响的冲锋枪，曾一人打散一百多土匪。分队去后，工作较顺利，又宣传剿匪政策，又开展征粮活动。但是姓郭的队长思想上有点毛病，与当地大地主的女儿关系暧昧，征粮时故意少算。我发觉不对劲，认真地重新计算，做了纠正。郭察觉有人注意他，行为有所收敛。就这样平静地过了一段时间。

有一天群众向我们报告，离乡场六里多的玉皇寨有土匪集结。当晚我们在后面山上也看见很多火把和手电筒光。分队长立即通过电话向旅部报告。部队回电说情报有误，叫我们不要害怕，说土匪没在我们这个方向。第二天又有人来报告，队长又给张团长打电话，说我们的情报是完全准确的。当时部队大部分在外面，只有一个营在旅部。张团长亲自找了旅长，才同意派一个连出发到高升。部队走到离石羊八里多远的地方上山时，遇到了土匪的阻击，打了一阵，土匪没有溃退。通讯员回去报告后，旅部才将一个营全部派出。土匪边打边退，战斗很激烈。旅部这时才知真的有大股土匪集结，于是从四面八方调部队围攻。当天黄昏时土匪割断了电话线，我们和团部失去了联系，两个大学生分队长束手无策。卫成同志非常镇静，带着我们上了场后的山上。那里部队挖有掩体战壕，是场镇的制高点，守住山头，就守住了场镇。当晚我们分两班在掩体内轮流警戒和睡觉。石羊方向枪声一夜响个不停。第二天早晨前面三方都响起了枪声。老卫指挥我们看守住场外面小河上的桥，土匪要进场必须经过那座桥。不久，大股土匪从玉皇寨败退下来，一齐向桥上蜂拥而来。土匪快接近桥时，老卫指挥我们打排子枪。土匪用机枪向我们扫射，打在我们身后的土地庙周围，一时尘土飞扬。姓王的副队长吓得脸青面黑，起身逃跑，被人拉住扑倒，一时吓昏了。我当时在掩体内，泥沙沾满一身，知道机枪打不着，又有老卫壮胆，毫不害怕。几次排枪，打伤了几个土匪，保住了场镇，受到了部队和群众的赞扬。这次战斗打垮了土匪。一些土匪头目四处躲藏，群众觉悟后纷纷举报，并设法协助部队抓捕。有一个女匪首，会打双枪，是土匪的大队长，原来有兄弟五百多人，被打垮后，只身逃到一个过去受到蒙蔽的农民家。那家夫妇二人表面上殷勤招待，借口上街割肉打酒，立即向部队密报，并把战士带到他们家屋外。他们回去用酒菜招待土匪，趁其不防备，从身后拦腰抱住，使其无法用枪，大呼解放军快来。战士们迅速进屋，不费一枪一弹将其活捉。

经过三个多月的工作，高升乡剿灭了土匪，组织了农民协会。全团也于八月初回到南充。总结工作时我被评为工作模范，受到川北区党委第一书记胡耀邦在大会上的口头表扬，称我为“小英雄”，并发给笔记本。

回顾这段经历，我当时能不怕艰险，做好工作，一是通过学习，懂得了革命道理，觉悟提高了；二是内心对土匪有刻骨仇恨；三是领导干部言传身教。那时的干部大都大公无私，吃苦在前，经验丰富。尽管当时实行供给制，生活很艰苦，除能吃饱饭外，别无所有，但大家情绪饱满，激情满怀，看见猖狂多年的土匪几个月内土崩瓦解，人民欢欣鼓舞，感到共产党确实英明伟大，心里就暗暗地定了三年争取入党的计划，对光明前途充满信心。

参加减退和土改

1950 年 8 月在南充学习二十多天后，我被调入川北区党委第二工作团，前往中江南四区参加减租退押清匪反霸工作。当时我被分配到团部任巡视组副队长，任务是巡回检查各地执行政策的情况。由于我观察问题敏锐，直率诚实，能深入到群众中去，不论到什么地方都能发现一些问题，受到团长王朴庵的赏识。有一次会龙乡一个姓赵的土匪头子，在开公判会的前一天逃跑了。当时团部的人立即分头下去组织群众抓捕。我去的那个村，民兵陈德长的父亲是被赵匪打死的，他怀着满腔仇恨，带我和几个民兵半夜去追捕。赵匪躲在家里台楼上，他爬上去将其抓了出来。第二天大会开始前，我们将赵匪押到了会场，领导和群众都非常高兴。陈德长在赵匪处决后，非常激动，连连高呼“共产党万岁”。根据当时收集的材料，我写了《陈德长讨回血债》一文，后来登载在《川北日报》上。这段时间由于生活好一些，心情愉快，身体个头才慢慢地长高，甩掉了“小鬼”的称号。

1950 年春节，第二工作团全部集中到三台县搞第一期土地改革。我们分团负责新生、古井两个区。土改是彻底改变封建土地制度、消灭封建势力、让农民翻身做主人的革命运动。我们到各地巡视，倾听了很多贫雇农的血泪控诉，了解了地主恶霸的种种罪恶，从内心深切地同情受压迫的贫苦农民，看到贫苦农民翻身做主人、分田分地分浮财那种高兴劲，我也非常高兴，思想上有了同她们“同呼吸，共命运”的感受。新生区的乐嘉乡当时发动群众不充分，土改不彻底，我被派去突击，任重点工作组组长。我去后和原工作组一起，同甘共苦，深入发动群众，打开了局面。后来在三台土改总结大会上我做了典型发言，并被评为工作模范。

1951 年下年，分团返回到中江仓山和全盛区搞土改。当时仓山二村被称为“烂二村”。土改开始后村长不明不白地自杀，还有一个雇农上吊自杀未遂。团部派我去查明真相。到村后首先发现几个青年女子在村上闲耍，引诱村干部和驻村干部，当即给予严厉斥责，赶走了她们。我深入群众，晚上和一个恶霸地主的长工同睡在一个抬棚内，又帮助农民干农活，这样和贫苦农民打成一片。他们向我说了实话，很快查明原因，原来是恶霸地主被处决后，其老婆用美人计收买了长工，利用年轻女子把村长拉下水，又散布说村长贪污腐化，吓得其自杀，而另一个长工怕地主谋害，自杀未遂。查清了原因，处决了罪犯，土改工作局面也就打开了。下村几天，我的头上和身上长满了虱子，痒得难过。我当时留的长发，赶紧回团部用开水烫洗衣服，到理发店把头剃光，从此我再也没留过长发了。

当时华石乡二村出现闹鬼问题。该村村公所是一座地主宅院，后院居室靠近山脚下，屋后山坡上树木茂密，显得阴森森的，村干部在屋内睡觉，都说半夜以后窗上看见了鬼。工作组的人半信半疑，去睡时做噩梦，也说真的有鬼，都不敢在那里睡觉。于是有人趁机造谣，群众很害怕，影响土改进行。我们到那里也听说了这个情况。我是从不信鬼神的，疑是有人装鬼吓人，决定一人在那里睡两个晚上，以揭破迷信。头晚我躺在床上半夜一直未合眼，手握着子弹上膛的手枪，结果毫无动静，后半夜一觉睡到天亮。第二晚也安然入睡，毫无动静。原来有人故意用鬼话来吓胆小之人。于是我向大家讲了些破解迷信的科学道理，解除大家心中的"鬼迷"。那里土改就正常开展了。

土改结束总结工作时，我被选为入党积极分子，听了党课，接着写了入党申请，从此按照"八条标准"严格要求自己，争取早日成为光荣的共产党员是当时最大的愿望。

中江工作前期（1951—1966）

中江土改结束后，王朴庵留任中江县委书记，选调了一批干部留在中江。我被选调到县委宣传部做干事。开始我心里不乐意，要求去江油参加三期土改，受到批评后，只好服从组织分配。

为了争取入党，我工作很积极，遇事带头吃苦。有次公园放电影，我主动要求独自一人去巡守机关，让其他人去看，那时是很难看到电影的。

经过努力，我于1952年3月21日正式宣誓加入中国共产党，1953年按期转为正式党员。

为了宣传和鼓励翻身后的农村妇女，我曾到集凤区金鸡乡采写了一篇名叫《童养媳当上乡长》的文章，发表在当时的《川北日报》上。也因为此，后来根据工作需要，我被调入县委研究室，负责整理材料和向上级汇报，同时到西山乡一个村搞建立互助组的试点工作。

团县委派李文碧与我同去西山乡。我见她人品好，性情温和，歌也唱得好，内心产生了爱慕之意，喜欢和她接近，但不好当面表示。试点工作完成后，她被调到回龙区，我回研究室参加"三反五反"运动。一段时间没有和她接触，但心中并没放下。那时县领导讲求实事求是，经常派我们深入群众调查研究，特别是定性处理，非常慎重，没有切实证据的，一概不算。我工作积极努力，因而未出现错案。运动结束时进行"三建"，区干部均集中到县上学习。这时文碧作为回龙区收集材料和汇报人员，常到县办公室汇报，于是我和她有了进一步接触。县委机关干部郭明清、李鸿儒等发现我喜欢文碧，就鼓励我写信表达。“三建”结束后，我给她写了一封信，她回信表示愿意交往，后在李鸿儒等的帮助下确定了恋爱关系。

1953年春王朴庵调走了，王一任县委书记，此人思想作风不正派。当时我任县委研究室主任，他派我到通济搞丰产村试点工作，因我讲求实际，遵从群众意愿，不搞花架子乱吹嘘，这样不符合他的要求，曾多次受到批评，但我却受到群众的欢迎。那年通济一村水稻获得高产，在遂宁专区名列第一。1953年下半年开始试办农业生产合作社，我在通济一村主持办了两个社。试办中遇到很多难题。我坚持和群众商量，一个一个地解决难题。第一年农作物取得了丰收，外地来参观的人赞不绝口。但当时王一并不满意，把我下放到回龙区任副区长。我当时并未计较这些，还是努力工作。

1955年王一被调走，李英任书记。他比较讲求实际，调任我为回龙区伍区委书记，把建社扩大到全区。由于我有在通济搞试点的经验，指挥建社比较顺利，在一年多时间里基本实现合作化。

1955年5月1日，我和文碧结婚。当时只是在全区干部会总结时，举行了简单的仪式，买了一点糖果散发，两床被盖合在一起就算成了家。婚后第二天我俩还到农业社帮助插秧，蜜月是在繁忙的工作中度过的。

1956年毛泽东发表了关于农业合作化运动的报告，各地迅速完成了农业合作化，城市也完成了对私有制的改造。中央召开了八大，开始说完成社会主义改造后，主要是搞社会主义建设。中江召开了党代会，我被选为县委候补委员。接着城郊区和回龙区合并，我任第二书记。

1957年我被调到重庆党校学习。文碧也去重庆团校学习，那时她已怀上了第一个孩子。当时党校的学习主要是学哲学和政治经济学，特别是反复阅读毛泽东的《实践论》和《矛盾论》，读后提出思考问题，然后集体讨论。这次学习提高了我的理论水平，开阔了眼界，克服了以往看问题简单化和绝对化的毛病，从思想上增强了对毛泽东的崇敬。六月初我又回到中江。先听说安排我到广福工作，后来又决定仍回回龙。文碧已先去广福，她在那里生下了冬梅。我只去看望了一下，就到回龙去了。不久她也回到了回龙。那时大鸣大放和反右派开始了。我内心怀有对共产党的深厚感情，没有发表任何对党对现实不满的言论，对一些错误言论持批判态度，但我始终坚持实事求是，没有乱给别人加罪名。县上集中干部学习时，集凤区主持工作的人压不住台，局势混乱。县委又调我到集凤任区委书记，去后很快控制了局面。我当时只是参与批判了一些人的错误言论，没有参与对右派的定性处理。1958年春文碧怀了第二个孩子谌英。她到中江生孩子时，我也没在身边，而是忙于工作。

1958年春天开始搞“大跃进”。我在石垭乡搞示范点，打了一些蓄水池在全区推广，又大搞堆堆苕和种南瓜。这些做法比较切合实际，收到好的效果。集凤区是深丘陵地区，山高路陡，那时不通公路，农民送公粮和卖粮要肩挑几十里地，十分辛苦。我们乘“大跃进”的那股干劲，在县交通部门支持下，组织群众用两个多月时间，修通了中江至集凤和会棚的公路。通车时干部和群众都很高兴，但受到了县委领导的批评。那时，从中央到地方都出现了“左”倾错误，大搞瞎指挥，说别的地方铲草皮积肥把山头都刮光了，你们不去刮山头积肥，而另搞一套去修公路。当时思想不通，但无可奈何。接着“左”倾错误愈演愈烈，搞森林入社，公社化和办集体食堂等。我当时也随波逐流，跟着瞎干，也搞了所谓“敞开肚皮吃饭”和盲目过“细粮关”等瞎指挥，但没有搞什么“放卫星”等虚假浮夸活动，认为那些“放卫星”是吹嘘，因而一度被有的领导视为右倾保守分子。

1959年，省上在重庆召开万人大会，开始反右倾机会主义。接着县上召开区、乡干部会，我被列为小组重点批判对象，因没找出我的右倾言论，我工作又积极肯干，才放我一马。由于当时“左”倾错误的方针政策，大搞“共产风”，瞎指挥生产等，严重挫伤了农民的积极性；加上又受了些天灾，造成农业大减产，而上面仍然搞征购粮食，农村严重缺粮。情况严重的新丰公社出现许多水肿病人，饿死不少人，出现人口减少现象。那时绵阳地委派吉杰到中江兼任县委第一书记，大搞所谓“突击落后”。他变本加厉地推行错误政策瞎指挥，大搞违反科学的“火温床育苗”和“蒸红苕育苗”，我大胆地在会上说应讲一点科学，因而触怒了他。会后他到集凤，以右倾保守和新丰出现问题对我进行批判处理，我当即被撤职，并降两级工资，调农机局做一般干部，被别人另眼相看。但自己还是努力工作，不久县领导认为我能改正错误，又调任农业局副局长主持农业局工作。

1960年，国家全面出现困难局面，城市人均供应19斤粮，农民每天只有三四两粮，副食品严重紧缺，普遍出现水肿病和饿死人现象。这时中央才醒悟过来，制定了纠正“共产风”的十二条，并在农村开展整风整社运动。我先后被派到回龙、梓潼两乡当工作队长。由于推行“左”倾错误政策，有些基层干部迫不得已搞了些强迫命令，整风中受到群众严厉批判，但我还是注意对比较老实的干部加以保护，对品质恶劣、民愤大的才上报处罚。1960 年生活最困难的时候第三个孩子晓波出生了。文碧坐月子时连猪肉也没吃上，只吃了一点牛肉，因而严重缺奶，岳母背着晓波到处找奶吃。他们想尽办法才使晓波活了下来。

由于我工作积极，1961 年春天恢复冯店区后，又调任冯店区委书记。该区是全县有名的落后地区，农民生活极端困难。我吸取了在集凤工作的教训，把关心群众生活放在第一位，注意听取群众意见，采取了一些切合实际的措施。不久绵阳地委第一书记李林枝路过冯店，带来了给农民划自留地和分粮到户的新政策。当时正值小春收获季节，我觉得非常好，马上贯彻落实。我们迅速给农民划了自留地，解散了集体食堂，还鼓励机关单位用田边地角种油菜和食堂养猪等，解决吃油吃肉问题；接着又大胆推行小包工政策，根据群众要求划小生产队，一般的十多二十户，最小的只有八户；总结推广了一些地方的增产经验，如种豌豆施用磷肥，倒旱田种油菜，水涝地开沟排水，利用田边地角大栽堆堆苕。经过两年多时间使农业生产逐步恢复，农民生活逐步改善。1962 年第四个孩子晓宇出生。那时生活比较好一些，但我工作繁忙，照顾小孩只有靠文碧和岳母。

1962 年开始对前几年错误处理的干部进行甄别，撤销了 1960 年对我的处分，但留有犯右倾错误的尾巴，直至 1984 年县委又发文彻底否定。

1964 年粮食生产全面恢复后，1965 年又主攻棉花生产。我们组织干部去外地学习高产经验，结合本地情况加以推广，很快全区粮棉生产在全县名列前茅。那段时间我觉得党的政策顺人意，工作较顺利。

1965 年秋，开始搞社会主义教育运动。中江先在南山公社搞试点，按照中央“前十条”，主要揭批地、富、反、坏和一些有牵连的干部。我也是随波逐流，带着阶级斗争的镜子找斗争对象，但我注意坚持政策，杜绝粗暴做法。接着中央又发了“后十条”和“桃园经验”，绵阳地区集中到三台县重点开展“四清”运动，矛头主要针对基层干部和一些有历史问题的人，由于声势大，有的干部作风粗暴，吓得不少人自杀。我在上新公社九大队任组长，注意认真掌握政策和做细致的思想工作，没有一个人自杀，而该公社其他大队都有人自杀。

1966 年春，中央制定了“二十三条”，提出运动的重点是整党内的走资派，基层干部松了一口气。当时中江县委认为留区领导难以应付工作，又调我回冯店区。不久开展了群众性的“学毛选”活动，我内心对毛泽东十分崇拜，学习很积极，也曾在工作中运用，被选为县上学“毛选”积极分子，到地区参加座谈会。

春耕时省、地、县都强行推广双季稻种植，实际上是又一次瞎指挥。我吸取了过去的教训，只叫每个生产队搞一至二亩实验，而拒绝大面积推广，当时受到县领导批评，但我无怨无悔。夏天中江县召开第二次党代会，我被选为县委常委，并通知调任县农林政治部主任。

“文革”和中江工作后期（1966—1983）

“文革”开始后，红卫兵破“四旧”，我也曾随波逐流，干了一些错事，接着大造各级党政机关的反，从上到下揪斗当权派。开始我认为和“反右”一样，先让一些人出来“表演”，然后再抓“坏人”，尽管遭冲击，心里仍很安稳。那时社教工作团解散，文碧回区后被派往响摊子工地工作。

1967 年，上海开始夺权建立革委会，毛泽东在报纸上公开表示支持，在我思想上引起了很大震动，让我认为过去的认识错了，应该站到以毛主席为首的无产阶级司令部来，因而公开支持造县委的反，支持造反最激烈的一派。但我是冯店最大的当权派，又是所谓推行“刘邓三自一包”的黑干将，特别大罪是划小生产队，还将我平时闲谈中的一些话视为“钢鞭”，把我当成“反革命修正主义分子”。不久开始的“二月镇反”镇压了激烈造反的一派，将我下放到冯店公社三大队劳动改造。那时我心中还是比较安定，认为我内心是忠于毛主席和共产党的，工作中虽有错误，但绝不是反党反社会主义的。那里的农民对我很好，不少人说我是“虎落平阳被犬欺”，说我到冯店工作后，农民生活一年比一年好，那些闹事的人是吃饱了没事干。我在生产队劳动心情比较好，每天早上带上广播筒到山上为群众读报，开始只能做一些轻体力活，后来逐步干重活，农民都把我当朋友，我的身体也一天天强壮起来。

1967 年，中央制定了处理四川问题的“红十条”和为“刘张平反的通知”，四川“八二六派”支持刘张，“红成派”反对，接着开始了武斗。中江“东方红派”支持刘张，“继光派”反对，“继光派”人多势大，将“东方红派”赶出中江。我劳动的那个队有一个金堂的乡小老师，回家时带来一些消息，说拥护“红十条派”已在全省占优势，支左的五十军和一些老红军都支持“红十条派”。

1968 年，绵阳军分区派 7838 部队来中江，宣传“红十条”和“为刘张平反”的通知，当时我确信他们是执行中央的决定，应该和他们站在一起。1968 年秋，中江局势非常紧张，“东方红派”在绵阳军分区支持下准备杀回中江，“继光派”积极备战，曾听有人扬言要暗害我。那段时间又安排我回区上帮伙食团干活，夜晚住区公所内。当时这公所已住进一些“武装队”，我害怕不明不白遭人暗害，曾要求仍然下生产队劳动，但没有得到允许，逼得我只有出走。不久我带着换洗衣服，取了些存款，偷偷摸摸地走出冯店，到金堂境内后由逃到那里的“东方红派”护送到该派在成都的联络站，然后我到132厂姨妹处住下。他们对我很好，生活照顾周到。隔几天我到“东方红”成都联络站去打听消息。联络站的人曾叫我去132厂联络站要一些纸张、油墨等用品，后来又叫我带介绍信去要武器。开始我曾拒绝此事，但他们说你只带信去，以后商谈他们另外派人，我只好勉强带介绍信去了。当时厂联络站说中央有规定，我们不能拿武器支持厂外造反派，我把这些向中江联络站转告后，以后就没管这事了。后来中江武斗中，攻打广福太阳山时，132厂派出双管高射炮支援，这事不知是什么人、怎样去联系的，我完全不知道，而县上不少人都编造是我联系的，使我背上了黑锅。此事是我一生中最大的教训。不久我到绵阳去会见县上机关跑到绵阳的干部，原本打算回三台看望父母和小孩，但他们劝我一起去金堂和兴隆等地做群众工作。我和一些人到金堂淮口，在“东方红派”占领兴隆后，又一起去兴隆参加干部会做宣传。我在兴隆见“东方红派”武装队把捉住的一个人杀死在公社坝子内，认为是严重违法犯罪行为，立即返回绵阳，给军分区司令写了一封信说明这一情况。本想面见说明情况，建议对“东方红派”采取严厉措施，追查凶手，但听说他到成都开会去了，只好委托中江武装部在绵阳的王世勉转交信件和转达意见。我接着回三台乐安看父母和小孩去了，直到“东方红”派打回中江后，我听到消息才由三台回到中江。开始他们叫我参加干部学习班当小组长，我和许盛杰、张开斌等人一边学习，一边联合写了些揭发原县委领导的大字报，同时也曾和林长青、吕世卿等人到龙台、永安去参加干部会，做安定人心的工作。

1969年夏，我跟着冯店“东方红”派一起回到冯店，参加干部会做宣传，负责生产办公室工作。当时情况混乱，“东方红派”中有的人以胜利者自居，对“继光派”的一些人非法进行关押、捆绑、侮辱人格等犯罪行为。我发现后也曾制止过，保护过一些人，但有的事当时我并不知道。不久绵阳军分区派军械科长王绍太来中江支左，在县上举办干部学习班。开始我参加学习了十多天，后又叫我去冯店接受批斗。当时冯店“东方红派”内部又分为两派，他们打内战。一派就从揪斗我开刀。一个品质不好的干部去三台做了所谓调查和去绵阳查过档案，不知什么人把一份揭发三台初中毕业班发展三青团的材料塞在我的档案中，他竟以此推断我参加过三青团，不敢交代，肯定是骨干，又胡说我的入党介绍人王朴庵是CC系特务，我又成了“特嫌”。他们将这些捏造情况反映上去，王绍太是十足的“二杆子”，对这样的重大政治问题，不加核实，公然在大会上点名说我是三青团骨干，冯店区上一些人马上组织对我残酷批斗，那时我思想上压力很大。好在文碧已回到区上，她温和地安慰我。当时曾一时产生过自杀念头，但想到妻子能和我共患难，四个孩子还小，我扪心自问，虽然做错了一些事，但内心都是忠于毛主席和共产党的，我历史上根本没有什么问题，相信那些捏造的事情以后是可以澄清的，因而下定决心，不管遭遇什么打击，一定要坚强地忍耐下去。经过残酷批斗后，就在区上监督下劳动，给伙食团干杂活，好在我经过下队劳动，身体健壮了，什么重活都难不倒，干活时注意学习炊事技术，有时炊事员走了，自己也能顶着干。

1969年下半年，冯店区建立了革委会。区革委未请示上级，就决定扣发我的工资，只给我一个人的生活费。我和文碧只好将原来积攒下的存款按月汇回乐安，作为小孩的生活费。他们还传言要将我下放回农村，将文碧弄去做村小教师。我考虑要将四个孩子抚养大，就下决心学习中医技术，开始向别人借书看，又买了些书。

1970年，县上建立了党的核心小组，原县委领导王德立等出来工作，开始修建人民渠七期工程，点名要我去县上参加干部会。到县上后才知道，是要我带冯店区民工去兴隆修水库。好几年没工作了，有机会去修水利，为人民造福是大好事，我非常乐意。上工地后虽然生活艰苦，工作上困难大，但心情愉快。有人放出风言风语，说我是“走资派”、“造反派”，想斗就要斗。我听后毫不介意，并在会上说“组织上叫我负责一天，我就要尽职尽责一天”。我毫不顾忌地大胆管理，对妨碍工程的错误行为毫不手软，很快使工地井然有序，工程顺利开展。

1970年下半年，在林彪的部署下，全国开始了所谓的“清批”运动。我又被叫回冯店参加学习班。由于没发现我有什么问题，就派我下去当住队干部。当时冬梅要上初中，听人传言说不让“走资派”子女读初中。我非常气愤地找冯店武装部长，说我的问题组织上并未正式作结论，若你们耽误了我女儿上学，我会恨你们一辈子，他们才同意冬梅上初中。这段时间我阅读了中医书籍，开始义务给农民看病处方，不断总结经验，提高医疗技术，受到群众的好评。

1971年林彪反革命集团暴露，中央否定了“清批”运动，开始恢复党组织生活，我也恢复了党员资格。

1972 年上半年，县上又要求我返回水利工地，我婉言谢绝了。不久县上调我到氮肥厂筹建组负责。我非常乐意，一是觉得办氮肥厂是件大好事，二是可以走出冯店，到一个新环境，好做工作。由于中江工业基础薄弱，建厂困难很大。我到筹建组后，面对一个白手起家的摊子，思想上没有动摇，相信有党组织和人民的支撑，氮肥厂是可以建成的。那时是严格的计划经济，省、地有关部门虽给中江列了规划项目，但地区有些人顽固地认为中江建不起厂。1973 年的地区计划会上，有人提出取消这个项目。县计委主任林长青赶回中江汇报。县委书记王德立坚定地说："犯错误也要把氮肥厂建起来"，派林长青、张开斌和我到地区去做工作。地区领导见县上这样坚决，只好保留项目，但迟迟不列入正式计划。

1973 年，县委召开了第三次党代会，我虽然被选为党代表，但未被提名进县委。我估计可能是由于"文革"中的一些问题，特别是所谓"高炮事件"的影响。通过前几年的折腾，当时我想只要有机会工作，职务高低用不着计较，情绪没有受到什么影响，仍然努力干工作。

1974 年，县上开展"批林批孔"运动，县委任命我为工交部副部长和批林办副主任。那时虽然重新建立了党委，干部和群众思想仍有些混乱。有些造反派想把局势搞乱，对批林办怎么做工作，就有些争论。我认为建立了党委会，批林办应该是县委的耳目，要及时收集情况，及时反映情况，及时提出一些建议。当时有人反对并退出办公室。但我仍按我的想法去办，不久出现了冲击围攻县委领导的情况。我明确表示反对，并冒险加以制止，被造反的人称为"灭火机"。有人想拉我和他们一起造反，我拒绝了，就这样坚持了正确的立场。

不久我回到工交部，仍负责建氮肥厂。由于"三通"问题，厂址难以确定，加之地区仍有砍项目之意，因而困难重重。我考虑按中江的条件，要想把厂建成只有利用各种关系，特别是省下放知青和一些过去来中江工作过的老干部关系。王德立和林长青坚决支持我的建议。王德立十分信任我，说只要是建氮肥厂的事，我可以用他的名义到外面去联系。有坚强的后盾，我大胆地利用各种关系，很快决定了厂址，并于 1975 年纳入计划。地区反对中江建厂的领导非常不满意，竟电话通知说中江那位部长在省上说假话，叫县委追查我。王德立接到电话后，一笑置之，说不要管那些。当时最大难题是从德阳把天然气管道接通到中江。我主动承担这项工程，组织专门指导小组，负责购买钢管、设计、联络、施工等。那时中央邓小平出来工作，叫干部大胆负责，不要怕抓"辫子"。我在工地上大胆地对民工实施"小包工"。当时有人反对，说今后要第一个揭发批判我。我听后回话说没关系，只要把厂建成了，不管怎样批斗我，我都心满意足。1975 年下半年又开始“批邓”，当时我思想上很纳闷，县上开会时，我一言未发，好在工地正施工，没人管我们。1976 年唐山大地震后，四川也闹过地震，工程暂时停工，德阳出现混乱局面，二重厂的围墙被推垮，木材被抢光。有一伙以南门什么“舵爷”为首的人，来到我们堆放物资的场地门口，企图哄抢物资。我大胆地站在门口阻挡，和他们讲理讲法，同时又虚张声势，谎称已叫河东的民工过来保护财产。他们自知理亏，只好退走了，我们的物资一点也没受损失。1976 年下半年粉碎“四人帮”后，天然气管道工程恢复施工。尽管遇到许多“拦路虎”，我和大家共同商量，在地委、县委的支持下，终于在 1977 年把天然气管道接通到中江，解决了建厂的最大难题。

1978 年王德立调走，何顺帆接任县委书记。春夏之时中江发生旱灾，县上成立抗旱办公室，安排我负责，原因是要筹集抗旱物资。这方面我有经验，我尽力组织调运。但不久氮肥厂安装合成塔发生重大事故，厂内思想混乱。我主动要求辞去抗旱办工作，回到厂内做工作。我不怕艰苦，依靠技术人员和职工，做耐心细致的工作，不久顺利开工投产。我和厂内干部一起值夜班，发现问题及时解决。氮肥厂开工后油污外流，既浪费油料，又污染农民的庄稼。车间干部和工人研究了回收办法。为调动职工的积极性，他们采取厂和车间对回收油料分成的办法，我大胆地支持，取得了好的效果。但县财政部门发觉后，要制止此事，我坚决不同意，据理力争。那时改革开放刚开始，旧的观念很顽固，本是非常有利的事，因不符合旧的条款而被阻碍。

1979 年，县里一方面要我继续管氮肥厂，另一方面参与建丝厂，后又调回工交部主持工作。经过几年的努力，中江“五小”工业有了基础。但自王德立调走后，继任的书记不怎么支持我的工作，要想办成一件事，阻力很大。

1981 年机构调整时，我主动要求到卫生部门，以便进一步学习中医医术。不久我被正式任命为宣传部副部长兼卫生局长。那时中江卫生系统是全省有名的落后单位，由于“文革”造成派性对立，县医院长期未建立正规的领导班子，地委、县委虽早有内部安排，但无人出面实施。我迎着困难上，在县委的支持下，经过一段时间的工作，建立了院长负责制，开始逐步进行改革，使医院向好的方面发展。我还深入到一些区、乡卫生院，探索卫生体制改革和防疫经费的使用方法。

德阳工作时期（1983—1993）

1983年8月，德阳建市，组织上抽调我到德阳工作。一开始叫我到粮食局，因我不愿离开卫生部门，故调入到市卫生局。我当时本着为建市做贡献的心情，没提什么条件，老老实实地报了到。报到后立即到重庆参加省爱国卫生工作会议，参观了一些爱国卫生先进单位，受到很大启发，对爱国卫生工作产生了兴趣。后来我主动要求到市爱卫办工作，由于爱卫办长期职级不明确，挂靠卫生局，只作为卫生局的一个科室，开始只安排我任副主任。当时我没计较这些，我相信只要干出好成绩，组织上会合理解决职级待遇问题。

1984年春，为了调查研究农村卫生村建设，我深入到绵竹双狮村，和农民同吃同住，总结了他们建卫生村的经验，并建议在绵竹召开现场会加以推广，使全市卫生村建设迅速开展起来。绵竹出现了一批建设较好的卫生村，1985年省和全国爱卫会把德阳、广汉、绵竹三个卫生村作为示范点。

建市初期，德阳市城区“脏、乱、差”现象特别严重。我和旌阳街道办一起，协调有关部门，制定了各行各业卫生标准，克服种种障碍，逐步使城区卫生面貌发生很大变化。1985年德阳市城区被评为全国爱国卫生先进单位，省爱卫会把德阳作为全省爱国卫生工作试点，并直接拨给一些经费。

1986年，省爱卫会派我和旌阳区爱卫办公室主任徐声启一起去内蒙古，实地学习“一役达标”灭鼠经验。我第一次到北京，心情很激动，特别去瞻仰了毛主席遗容，参观了天安门城楼，受到很大鼓舞。到内蒙古后我非常认真地学习灭鼠经验，下定决心要消灭危害严重的鼠害。回来后首先在广汉搞试点，把内蒙古经验和旌阳区“全生境灭鼠”经验结合起来加以推广，取得了好的成效，并很快在全市推广。灭鼠活动中，我们认真负责，深入到居民区和各单位，严格检查落实，发现问题及时协调解决。1986年底经省上派人验收，在全省首先达标。1987年各县城也相继达标，使一度严重的鼠害基本消除，得到领导和群众的好评。

自1984年制定各行各业卫生标准后，我们开始创建卫生先进单位活动。我们讲求实效，在检查验收时，严格按照标准，不符合条件的，不管什么单位，一概拒绝评选；对基本符合标准，但存在一些问题的单位，毫不留情地指出，待他们改正后，才重新验收，这样有力地推动了创建活动的开展。有几个单位在我们的帮助下评为先进单位后，曾提出在他们所得的奖金中送我们一些，我坚决予以拒绝，保持了清正廉洁。

由于几年来在工作中做出了成绩，1988 年组织上正式任命我为德阳市爱卫办主任，当年和 1991 年被德阳市卫生局机关支部评为优秀党员。1990 年全国开展卫生城市创建活动，省上在德阳召开了现场会。我们一方面做好会务工作，另一方面在市城区认真开展创建活动。由于缺乏创建经验，虽然出现过一些问题，但仍然取得全省第三名的好成绩。为了进一步学习创建经验，我们组织区、县爱卫办和街道办人员到大连、威海等地参观学习，回来后结合本地实际情况，进一步扎实地开展创建活动。1992 年德阳市城区被评为卫生城市。1992 年春市爱卫办正式明确为副县级单位，任命我为副县级主任。1992 年底我光荣退休，1993 年初按市有关规定，正式发文享受正县级待遇。

附外一篇：自学中医与科学养生

儿时老家缺医少药，人们非常尊敬医生。有个张二先生常从学田湾路过，骑一头毛驴，后面徒弟背着药箱，神气十足。我非常羡慕。母亲也曾说过，希望我长大后能成为医生。初中毕业后，也想学医，由于家庭困难，只好在家劳动，没办法学。新中国成立后参加了革命队伍，一直忙于工作，放弃了学医念头。“文革”中受批判后，下到农村劳动，有时间看书学习，开始找了些中医书籍看，后来听说要被处理下农村，为了以后的生活，坚定了自学中医的决心。

由于学习了毛泽东的《实践论》和《矛盾论》，有了辩证唯物论的思想方法，看了许多中医书籍后，我感到中医理论和唯物辩证法是相通的，比较容易理解。我按照《实践论》的方法，首先从自己身上体验，注意观察自己身体的变化，出现了小毛病，先买一些中成药服用，验证疗效，以后又自己给自己开处方，验证效果。有了一些经验后，又开始给自己的子女开处方。

在农村劳动时，开始不敢给农民看病开处方，后来附近的农民见我有病自己开处方，就要求给他们开处方。我非常谨慎地开处方用药，多数效果都较好。我也不断地总结临床经验，逐步提高医疗水平。有一段时间，为了躲避武斗，我住在中江县城姨姐哥杨润生家。他和他父亲是老药工，对各种中药的产地和性能很熟悉，我虚心向他们请教，结合书本知识进一步了解中药药性。为了熟记中药汤头歌，我坚持每天读熟二至三首，并把读熟的复习一遍，同时利用各种空闲机会默背汤头歌，如出差坐车时，也默默地在心中反复背记。经过几年积累，已能熟背五百多首。

新中国成立后我出来工作，在做好工作的同时，仍然坚持不断学习。我长期订阅《四川中医》和《中医杂志》，阅读一些经典著作，对好的经验加以记录，好的方剂自编为汤头歌，以便加深记忆，同时坚持给亲属和一些朋友看病处方，不断积累临床经验。

到卫生部门工作后，我了解了更多的医疗知识，经过考试，获得了中医师资格。

退休后我坐堂为群众治病，坚持以良好的医德治病救人，杜绝一些不良习气和诱惑，特别注意善待下层劳动群众，坚持对症用药，以减轻他们的负担，无偿地开展保健咨询，耐心讲解保健知识，传授一些养生方法，得到群众好评，被称为医德最好的医生。满七十七岁后，考虑年纪大了，决定每月出去义诊三天，为低收入人群看病，不收任何费用。

我从小在较为贫困的环境中长大，身体有些先天不足，发育迟缓，八九岁时还经常尿床，到十七岁时还很矮小。1950 年参加工作后，别人都叫我“小鬼”，直至十八岁以后才开始长高成大人。身体虽差，但有一种倔强的性格，喜欢活动。50 年代由于年轻，还能适应各种工作。到了 60 年代，经历困难时期，生活条件差，加之长期在区、乡劳累工作，生活无规律，到三十多岁后，身体逐步衰弱，出现牙齿脱落，饮食减少，四肢乏力，腰酸背痛，神经衰弱而引起失眠等症状。曾两次请假去成都川医和省人民医院治疗，虽有些缓解，始终未能改变衰弱情况。

“文化大革命”开始后，被打成走资派，下放农村劳动。开始下去身体衰弱，每顿只能吃一碗稀饭，只能干一些轻松的活，但当时心里有底，认为我是忠于党的，是诚诚恳恳为党为人民工作的，没有被那些大帽子压倒，思想较为轻松。下放劳动的那个队农民对我很好，我每天早晨都起得早，天一亮就上山用广播筒为社员读报，开始爬山很吃力，爬一阵就喘气，只好歇一阵再爬。由于每天坚持，后来可以一气上山一点也不喘气，饭量逐步增加，由一碗增至两碗、三碗、四碗，体力明显加强，就和社员一起担粪上山，重体力活都能干了，这得益于在农村呼吸了新鲜空气，加之劳动和每天爬山锻炼，使身体强壮起来了，原来的腰酸背痛、自汗盗汗、神经衰弱、失眠等病症自然消失了，由此感悟到消除疾病最好的方法是加强锻炼。

以后我开始自学中医，懂得了中医养生理论，进一步认识到用科学方法养生，坚持动静结合，心胸开阔安静，坚持体育锻炼，才能使身体健康。“正气在内，邪不可干，邪之所凑，其气必虚。”有了健康的身体，就可以预防许多疾病，即或得了病，也容易治疗康复，而身体衰弱了，既容易得病，得了病也不容易康复。

后来回到工作岗位后，就长期坚持早上跑步，每天跑四五公里，到五十五岁以后，改为每天饭后快走五至六公里，到六十岁退休时仍然耳聪目明，活动仍和中青年一样。

退休后更学习了许多科学养生锻炼的经验，按照“顺其自然，处世泰然，科学养生，益寿延年”的座右铭行事。

养生要选择适合自己的锻炼方法和生活方式，生活上做到有规律。我坚持早起早睡，每天晚上十点前睡觉，早上六点左右做一个小时的保健操，每天坚持走五至六公里的路。我一直戒烟戒酒，平时注意多吃蔬菜，定期做体检，发现有健康隐患，及早采取一些预防措施，发现有疾病，及早治疗。同时，做到老有所为，抽一些时间利用中医技术为群众治病和开展健康咨询活动，这样既对社会做些贡献，又丰富了自己的生活，还广交了朋友，使自己心里更踏实。我还根据自己的爱好，参加一些钓鱼、旅游等娱乐活动，这样心情愉快，生活过得有滋有味。现在我已经七十八岁了，身体还比较硬朗，活动和中年人差不了多少，在当今太平盛世的大好环境下，我想只要坚持用科学方法养生，健康长寿的目标一定能够达到。

人随着年龄的增长，身体功能会自然衰退，一切顺其自然。在人生的道路上，都有“酸、甜、苦、辣、麻”五味的遭遇，老了要学会泰然处事，有一颗平静的心，要用乐观的心态看待过去和未来。“古今多少事，都付谈笑中”，个人的得失更应作为笑谈。

教育无处不在，每一个家庭的家庭成员都会直接或间接地接触教育。祖父母一代，父母一代，我们这一代，三代人所接受的教育不同。从这个角度来看，一个家庭的教育史见证着近代中国教育变迁。祖父母一代，见证了在战火前后挣扎生存的教育。父母一代象征着中国教育的一个高峰，天之骄子们现在依然是祖国的栋梁之才，在那个时代，教育改变人民的命运，也改变了中国的命运。我们这一代是改革开放的一代，“扩招”的一代，“课改”的一代。从一个家庭三代人的教育叙事，我们看到了新中国教育的昨天，我们经历着新中国教育的今天，我们展望新中国教育的明天。

一家三代的教育叙事

□王　蕾
福建师范大学教育学院

快乐的“文盲”——我的外祖母

1．外婆的少年时代

自懂事上学以来，我就知道，我的外婆是个标准的“文盲”，她不会说普通话，不识字，即便是自己的名字也不会写。小时候调皮，不好好学习，外婆总是说，“你再不好好学习，就像外婆一样了。”似乎外婆因为自己没有接受过教育而感到遗憾，但是经过和她的一番交流，好像并非如此。

外婆已经70多岁了，在日军进入海南的时代出生。在那样一个战乱年代，每一个家庭都十分艰辛，而因为曾祖的去世，让多病的曾祖母和年幼的外婆的生活更是雪上加霜，所以年幼的外婆只好早早地承担起家庭的负担。外婆说，那时候只要可以换口饭吃，她什么活都做过，根本没有时间和精力，更没有“闲钱”去读书。

抗日战争时期，交战双方的飞机每天都从头顶呼啸而过，那时候，连生命都有危险，根本不可能进行教育活动。整个社会的生产、全民的生命财产安全都受到威胁，很多人死于战乱，而幸存者或逃亡，或参军，教育处于完全停止的状态。这个时期的教育，不要说促进个人发展，改善生活质量，哪怕是为生存提供一点帮助，那也是没有的。那时的教育，只能说是一种累赘，用“百无一用”来形容在生死朝夕之间的战乱时期的教育是再恰当不过了。

终于，战乱过去了，得以幸存的人们依然为了生存而奔波。外婆每天早出晚归，回到家就抓紧休息，以便应付第二天依然繁重的工作。她没有精力，也没有“读书能换来更好的生活”的想法而挤出时间学习，更没有那种凿壁偷光、刻苦读书的场面。外婆从来不认为接受了教育，就可以不再那么辛苦地生活了，她也从来不认为教育可以给她带来什么帮助，不管是她个人，抑或是她的家庭。

当然，读书的人还是有，那就是地主和富农家的儿子们。那时候的学费还比较高，只有地主和富农才能支付得起，加之重男轻女的思想严重，地主富农家的女儿们也接受不到教育，她们或者早早出外工作养家，或者早早地出嫁。当时整个社会大多数的人都存在着切身的经济压力和生存压力，古板的老旧观念，对于教育的不重视等原因，导致了接受教育的人少之又少。而当时，人们普遍认为，不接受教育没有什么不好，教育根本没有作用，不能换来吃穿，出外谋食，用体力换取实在的生存物质才更加重要。

这体现出了教育一直存在的弊端，那就是教育不能直接快速地给人们的生存提供实际帮助。在很多特殊时期，教育对人们的生活不具任何意义，甚至会阻碍人们的生存。这个时期，教育是一个额外的、边缘的、附加的因素，不是与生俱来的，更不是一个必备的因素。有没有教育，人们都可以生活，有了教育，只是能够生活得更体面罢了。而教育的意义体现在对人们生存和生活所起到作用，这样看来，教育就失去了它的意义。这真是一个莫大的讽刺。

2. 外婆的青年时代

新中国成立后，国家的一切都重新开始，教育也随之恢复。当时政府设置了许多夜校，有些类似现在的培训学校，并非正式的学校教育。这类学校一般招收错过了学校教育年龄的人，教授简单的语文和数学。同时，政府也采取了挨家挨户上门宣传，免学费等方式，招收了不少群众。从国家采取的这个教育政策来看，在经济开始复苏、人们生活相对稳定的时期，教育才有可能出现。而这里开办培训学校的模式，其实就是为了提高劳动力的知识水平，以达到提高生产力的目的，教育体现出了它对于生产生存的意义。同时，这种教育政策对当时教育停滞甚至倒退的局面起到了缓解作用，而从高一层面看，这也是一种变相的国民素质教育。这时候的教育不仅能够推进社会进步，也潜移默化地促进了个人发展。

由于国家的大力宣传，很多人在工作后都去夜校读书，但外婆没有去。一方面可能对读书不感兴趣，志不在此；另一方面也由于经济压力巨大，外婆不得不抓紧每一点工作赚钱的时间。花时间读书，也就意味着赚钱的时间减少了，这也就直接威胁到了生存。虽然国家的经济在恢复，但还是不能解决每一个社会成员的温饱问题，而教育作为上层建筑的奢侈品，必须在经济基础牢固的情况下才能保证实施。再者，教育是一种风险很大，长线且看不到回报的投资，对于那些依然存在生存困扰的人们来说，它的吸引力自然是比不上那些能最直接看到经济效益的事。

在外婆的年代，我们可以看到在战乱时期，教育处于一个尴尬的位置，它失去了它对于个人与社会的意义。教育应该为个人进步和社会文明提供助力，但现实给了教育重重的一击，教育并非非有不可，它是一种附加的生活方式。

“天之骄子”知识分子的骄傲——我的父亲

对于父亲这一代人来说，教育是一种神圣的行为，上大学是一生最美好的梦想。最终，他也实现了这个梦想，所以，在他的观念中，教育就是财富，教育可以改变人的一生，每一个人都应该接受教育。

父亲说，那时候的知识分子对于上大学都存在着梦想，特别是“文革”之后重新恢复了高考，对于学生来说，就是获得了一个重新学习的机会，终于可以一圆大学梦了。所以对于他们来说，上大学，或者说是再接受教育，是非常幸福的事，又怎么会有功利的想法呢？学生们只是在这十年浩劫后，重拾人生的希望和憧憬。在他们看来，学习是发自内心的一种身体记忆，是一种梦想，对于接受教育拥有一种自豪感。

父亲说，在“文革”之前，人们最好的出路只有两种，一是当兵，二就是读书。读书意味着可能成为知识分子，有好的工作，有更好的待遇。而“文革”结束后，国家重视科技与教育，恢复了高考，通过这个机会重新接受教育，圆大学梦，有一个崭新的人生，是每一个在“文革”期间还在坚持读书的学生的唯一选择。所以，老三届成员和很多青年都参加了高考。就在这样一种氛围下，教育是无比高尚的，可以接受这样的高等教育是何等光荣，而这样的机会又是难能可贵的。因此，那时的学生接受教育是抱着一种骄傲和自豪，抑或是宗教信仰般的虔诚在学习，根本不可能出现懒怠的现象和功利的想法。而在大学期间，为了保证学生没有生活困扰，国家给予了生活补助。而大学生只要好好学习，成为栋梁，报效祖国即可。从这个层面看，教育隐约增添了一丝政治色彩。

在父母一辈，家庭一般都分为知识分子家庭和普通家庭，绝大多数都属于普通家庭，家长文化程度都不高，所以教育一直都是由正规学校来实施。当时的学费并不高，且大学期间有国家补助，毕业后国家分配工作，自然地享受国家干部待遇。孩子的前途一片光明，经济利益自然而然也随之而来，所以大多数家庭都鼓励孩子读书，无论男女，父母都赞成。特别是“文革”之后，国家、社会对于教育是积极和重视的，整个社会教育风气浓厚，特别是大学生，都是经过“万人过独木桥”式的严格筛选出来的天之骄子，对于教育都拥有自豪感。因此，由于接受教育会带来很多实际的好处，进而竞争激烈，同时也为了确保国家人才的质量，“文革”前后的学校教育具有非常严格的教育要求。例如在我父亲读高中时，学校就采取高比例淘汰成绩跟不上的学生的政策，从高一 200 名学生，到高三毕业只剩下 60 名。虽然这种方式很残忍，但是对于保证教育质量、激励学生来说，无疑是一种行之有效的方法。

在父母这一代，国家处在“社会主义”的高峰期，生产资料和生活物质都由社会成员共有，但每一个人都生活得很艰苦。虽然生活和生存条件都由国家提供，但只能确保最低限度的生存资料，但教育却可以为人们提供一个更好的生活状态。而这个时期的教育，完全由国家承担，这也使教育富有了政治色彩。每一个接受国家教育的人，他都肩负着改变国家命运的重担，带有强烈的社会责任感和政治意义。这时的教育不仅使一代人的生活发生了改变，也通过这一代人改变了中国的状态。教育促进了个人进步和社会文明，同时，社会的文明也保障和促进了教育的发展，可以说，这是一个非常好的良性循环。而这一时期，教育也体现了它最深刻的意义。

“文盲”VS“天之骄子”

教育是一个非常抽象的名词，你抓不住它，它却又无处不在。我们一直在讨论教育的意义，特别是教育对于人的意义，而人的生存意义又是什么呢？我想不应是物质的满足，而应是精神的满足。从我的外婆到我的父亲，他们无论接受教育与否，都不阻碍他们的生存；这意味着，其实教育给我们带来的经济效益、物质条件并不能满足我们的生存需求，或者说并不是我们生存的主要来源，它能给我们带来的，最重要的似乎是精神方面的意义——改变我们的思维方式。

我的外婆，她并没有接受过任何教育，她的大半辈子都致力于如何能多赚一些钱，进而让家人生活得更好。她没有任何兴趣爱好，唯一的精神寄托大概就是家庭。她告诉我，当时愿意让孩子们读书，最主要的原因就是不用交学费，如果需要学费，她丝毫不会考虑让孩子们上学。她不理解那些精神层面的高贵，她只在乎生活中的柴米油盐。我曾经问过她，如今有老年大学，她若愿意，家里可以供她读书。可是外婆断然拒绝了，她说她是一只脚都踏进棺材的人了，教育于她不具任何意义，并且她也不曾后悔没有接受过教育，也并不为此感到遗憾。即使没有接受教育，她还是幸福地生活了大半辈子，教育于她是可有可无的。

而我的父亲，他切身地享受到了教育的实惠，所以对于我的教育，他一贯认为“只有学校教育才是正统”，无论社会上存在多少“偏才”，他都认为只有接受教育，才能改变人的一生。我的父亲曾经说过：“你看看小叔，再看看爸爸就知道读书的好处了。”其实这句话并不强调小叔没有读大学而造成了现在家庭条件不如我们家的情况，而是在于一种思维方式的差异。我的小叔，他的生活重心都在一些生活的琐事上，例如单位里谁又占便宜了，前阵子谁家的哪位又中了彩票等等，诸如此类的生活小事都能成为他茶余饭后的话题。言语中尽是对眼前小事的计算，而没有一个对生活、对家庭的展望。而我的父亲，他不在乎生活的琐事，他看问题总是能看到本质，能一语中的；他对家庭和自己的生活都有很好的规划。这不仅仅是经济上的差别，而是在面对生活、工作和人生等问题时，接受了教育的人，看问题的角度，分析问题的能力都更具有优势，即是道德观、人生观、价值观上的区别。一言以蔽之，教育带给我们知识上的增加固然很重要，而对于一个人的性格养成，其道德观、人生观、价值观的培养，思维方式的改变，才是教育最本质的意义。

直到现在，父亲还是秉承着“活到老学到老”的宗旨，而外婆则表现出了对于教育的“不屑”，这也能体现出教育对于人们思维方式的影响。无论是与小叔对比，还是与外婆对比，都非常能说明教育对于我们每一个人的意义。教育就像“教育”这个词一样，它十分抽象，它所给予人们的一切事物也是那么抽象。

"折翼的天使"——我们这一代

1. "再也不要读书了!"

教育对于我们这一代人来说，可谓天时地利人和。改革开放以后，国家的经济有了很大的发展，我们的生活水平也有了很大的提高，接受教育对于每一个人来说都不是一件奢侈的事。我们不用为了生活而奔波，我们有足够的时间用来接受教育；我们的父母可以支付学习的费用；国家为我们建设了设备良好的教育设施，为我们培养了良好的教师队伍；特别是扩招之后，我们升学的机会越来越大，不用再"过独木桥"，我们比较省力地就可以考上大学。教育是我们与生俱来就拥有的，我们只要坐在窗明几净的教室里认真读书就行了。

这样看来，我们是多么幸福的一代啊！然而，世事总是事与愿违。人都有惰性，太容易得到反而不懂得珍惜。记得上小学的时候，总是喜欢站在一年级教室前的露台往上看，想着快点长大，搬到最顶层的教室，读完六年级就可以不用再读书了。不曾想，读完小学还有初中，读完高中还有大学，这样无休无止，好像根本没有结束的一天。在我看来，我们这一代孩子，都曾经有过对于读书的厌恶，都曾大声喊过"再也不要读书了"。读书并不是我们的自觉行为，而是一种父母强加给我们的、被迫的行为。

我们这一代已经不需要再为吃喝而发愁，似乎读书就是我们生活的全部。我的母亲时常在发现了我糟糕的成绩单后对我大吼："给你吃给你穿，你怎么就学不好呢?"是啊，这么好的生活学习条件我怎么就学不好呢？为什么我就是不想学习呢？这个问题我相信每一个"扩招孩"都问过自己。或许这个物质条件良好的时代存在着太多的诱惑，好玩的游乐场、琳琅满目的精品店，它们都比课本更具吸引力。或许更重要的是，我们找不到学习的意义。换言之，如果接受教育是为了有更好的生活，那么，我们已十分满足现在的生活状态，也并不认为，接受教育后，我们的生活状态会比现在更好。比起未来未知的生活，我们都宁愿选择及时行乐，自然而然地对教育产生了排斥感。

2. 我们都是大学生

教育的改革对于我们这一代人来说，不知是幸还是不幸。扩招给我们带来了更多的教育机会，我们可以轻松地接受更高的教育，我们的文化水平更高，我们的知识更加丰富，我们都是大学生了！然而，大学生越来越多，我们已经"不值钱”了。曾经流行过这样一个段子：“天上掉砖头砸死了10个人，8个是大学生，还有2个研究生。”虽然是一个笑话，但是这也反映出在扩招后，在教育商业化、产业化后，大学生从天之骄子变成了遍地都是的普通人，“为荣誉而战”的自豪感没有了，学习的积极性自然也随之降低。为了寻求更大的竞争优势，我们只好不断地追求更高的学历，考研考博就这样流行起来。

市场经济之后，我们的生活反而变得越来越“不好”了。在我的家乡海南，吃海鲜是非常容易的，经济实惠并且绿色无污染，但是随着时间的推移，明显能感觉到，海鲜越来越贵，好吃的海鲜越来越少，小时候经常能吃到的海鲜现在已很少见了。这切身的实例证明，我们这一代的生活似乎越来越“艰苦”了。同时，教育也随之商业化了。在父母一代，教育由国家提供，并且提供各种补助，以确保教育的良好进行；而现在，基础教育是国家的，高等教育是父母的。虽然接受高等教育的机会越来越大，但是学费、杂费也越来越高，这意味着每一个家庭不仅要确保家庭成员有足够的生存物质，还要承担愈加繁重的教育经费，这对于每一个家长来说都是沉重的负担。教育应该提供给我们更好的生活，但是生活却变得更糟，那么接受教育又存在什么意义呢？

教育在我们这辈人看来，它并不神圣。大学生遍地都是，硕士博士也不少，不再是天之骄子的我们，有什么好骄傲的呢？没有这样的自豪感，我们这代人对教育就更不在意。特别在这样一个什么都以经济效益为先的浮躁时代，教育并没有确实的效益摆在我们面前，我们又如何能知道教育的好呢？现在，接受教育就只是一个过程、一种手段，教育让我们得到了什么并不重要，重要的是，这一程序结束后，你拿到了什么文凭，什么证书，你找到了什么工作。需要强调的是，虽然都是大学生，但也分等级。你所读的大学越有名，你的文凭含金量就越高，这就意味着你找到好工作的机会越大，但这给家庭带来的教育费用的负担也就越大。对于我的外婆，作为上层建筑的教育不仅不能改变她的生活，反而会阻碍生存，使得她根本不可能接受教育；而我有条件接受教育，并且已经接受了教育，整个家庭都抱有希望它可以改善我们的生存条件的愿望，但是并没有达到理想的效果。既然接受教育与否所带来的效果是一样的，那么教育的意义在哪儿呢？

在父母一代，接受教育是一种生活方式，它并不威胁着人们的生存，它甚至可以给人们带来更好的生活。但是，我们这一代却好像回到了祖父母的时代，我们希望教育给我们创造一种更好的生活，它可以改变我们的生存状态，在这里，教育从一种生活方式转变成了一种生存方式。现代的中国教育依然没有摆脱生存的意义。

3. 我们不是大学生

在考大学的时候，我的父母就希望我可以选择一个好专业，这个“好”当然是好就业的好。在我们这一代，教育变成了一种生存手段。在遍地是大学生的时代，如果你不打算考研考博，那么你最好考上一个名牌大学；如果你考不上一个名牌学校，那么你只能选择一个好就业的专业。人类最大的幸福，就是做着自己喜欢的事，并且这件事可以养活你自己，但并不是每一个人都是那么幸运的。就我而言，我的母亲时常问我，“你这专业以后要做什么？”是啊，我这专业能做什么呢？大学里所设置的专业，在社会上都能找到一个对口的工作吗？答案显然是“不能。”当教育成为了人们生存的方式，而学校教育却不能与社会需求相适应，这让更多的人对学校教育产生了质疑。但是，从教育的角度看，教育从来就不是为了就业，这是经济时代的人们偷换了教育的概念。但是无论如何，教育在这个时代显然已经不能实现它真正的意义，它只能是一种谋求生活的手段。

不仅是专业设置的问题，我们这一代的教育已经不复从前了，起码教育质量已经大大地降低了。我们投入了更多的教育成本，但是却得不到相应的教育资源，师生比例悬殊，教学资源分配不均，这都导致了教育质量的直接下降。同时，教育不仅是知识的传授，更是情感的交流。由于扩招，学生与教师的人数比例悬殊，在这浮躁的大氛围下，教师和学生之间的情感交流几乎趋于零，这也是教育质量下降的原因之一。教者没有真心教，学者没有心思学，何来教育之说？这样看来，大学生质量降低是必然的结果。

就教育的现状而言，大学生的前途似乎很让人担忧，但是人类是万能的。以前常说“学好数理化，走遍天下都不怕”，但是现在要改一改了，变成了“学好数理化，不如有个好老爸”。是的，我们需要一个名牌大学，一个好专业，一张含金量颇高的文凭，以增加我们就业的竞争力。但是，中国社会是一个人情关系的社会，现在更处于一个金钱至上的偏执时代，有能干的父母，接受教育不难，找工作就更不难了。如今“二代”这个词带有明显的贬义色彩，在我们这一辈，他们占有更好的社会资源，同时也拥有更好的教育资源，但教育对于这些人是最不值得一提的东西，教育对他们的物质生活起不到任何作用，而对于教育应该带来的对于人的思想升华，那更是无从谈起。只要混张文凭，往档案袋里一塞，工作照找，日子照过。

作为上层建筑的教育，在这样一个物质丰富的时代，应该给予每一个受教育者以精神上的慰藉，它应该帮助我们理解人生的意义，它应该告诉我们如何实现个人价值，但现实告诉我们，教育并不能给我们带来这些。我们的大学生没有依靠他们所受到的高等教育去实现他们的价值，也没有让他们去影响身边人的生活，反而依靠着各种关系得过且过地生活着。农民依然靠体力生存，教师依然靠知识生存，整个社会和社会成员并没有因为教育而发生任何改变，教育反而沦为一种工具，这不禁让我们重新思考教育的意义。

4. 还是家里好

在追求快速获得经济效益的我们这一代这里，教育已经跟不上我们的脚步，它不能给我们带来现实的经济效益，那么我们接受教育的意义也只好寄望于它给我们带来精神上的改变了。

按照正常的逻辑思维，如果一个人接受了教育，那么他的眼光会更高、更长远，他应该有理想，有抱负，会追求更大的发展空间，也就是说，他想飞得更高。但我们这一辈的很多人，包括我和我身边的很多朋友，他们似乎都没有这样的想法。我来自海南这样一个在全国来说都还算贫穷的省份，每一个渴望出岛读书的孩子们都想通过外出求学来看看世界。经过了四年的大学教育，依常理我们大多数人都会想方设法留在更有发展空间的发达城市，但是却有很多的学子选择回到海南，并不是崇高的报效家乡的想法促使我们这样做，而是“在家的感觉更好”。这不失为是一种教育的失败。

接受了教育，我们的思维方式改变了，我们看问题的角度应该站得更高，更应该趋向更好的发展地，但当我们面对背井离乡、毫无依靠地重新来过时，我们选择了妥协。就我个人而言，出岛读书更坚定了我回岛工作的想法。在海南流传着一句古话，说“海南是宝地，睡醒就吃蜜”。这句话朴实简单，却真实地反映了海南人民的生活。虽然海南是一个贫穷的省份，但是缓慢的生活节奏，安逸而平静的生活，消磨了我们的斗志，我们不追求高水平的物质生活，我们愿意安逸而慵懒地在小岛上做一辈子岛民。而外出求学的我，看到了岛外那快节奏的生活，那残酷的竞争，这让我不禁更加思念家乡的安逸。

而父母也从小告诫我，我是独生女，将来可以出外读书，但是绝对不能出外工作。出外工作意味着在外成家立业，这让我们这一代独生子女的父母亲都面临着成为“孤寡老人”的局面，所以我们这一代的父母亲大都灌输孩子们“父母在，不远游”的思想。同时，离家创业，意味着我们要靠自己一点一点地打拼，没有任何来自父母亲的帮助，这是自小没有受到磨炼的我们这一代的一个巨大障碍。

教育从来都是一个外在的东西，或者说学校教育远不及来自家庭的潜移默化的观念对我们的影响大。无论教育给予我们多大的思想上的改变，也不足以撼动那根深蒂固的来自家庭和生活点滴的切身感受所得来的观念。教育对于我们来说是附加的，它可能在一定程度上让我们在思维上更全面，更具有高度，但当它与我们的“家教”相对立时，则又显得那么脆弱。通俗地说，我形成什么观念，主要来自于我的父母，而我的下一代具有怎样的基础思维模式，完全取决于我，与教育并不存在直接关系。这完完全全是教育的悲哀，无论是物质方面还是精神方面，教育都不能从本质上改变我们，我们不禁要思考，教育的意义究竟是什么？

“理想很丰满，现实很骨感”

人们在接受教育时，总是希望教育给我们带来某种变化，我们总是畅想着，如果接受了教育，我们可能会变成什么样，或者说接受了教育，我们应该变成什么样的人。但是接受了教育后，结果往往不能达到我们预期的效果，实际上变成了什么样的人，可能更好，也可能更糟。“理想很丰满，现实很骨感”，这句话很形象地描述了教育一直挣扎在应然与实然之间的状态。而无论应然与实然，它呈现给我们的就是不如我们预想的实然。这让我们不断地在思考，今天的教育希望把我们培养成什么样的人，希望人达到什么样的境界，为什么教育往往不能达到其预定的目标，我们应该怎么做，我们应该做什么？从我们这一代看，无论是物质方面还是精神方面，教育都没有达到其预期的效果，教育并没有将人引导到更高尚的道路上，反而在人的牵引下，使其越来越偏离它的本质。

（本文基于对受访者的访谈理解，在毕世响教授的方法和理论指导下完成，特此致谢。）

我们在生活中扮演着不同的社会角色，这些社会角色的形成与个人的生活经历、成长背景有很大的联系。从社会角色的形成和发展两方面比较母女两代人，就是发现传统女性与现代知识女性的差异，从而凸显出知识女性的教育价值。

我将来会比妈妈过得好吗

□韩 素
福建师范大学教育学院

我出生于20世纪80年代末，正在念研究生，我的妈妈生于20世纪60年代初期，初中毕业，是个传统的农村妇女。我的妈妈从一个物资匮乏、生活贫困的年代走出来，经历几代社会变迁，她的思想观念既传统又现代。而20世纪80年代末出生的我，成长在由父母辛苦创建下的环境里，少年不知愁滋味，享受着现代化提供的一切便利。显然，我和母亲拥有不同的教育背景，我们在这个社会中代表着两种截然不同的角色，各自履行着不同的使命，同时也决定了我们在这个社会中的不同角色。

一、社会角色的形成

在社会舞台上，人们不能随意扮演任何角色，角色不是天生注定也非固定不变的，更不是孤立在的。成长背景、生活经历对个体产生的影响是不容忽视的，任何一种社会角色的都是一定社会文化、历史积淀的结果，它们不是人们头脑中随意想象出来的，而是一种社会生产和生活的产物。个体社会化的过程实际上就是角色学习过程，在这一过程中我们了解符合自己的角色目标并试图去胜任某一社会角色。个体通过社会实践学习知识和技能，并在某种程度上被引导着去适应它所在社会和群体的规范，从一个自然人成为社会人，能完成自我和他人的角色期待。长期的社会生活会使我们明确认识到自己所担负的角色。

20世纪60年代，体力劳动是农村人最重要的生存方式。我的母亲是家中长女，为了体恤双亲，她承担了家里最多的农活。每天放了学就得干活，扯草喂猪，挑谷打米等等，在家根本没时间没心思去想着学习，白天上学就打瞌睡。好像读书是副业，而替家里多干农活才是那个时候的她最应该做的。在现实中，不管是被迫还是自愿，有些角色总是不可避免地要出现在某个人身上，而我们要做的只能是努力做好，即使要放弃一些东西。既是一个需要干农活的娃，也是一个需要上学的学生，这两者同时出现同一个人身上，若能平和相处显然不坏，但当它们发生冲突而自身又无力调和时，那就只能舍弃一方。

要了解一种社会角色，当然应该分析其在社会活动中的社会关系，认识其在社会中的位置和作用，明确其作为社会一员的责任、权利和义务，因为不同的角色在个人特点、行为风格、文化素养、生活方式等方面肯定大不一样。如果说角色都是扮演的，演的好不好，最重要的判断标准大概就是此角色是否深入人心。作为一个母亲，她懂得自己的责任与义务。她疼爱女儿，因此她幼时所经历过的苦难都不能让年幼的我们再经历。这让长在农村的我却至今仍不知什么是油菜，不知道田里的泥巴年复一年是怎么翻滚的。妈妈总是鼓励我要认真学习，她给我创造了一个好的学习环境，使得我的生活很简单，生活中唯一的劳动就是学习，只知道成绩好将来能考个好学校应该是一件令家人都很高兴的事。传统的农妇对自己社会角色的了解是朴素的，认为只要教育好子女，家庭生活和睦便可以了，这样这个农妇的角色在周围人的眼中也是合格的，用农村人的话来说是比较贤惠的，从妈妈的这些事例来看，也正好体现了这点。

一个女大学生和她的上一代人在生活中接触到的肯定是不一样的事物，学习了不同的知识，成长背景也大不相同，他们会有不同的性格，对待问题的态度也不一样。我妈是一个爽快的人，这么多年对事物的操劳使得她做事干净利索，而我却是一个拖拉的人，喜欢磨磨蹭蹭，干什么都不紧不慢。我们母女俩的生活随着社会的飞速发展有了巨大的不同。随着互联网的普及，网络对于我的生活越来越重要，而我妈妈已经形成了一种与网络毫无关系的生活方式，所以她觉得自己不需要太了解网络，也不想花心思去学习那方面的内容。现在的我如果没有网络就觉得生活萎靡，我每天必须触网，网络世界就像是我生活的一个寄托。在物质生活方面，我得到了很大满足，我没有过紧巴巴的日子，想要什么家里人也都会满足，但是我现在其实也很迷茫，因为我不知道当一切要依靠自己的时候，我的生活会是怎样，我对自己即将承担的社会角色显然准备不够充分。在精神方面，当农村的孩子被城镇化时，她再也无法体会到上一辈玩弄泥巴、无人看管的那种自由与随意。现在的孩子已经失去了那个年代的野性，虽然与那种自由相比，苦难的回忆应该印记更深一些，由于社会大背景变了，两代人在孩提时代拥有着不同的快乐，同时享受快乐的意味也变了。

二、被捆绑的人

角色形象是一个历史范畴，一个角色是从一个时代中成长出来的，具有明显的时代特征。在同一个时代，几乎同样的角色都具有一些共同的特征，这些特征与相对应的生活使命联系在一起。几乎和所有的家庭主妇一样，我妈妈的生活绝大部分都与我们的这个家庭联系在一起，日复一日、年复一年地做饭洗衣服，偶尔出去搓麻将。角色形象当然也是在特定的地域流传下来，在这个地域的风土人情中发展，具有很强的地域性。我们都是典型的湘妹子，风火泼辣，这股劲在我妈妈那儿还挺明显的。我从上了初中，就寄宿在学校，家乡女人的那股泼辣劲就是不管我走到哪里，我的骨子里都流淌着，受到欺负不会忍气吞声，遇到困难不会半途而废。这些年在外学习，我发现我对于家乡的依赖越来越没有前些年强了，同一个地方新人换旧人，一波一波的娶妻生子，回去发现渐渐很多人都不认识了，这是不是意味着我复制母亲生活的可能性越来越小了？像我们受过现代教育的年轻一辈的女孩，肯定很难想象结婚后能像上一辈甚至几辈人的生活一样，能够一直一门心思花在家里的大事小事上，生儿育女，任劳任怨，但是我妈妈她们就是这样的，可以说她们那个时代的农村家庭主妇都是这样做的，非常平凡的一生。角色就像有一根无形的线，将妈妈以及和她同时代、同命运的女性紧紧地系在了家庭上，将她们一生都贡献给了家庭。

米德是在形成自我理论和符号相互作用论时提出的角色理论，他认为人的社会自我的发展是通过角色采择的。角色采择就是指个人对于自己和他人角色的设想，人们有了来自外界的经验，才学会把自己设想为一个客体，产生了对自己的情感态度。我们会设想自己处于他人角色，并以他人角色的观点来观察自己，也许在一定程度上会采纳别人的意见，但大致都会尊崇自己的想法。作为现代女性，特别是受过高等教育的，就我而言，我所期待的生活是将来可以为了家为了孩子付出，但是绝不是我的全部，我需要在外有自己的工作，用一份工作来支撑着人生。通过了解和观察妈妈的生活经历，我除了感恩，更多的是看到了自己努力的一个方向，我不能做家庭主妇，虽然洗衣服和做饭看似简单，但我却做不到像我妈妈这样一直重复，日复一日，我心不甘于此。

不仅个人有自我角色采择，他人也会对我们有角色期望。我们接受高等教育，追求自我，喊着要有自己的空间，在精神上和物质上都不依附于他人，要成为独立的知识女性，这除了是自己期待完成的，还有一部分是他人对我们的期待。妈妈一直供养我读到研究生，这其中很大一部分是妈妈对我的期待，也是她的一个愿景，让下一代完成自己未能实现的梦想。我每前进一步都是对这个普通母亲含辛茹苦、兢兢业业演绎好母亲这个角色的激励。以我目前的想法，我以后为我的子女所做的肯定不会比我妈妈多，因为我觉得一个人在为他人活着的时候，也应该有一部分是为自己而活的。我不知道结婚后我的想法会不会改变，也不知道结婚后的我会不会被家庭所捆绑。如果被捆绑了，那会是一种幸福的捆绑还是不得已而为之？但是在我看来，我的母亲她们这样做就是一个自然而然的过程，因为如果不这样做，也不会有别的选择的余地。

三、谁更幸福

幸福，亚里士多德说道，是学得的而不是靠运气获得的。幸福是受崇敬的，我们做所有的事情都是为了追求幸福。论及谁更幸福，从不同的角度看，看到的幸福都是不一样的。不同的时期人们对角色印象不同，人们在承担当时的社会角色时，无法忽略该角色当时被赋予的责任和义务。每个时代的年轻人都要承担相应的社会责任，随着时代的变迁，出生在我们这个时代的年轻女性和过去的年轻人相比压力更大。妈妈说她比我幸福。她们年轻的时候思想都很单纯，婚姻也很简单，只要到了适合结婚的年龄，父母不会多加干涉。那个时候都没有太宽裕的物质条件，不会去要求太多，更不会去考虑有房有车，没有当今这么复杂。而现在爱情和婚姻都捆着物质，彩礼用秤来称，结婚要讲究排场，这是时代不一样了。在现实面前，很多的年轻一辈都不敢轻易谈婚论嫁，没有三间房就不敢轻易谈结婚，因为两个家庭要考虑的东西太多了，自然年轻人的压力也大了。我们这一代人小时候过得很快乐，但是长大后却要面临很多困难，大学毕业难找工作，找了工作还得努力挣钱买房买车。时代不同了，社会发展了，差距大了，观念变了。

从另一个角度看，我其实是比妈妈幸福的。妈妈，上有老，下有小，她夹在中间，身上总有尽不完的义务，不知道什么是自己的权利。而我，总想着通过自己的努力让自己过得好，标榜着要成为新时代独立女性。在农村，男孩子结婚，彩礼钱一般都会是父母准备，很多农村男青年结婚几乎要耗尽父母一生的积蓄，我妈她们现在生活唯一的目标就是赶紧给我弟弟买房。我妈妈这一辈，无论做什么，首先考虑的总是儿女，无所保留，倾其所有。她们辛苦一辈子，奔波劳累，过半百的人不是想着给自己养老，而是为儿子买房付首付。社会的变化太快，以前盖几间房就可以给儿子娶媳妇，现在几间房不够，赤裸裸的金钱社会，让年过半百的她们依然背负沉重的压力。事实上，我觉得我妈妈这一代人确实挺辛苦的，操劳了大半辈子，基本上没有为自己的余生做准备，不是为了给家里的老人养老送终，就是给儿女挣取教育经费和结婚保障金。如果不能为子女做好每件事，在他们看来，这是自己角色的失败。

四、从教育的角度解读两代人的差异

“台上一分钟，台下十年功”，演员在台下需要不断学习才能演好一个角色。我们本身在社会上承担着各种社会角色，教育的作用就是可以使人根据角色需求不断地学习知识，掌握知识，明确角色形象。要培养符合各种角色发展的潜能，就要不断学习。

妈妈小时候几乎没有读书的时间，为了生存，劳动占据了绝大部分时间，也没有意识到读书的意义所在，所以她的文化程度并不高。但她的思想随着时代的变迁一直在变化，与时俱进，鉴于自己这么多年的生活经历，她希望我能尽可能多地接受教育。虽然说读书不是唯一的出路，然而在我妈妈看来对于一个女孩来说，走教育这条路可能会走得比较规矩和稳妥。她不愿意我这一辈子天天和柴米油盐、锅碗瓢盆打交道。读过书的女性自然有她可以做的事情，使我不再重蹈覆辙。不再走她的老路，不再成为家庭主妇，不要将一生的时间捆绑在为柴米油盐操心上。这大概是我妈一直支持我想要我一定要接受大学教育的原因。作为一名普通妇女，受乡土文化的熏陶，除了扶持家庭，最重要的还是要让下一代好好接受教育。大学即将毕业时，她鼓励我考研，觉得这也是社会所需，她觉得那么多人考研，我不考就比别人落后了一步，而且以后的工作时间还长着呢，不着急这三年。在妈妈的影响下，于是大三的时候我决定考研。

我的妈妈很乐观，那种乐观是我所羡慕的。按理说她以前的生活非常的辛苦，但她从未抱怨，反而一直说生活挺好的，她非常容易满足，她从来不会去想那些没有到来的烦恼，我妈妈的幸福生活大概就等于儿女健康，家庭和睦。在她的精神世界里，快乐可以很简单，生活也可以很简单。但是我随着年龄的增长，脑海中考虑的东西真的越来越多了，也经常因为一些小事而郁闷，我的快乐好像已经变得很复杂了，变得不容易获得。我的确是看事情全面了，看到一个事物好的一面，总免不了要去想一想那不好的一面。如果说我是因为见识多了，那么妈妈的阅历会少吗？乡土文化的熏陶，农村的女人，生活更加务实，不会过今天的日子花明天的钱，不理解为什么年轻人要透支信用卡，而我觉得生活有一部分本来就是用来享受的。她们总是一步一个脚印，不冒险，她们最重要的就是过好今天的日子，不会像我们年轻一辈会去超前消费，或许这就是我们常说的保守。现代教育与乡土文化都能培养人，前者培养了能接受不同的事物，开放与浮躁并存的人，后者则塑造了一个更加朴实的形象。

假如没有读大学，也不会是一个女研究生，在家乡我已经完全到了结婚生子的年龄，那现在我可能就是新一代的家庭主妇，我会看到我身边的同学一个个都在外拼搏，即使那种艰辛也应该是我所羡慕的，我只能寄希望于我的孩子要多读书。在我看来，有些奋斗是值得的，有些苦难必须经历。生活还在继续，走过一些城市，看过一些地方，其实我以前还觉得毕业后可以回家去当个小学老师，那样的生活很自由很惬意，现在却不太想回去了，和小乡镇的安逸相比，我更喜欢大城市的忙碌，不想优哉地度过我的一生，想接受一些挑战。这大概也可算得上是我的那股泼辣劲。

随着接受的教育越多，我对自己的角色更加了解，我不能像妈妈那样过一生，尽管我妈妈觉得自己是幸福的。跟外婆相比，我妈妈现在不需要天天跟着生产队集体劳动，挣那很少的公分，不会一年四季有干不完的农活，她做得最多的就是洗衣做饭，打理家务，因此这样的生活在她的眼中是幸福的，也是安逸的。我不可能一辈子总想着要好好尽完自己的义务，我还得为自己而活，因为我是新时代的独立女性。知识女性都应该是独立且勇敢的，我们从母亲的关爱中一路走来，见证了她的辛苦，她的无奈，我们就应该挣破那层网，是它们套牢了我妈妈的一生。女性的一生可以由自己决定，会结婚也会有小孩，但同时也需要有一份工作，在工作中彰显自我价值，在社会中去锻炼自己。我不会易于满足，但这是我奋斗的理由，我的快乐不会来得特别容易，但我也不会失去快乐。

教育让我们远离了家乡，对于那里的人也越来越陌生，回去对我来说只会更加遥远，而更回不去的大概就是母亲所经历的生活方式。但不管扮演哪种社会角色，用心做好本职才是最重要的，教育的价值即让我们更好地胜任即将承担的各种社会角色。

参考文献：

[1] [古希腊] 亚里士多德. 尼各马可伦理学 [M]. 廖申白译注. 北京：商务印书馆，2003.

[2] [美] 约翰·杜威. 我们怎样思维·经验与教育 [M]. 姜文闵译. 北京：人民教育出版社，2004.

[3] 郑杭生. 社会学概论新编（第三版）[M]. 北京：中国人民大学出版，2003.

[4] 刘少杰. 后现代西方社会学理论 [M]. 北京：社会科学文献出版社，2002.

[5] 高振平. 浅析社会发展过程中的代际差异 [J]. 河北青年管理干部学院学报，2002，(3).

[6] 田素安. 试论高校知识女性价值取向分化 [J]. 临沂师范学院学报，2007，(8).

童年，大学，工作，婚姻，生命的每个阶段，置身于不同的场景，那里有不同的花朵。当一切成为有待追忆的过往，那些花儿就出现在我生命的记忆里。

记忆的花瓣

□严　静
四川师范大学外国语学院

梨　花

又是一年，三十六岁了，午夜梦回，总见儿时玩伴嬉笑打闹的身影。故乡熟悉的街道、整齐的行道树、一簇簇的洋槐花，像无声的黑白电影不断在脑海里回放。是老了吗？还是离开故乡太久，想念了？昨日，忍不住给在家乡小镇工作的友人打了电话，他说，现在县城变化很大，街道加宽了，学校维修了，所有的空地都利用起来了，以前的梨树林也砍了，建起了一栋栋的商品房……电话那头朋友的声音还在兴奋着，我的心却不停地往下坠，淹没在随风漫天飞舞的花瓣里，那让我魂牵梦绕的梨花啊——

生活的小镇，没有工厂，也没有人为的污染，常年青山绿水。最美的时候是在春天，四面的山坡上栽满了梨花，所以小城又叫“雪梨之乡”。每年花开的时候，雪白的梨花延绵千里。那片白，美过冬日的雪，因为它生动，风起花落，宛如片片凝脂的花瓣仿佛是穿着白纱裙、翩翩起舞的小精灵。四季的风，穿越时空的回廊，引蝶翼般美丽的向往。风起树摇，有花儿片片飞落，洁白的花瓣轻盈得仿佛一片片沾染了快乐的羽毛。瞬间的炫惑，仿似天籁之音款款奏起，而我，却已分不清眼前舞动的，是透明的蝶翅，还是如仙的霓虹彩翼。日落的傍晚，柔和的阳光斜照在枝头的花瓣上，将白色的花朵染成了金黄，在绿叶的衬托下，映着蓝蓝的天空，黄黄的光晕让人恍如置身仙境。最爱在那样的时候，坐在满是繁花的树下，把飘落的花瓣穿成一串，做成项链，做成手镯，幻想着自己就是那个一身雪白的精灵，悠悠随风至，翩翩落红尘。花丛中无数含笑的眼睛，诉说我无尽的雀跃和欢喜。

工业化的进程最终开到了小城，大片的梨树被钢筋水泥的丛林取代，一座座漂亮的商品楼带动了小镇现代化的气息，却也带走了那片属于我懵懂岁月的单纯和洁净。升学的压力、竞争的残酷，让梨树下的宁静离我越来越远，人与人的相处也变得没有幼时单纯，那片白也就永远地留在了我童年的回忆里。

童年，白如梨花；回忆，白如梨花；多希望人生也永远白如梨花。

桂　花

离开家乡，上了大学，那时学校离市区很远，周边的环境也不太好，初时的新鲜感慢慢被孤独和寂寞取代。庆幸的是，校园里绿树成荫，幽静而充满了自然的气息，我也找回了梨树下的恬静。大学毕业，如愿以偿地留在这美丽的校园，成为了大学老师，每天悠闲地穿梭在校园里，日子美好而平淡。

学校发展的速度很快，扩建了新校区，我们学院也搬了，终日在两个校区间疲于奔命，生活的节奏变快了，生活的情趣也淡了。偶然的一次，在穿过老校区赶往新校区的路上，一阵熟悉的香味扑鼻而来，闭上眼，又仿佛闻到了淡淡的桂花香——

校园里的桂花开了，又谢了，那几棵桂花树依然青青翠翠。大学四年的回忆里，藏得最深、最久的就是那抹淡淡的花香，陪我走过了青春的岁月。花开的季节，开学了，功课也总是最忙的时候，每次急匆匆赶往教室的途中，总会在不经意间闻到那股香气之后停下脚步：树下早已铺了薄薄一层黄色的小花，微风吹起，带走了花瓣，却依然留着余香。捡上几瓣，放在书页里，即使花期过了，香味也依然萦绕。

第一次爱上桂花，是因为《八月桂花香》那首歌，罗文歌声中淡淡的沧桑让从未见过桂花的我竟一下心痛了，虽然那时我并不真正了解什么是心痛，但年少的时候总觉得隐隐的忧伤是成熟的、必然的，于是也有了“为赋新词强说愁”的冲动。后来知道了嫦娥，知道了月宫，知道了月宫里的桂花树，也知道了什么是孤独，于是告诉自己：不要美貌，不要权利，只要那棵桂花树和一个爱自己一辈子的人……

家乡的小镇没有桂花，到了大学，生平第一次看到了，也感受到了。那股香气一个劲儿地往鼻孔里钻，很柔、很淡，于是一下就醉在了花香里。那时的宿舍在五楼向阳的一边，喜欢在冬日的午后，坐在窗前，温暖的阳光，透过窗框，斜斜地洒满了全身，闭上眼睛，淡淡的桂花香又钻了出来。虽然早已过了花开的季节，但香味却那么真切，于是我就想：以后有钱了，一定要买套带花园的房子，栽上一棵桂花树，让花香陪我一辈子……而今，我真的有了花园，有了爱自己的人，可花园里却没有桂花，可能是工作太忙，也可能是自己太懒。园子里长满了草，有些遗憾，只能安慰自己，有时间的时候，我会把那棵桂花树带回来，带回我童年的记忆，带回嫦娥从来都不曾感受的两个人的温暖……

生命的花

小学、初中到高中，我一直是父母的骄傲、老师的宠儿，学习成绩总是名列前茅，无惊无险地保送到了大学，顺利地留校任教，生活似乎一帆风顺，转眼就到了三十岁。人说物极必反，我的人生就如翻过了一个大坎，生活、学习、工作里的不如意接踵而来。短短的数月，经历了生离死别，经历了友情的背叛，经历了努力奋斗之后的失败，我永远都不会忘记那段日子带给我的绝望和痛苦，还有一个人走出那份痛楚的坚强。而今我心存感激，感激陪我走过的亲人、朋友和那段无悔的岁月。经历后才明白，人生就是得与失的交替，习惯了得到，我们才会在失去的时候那么痛苦。过尽千帆，终于等到彼岸悄然绽放的生命之花——

三十而立，立的过程很痛。或许是常年平淡的生活让三十岁来得无声无息，没有过多的悲，没有过多的愁，上天却在平静中投下了一颗巨石，刹那间波澜惊起，没有心理准备的我在巨变面前慌了手脚。想到过死，想到过死后亲人的悲痛，却幼稚地沉浸在以生命为代价的报复的快感中，甚至以为即使我已远去，我的双眼依然会注视曾经让我痛苦的人。

“未知生，焉知死”，一语惊醒梦中人。佛经云：“拈花微笑。”拈花为因，微笑为果，参透生命的玄机，把人生当做美丽的花朵，微笑着面对一生的风风雨雨。生而活，活而乐，岂不快哉。“人生有情泪沾臆，江水江花岂终极。”人类生生死死，而自然永恒不变，如果轻率地绝尘而去，手起刀落，落的是花瓣，痛的是心。

三十岁，极尽灿烂而归于平淡的年龄。突然间很想去看大海，看看向往已久的蓝色，看看百川纳海后的宽广与平和。经历过一系列的痛苦，才发现真正的快乐源于内心，人是社会的人，只要存在着就无法摆脱红尘的困扰，就必须去承担生命带来的快乐与痛苦，而这种心理承受能力是常年岁月的累积。传说中的高手，不在于武器的锋利，而在于内功的深厚，所有的招数都在他的内心，无招即为武功之最高境界。而举杯邀月，笑看风月，乃淡定之极致。学会宽恕，学会原谅，我们就会看到即使再平庸的人，也有他生命中的闪光点。该放下时且放下，宽容了别人，回过头，身后一片海阔天空。

三十岁的我，从痛苦中找回了自信，学会从容地面对人生，寻找心灵的淡定和宽广，所以我也找回了曾经失去的东西。“海到尽头天做岸，山登绝顶我为峰”，原来心灵的解放，就是快乐的根源。

爱情的花

爱情自古以来就是生命的一个部分。为情而痴、为情而狂、为情而伤，在婚姻里，我看到那朵能够经历风雨摧残，依旧恒香无比的爱情之花——

十年前我们登记结婚了，手续很快，过程却很复杂，但我们都很兴奋。那夜的晚饭我们也破例没有出去吃，买了红酒，就在他的单人宿舍里，我们不停地笑，不知道喝了多少酒，只知道两个人都醉了。

五月份举行了婚礼，没有婚车，没有大的排场，只有几桌亲人和朋友。婚后的日子，简单而又琐碎，有欢笑，有难过，也有眼泪，平淡取代了原有的激情和浪漫，我们在逐渐地改变自己适应对方。适应的过程很慢，很痛，几乎快走到了崩溃的边缘，庆幸的是我们都回来了，而且回到了原点，带着理智和成熟。此时的家，于他、于我，已不再是单纯意义上的那套房子，而是一种内心的感觉，很温暖，让人依恋。

看过菟丝花吗？那是一种必须依赖大树而生存的植物，很脆弱，也很柔韧，我一直以为自己应该是吧，那么眷恋你，用尽全身力气，只为了缠住你；也以为这是美丽的，爱情就该这样。我学着给自己一些苍白而很能让自己满足的理由来相信，无论你走得多远，我手中的线都掌握你的方向。

可是婚姻中的挫折让我明白，尽管情感相互依赖，但我们都是独立的。我宁愿自己是那片蓝天，因为那是苍鹰永远眷恋的家；我宁愿自己是那片草原，春来春去，山高云阔，风过无痕，爱过无声。家把我们连在一起，我们是恋人，是亲人，更是朋友，我的一生，快乐痛苦，有你；你的一生，成功失败，有我。

当你在手术同意书上签名的时候，你的表情很凝重，有淡淡的担忧，你对我说，原来夫妻是把生命交给了对方，原来这就是相依为命，从今以后，就让我们相濡以沫，生死与共。

相依为命，曾经以为是凄美的，可是今天，我们却真正了解它的意义和内涵，那就让日月星辰见证，见证我们相依为命吧！

今夜，生命里纷繁复杂的难题，连同那些痛的记忆，如烟花碎玉般飘散在夜色里。明晨太阳升起的时候，温暖的阳光会在新的一天培育出娇艳的花朵，如玫瑰般，带着爱情、友情、希望，红红地燃烧！

在社会的境遇和生活的现实里，我们总是难免遇到痛苦与磨难的不顺心，会有哀愁、烦恼和哭泣，然而殊不知正是这些你想逃避的痛苦与磨难，构成了你完整的人生，它是你生命的固有。

完整人生即真实

□ 林培坤
福建师范大学教育学院

人生的大道本来就是有平有洼，甚至绝境都是生命的正常状态，因为生命发展的过程是开放的，人所处的世界是有善有恶的二元世界。如亲人的离去会使我们悲痛欲绝，那也是人生的本来意义。那么多的痛苦和磨难，看起来似乎是突然地闯进了人的生活，使人的心灵产生极大的震撼，搅乱了正常的生活秩序，并中断了原本的生活轨迹，而实际上，那是生活和生命固有的状态，不是外在于生活和生命的“天外横祸”。

痛苦与磨难是生命里的固有

我们总是期望能拥有一个令人羡慕的美满人生，在记忆的每个画面里都是满满的幸福，总是在向往快乐的同时畏惧和躲避痛苦与磨难。但是生命中不可抹去的事实是：随着年龄的增长，我们开始越来越多地发现生活的艰辛和不易，我们不得不面对社会存在的现实和残酷，曾经单纯的童话亦开始变得模糊和难以置信。比如，不得不面对自己身体的渐渐衰老和生命的离去；也不得不面对恋爱里的难舍难分和婚姻生活当中的柴米油盐。当上述类似的事情发生时，我们常常会发觉在那样的时刻里，自己陷入了一种未曾想到的困境中，感受到了某种从未有过的情绪，你越想要逃离却又被死死抓着不放。

这是因为，我们的存在不仅要受到外部环境的压抑；另一方面，我们还会迷失在种种的内心欲求当中。所谓人生不如意事常八九，到了一定的限度，我们就会感到烦恼、忧愁、痛苦，甚至是绝望。首先，在生理上的种种伤病都会带给我们各种不适应和疼痛。从我们来到这个世界、呼吸第一口空气的那一刻起，就无时不承受着各式各样的痛，每个新生儿无不带着啼哭声来到这个世上。其次，在心理上由于种种的执著和追求，也就无可避免地会遭遇困难、挫折和失败，所以我们便会产生诸种的情绪和不安。

同时，在更大层面上我们还生活在一个这样的社会中，这是一个从农业文明向工业文明变迁的新中国。如此时代背景下我们可以看到，整个社会转型比朝代的更替来得更为迅猛，不仅表现在制度规定上的变化，更剧烈之处还在于观念和心理的调整与适应，因而它所带来的痛苦与磨难自然是成倍地集聚和不可避免。我们的城市化似带有一种大监牢的味道，它让人们集中在一个共同的区域里，整个生活的环境变得越来越拥挤，人们更容易遭受到各种来自环境的压力，神经也绷得发紧。因为，在这狭小的空间里充斥着各种污染、各种物欲的刺激，形形色色的犯罪活动在我们的身边更加猖獗。就像保罗·西蒙（Paul Simon）在《美国调》（American Tune）中唱到的："我认识的人当中，没有一个不被击伤；我的朋友当中，没有一个安然无恙；没有一个梦想不弯腰屈膝，遭受重创。"

痛苦与磨难不但是个人生活不可避免的一部分，也是当代社会里的一种共同遭遇。在这种种无法逃离的痛苦与磨难面前，我们开始对生活感到了迷茫、彷徨，甚至是绝望。随后自己将心门紧掩，有时它是静悄悄的，自我明了心门的紧闭是将生活与某些东西做一种隔离；有时它是怒不可遏的，我们歇斯底里地咒骂着、挥舞着。最后，我们发现自己被囚禁于绝望的地牢里，我们的手和脚都被一条看不见的铁链绑缚着，动弹不得，几近瘫痪。

我们来看看释迦牟尼佛"四门游观"的典故吧。悉达多太子于东门，遇风烛残年之老者，不免感慨，人们在小的时候受万千呵护与宠爱，青年时英俊潇洒，但是到了晚年更多的是在痛苦中度日，生命的烛火随时有可能会被吹熄。于南门，那满身生疮流血的病人，行路间不断发出的是痛苦的呻吟声。疾病的折磨亦会是锥心刺骨的，人一生要遭受多少病痛，也是难以想象和不能够完全避免的。西门处，送葬的队伍迎面走来，可看见人们抬着逝去者徐徐前行，随行的亲人朋友难掩悲伤、哭泣。继而感叹：死亡是如此的叫人畏惧，每当死神来临时那窒息的最后挣扎和随之而来的无限悲痛，任谁也无法逃离它。最终于沙门处得启示。这实际上为世人说明人生的生老病死是必然的，也是人生的完满。生命本身就包含苦难与死亡。

教育对苦难的通达意义

现行的教育要我们学着逃避苦难与痛苦，一切的追求仅为生存和物欲享受。这是反人生的，也是反道德的。在现代文明如此高风险与高紧张的社会里，我们的教育应该发挥其一种引导人们过完整的人生，明确痛苦与磨难是生命里的固有，追求一种社会、生活、生命的通达意义的作用。每个人的人生都是独一无二和不可复制的，但是现实的人生经历却给了我们相似的痛苦与磨难。这些看似偶然的，其实是一种必然的痛苦与磨难。它们中断了我们往常的生活秩序，仿佛让当下的人生列车脱了轨，生活变得面目全非。蓦然间，望着镜子中的自己成了陌生人。可是在命运的轮盘里，有着快乐、痛苦、绝望与重见希望……那么，当我们身处痛苦和绝望的时候，当原本的生活没了方向的时候，我们该怎么办?

当我们在痛苦与磨难的迷宫里来来回回地碰壁，渴望能有一座生命的灯塔。本文正是期望从教育的角度来解读社会、生活、生命中这些固有的痛苦与磨难，使人明了其固有的存在和通达意义，从而踏上一条完整人生的道路。德国著名的教育人类学家博尔诺夫曾深刻而系统地阐述了关于非连续性教育的思想，主要批判地继承了存在哲学等学派关于非连续性发展的观念，我们可以从中得到一些启示和指导。我们所遭遇的这些突如其来的痛苦与磨难、中断生命和生活往常秩序的这些特殊经验便是一种非连续性的体现。同时，这些痛苦与磨难也是这个社会在特殊的时代背景里的共同遭遇，我们希望会有一个像超人一样的角色，让我们从生命的绝望情绪中，跳脱到生命觉醒的顿悟中去，感悟生命黑暗里的豁然开朗。而教育和人生本身也应朝着这样的方向去努力和追求。

我们可以从博尔诺夫的教育思想中看到，有一种“本源性”的意识，它潜藏于我们的内心深处，但是这些意识一般是处于一种沉睡的状态。另一方面，生活中的我们会为一些社会规范或群体意识的要求而蒙蔽了自我，渐渐地我们失去了“自我”，成了一个没有自我的“社会我”。那么，在这样的一种情境中，我们的教育可以做的应该不仅是对知识的传授，更可以发挥出一种对灵魂的“唤醒”。就像斯普朗格所说：“教育之为教育，正在于它是一个人格心灵的‘唤醒’，这是教育核心所在，”[1]我们的目的是从其内心的角落里找到那些遗失的本源性的自我意识，觉悟生命和生活所本具有的创造力，实现应该拥有的价值。而痛苦与磨难可以是这样一种契机，在强烈的震荡中，我们潜藏的意识有了更为可能地被找寻的几率，不仅可以理解当下的境况，也能回首历史并洞穿未来。当然，就像生命里的所有存在一样，痛苦和磨难都是不可预见的，却在任何的时候都有可能会出现。我们无法回避，但须将其视为必然并正视它。因为痛苦与磨难的不可预见，我们无法去事先做好规划，但却可在正确理解的前提下，去做好内心的自我准备，以便当其突然闯入时可以承受得住，并作出正确的判断和选择。实际上，正是这样的教育才体现得出本应有的历史厚重感和现实的张力。

博尔诺夫的非连续性教育思想还具体地为我们指出：当面对逆境和不幸，在一种退化的状况里，有着两种有效的激励措施——告诫和号召。告诫可以是为其分析全盘，助其幡然醒悟而找到一条救赎的出路，回归到“该做的事情”上[2]。号召可以去集结所有正义的力量，使其有醍醐灌顶的感知，重新焕发精神去搏击所有的阻拦和诱惑。这是一种心与心的相互感染。我们的教育关注这样的问题，引导我们的学生从理性的态度去面对所遇到的痛苦与磨难，启示他们这些存在是生命的固有和因缘。同时，给予空间让他们抒发出生命、生活的困惑，探讨和剖析这些问题和压抑。我们要让其将自我各种感官和体悟从悲伤与绝望的情绪中解救出来，踏上灵魂的内省，不仅是单纯的教授和灌输。这是一种人生的交流，诉诸参与者的存在经验，让自我的整个心灵与肉体都得到透视和洁净。

由此，我们从博尔诺夫的非连续性教育思想中认识到生命境遇的事实性存在，从而对当下教育的理念有一个新的认识和调整，“一种认真对待自己使命的教育必须能引导成长着的一代人与精神世界的人物进行这种决定的遭遇，所有的教学都要以此为方向”[3]。因为，只有这样的教育才能重新焕发出光芒。在那种不受捆绑的情境下，紧紧地抓住并深深地震撼人们的灵魂深处。

总之，从教育的角度去解读痛苦与磨难，培养一种生命的禀赋，在痛苦与磨难面前有一股直面它的勇气，并随时准备好与之战斗的心理和意志的磨炼，具备一种人生意义的通达。在这样的意义上，理解和实现教育以促进生命的成长和社会的生生不息。

归还一种生命的完整

虽然，对于生老病死、意外与不幸等痛苦和磨难，我们可能无能为力，甚至不可抗逆。但是，尼采说：“人是有病的动物”，我们可以不断地追寻生活和生命里固有的意义，我们更会为这期间发生的这些痛苦与磨难而受到心灵的震撼。一方面，就如西塞罗在《论义务》里写到：“人与动物最明显的区别是这样的：禽兽在很大程度上为感官所驱动，很少考虑过去与未来，只为眼前而活着。但是人因为天生具有理性，他凭借理性可以知道事物的关系，看到万物的原因，理解原因和结果的相互性质，做出类推，因而很容易审视其一生的整个过程，为生活的行动做必要的准备。”另一方面，我们的生命和生活发展过程中所遭遇的这些痛苦与磨难对于生命个体而言，不仅影响我们的生理存在，还会影响我们精神生命的理性领域，更会影响到思维、情感、意志等非理性的领域。会出现如上所说的心门关闭等的情感体验，进而带来一种人生的新思考与新的生命转变。

其实，成为一个完整意义上的“真人”，就是在于每一次同痛苦与磨难的不懈搏击和不断的自我超越时，找到自我生命的新指向，感受生活的每一个瞬间和灵魂的每一次颤动，构建起痛苦与磨难的生命意义。我们正是遭受了种种的痛苦和磨难，才能看清什么是我们真正拥有的，而什么是我们好像拥有而实际上没有的，去明了真实与虚幻。这些痛苦和磨难，不仅能对我们进行检验，更是为我们生命境界的提升奠定基础。

因为就是这些痛苦和磨难的意外闯入，才可以使我们拥有一种非常态的意识和情感体验，正是这种非常态的体验让我们得以唤醒沉睡的心灵，重启人生而转向一个新的境界。经历了亲人的逝去，生命的意识会回荡于脑海中，然后激发出对当下生活意义的冲动；衰老和病痛的折磨，真切体验死亡的来临，去拥有生命的转向而思考真我之归宿。

我们也可以从伟大的作品中来把握生命与生活的精神内涵。比如，我们可以看到在公元前6世纪的古希腊，戏剧大师埃斯库罗斯用他的戏剧作品如《被缚的普罗米修斯》《奥瑞斯忒亚》等向世人一次又一次地揭示：苦难是人获得智慧的必由之路，这是神的旨意。戏剧里面，正是那些可怕而痛苦的人生经历使主人公得以摆脱精神枷锁和生活琐事的局限，进入到英雄的精神境界。也正像鲁迅先生所写到的：“真的猛士，敢于直面惨淡的人生，敢于正视淋漓的鲜血。”

我们带着哭泣声来到这个世上，在生命的每一瞬间里都会有一些难以忘怀和刻骨铭心的经历。我们能真切地感受到，当痛苦与磨难突然冲进我们的生活，虽是惊涛骇浪，但它会将我们推至某个空间。在那里，不管是带着怎样的情感和体验，我们总是抽离的。在那样的一个时空里，就像灵魂暂时离开了肉体，站在空中审视着，看着周遭的种种变化，更渴求一种对生命和生活之本意的领悟，不再为琐屑之羁绊而不断迷失方向，明白那些自怨自艾和歇斯底里，有时候是那么的可笑，有时候以为的天崩地裂也不过尔尔。我们总归会回到平静，总归会渴求回到本真之自我，面对痛苦与磨难，总归会得到一个人生重启的时刻，生命之转向升华到一个永恒的世界，最终去践行一种生命的完整。

参考文献：

[1] 邹进. 现代德国文化教育学 [M]. 太原：山西教育出版社，1992：73.

[2] 李其龙. 博尔诺夫的教育人类学思想述评 [J]. 华东师范大学学报（教育科学版），1996，(2)：30-39.

[3] O. F. 博尔诺夫. 教育人类学 [M]. 李其龙译. 上海：华东师范大学出版社，1999：60.

田野故事

乡村，人类早期文明的主要载体，在现代社会中仍以它朴素自然的风格占据历史的一角，默默述说着乡村的道德。乡村教育流淌的是乡村道德的血液，传承着古老的文化。乡村教育是乡村生活的一部分，如果生活即教育，那么乡村教育就是乡村的生活体现，村民的生活就是教育。古往今来，乡村教育是一条通往何方的道路，立足乡村的教育能否为乡村的建设指明发展的方向，是辩不休的话题。今日的乡村教育传授逃离乡土的本领胜过开发乡土的能力。乡村与城市之间是真的存在天然的鸿沟阻碍彼此的发展进步，还是人为的眼光所限导致的弃此求彼的心态？这是当今乡村教育必须解决的问题之一。乡村的未来在于乡村教育，乡村的教育怎样引导？是重构乡村景致还是毁灭乡村？教育承载着关键的作用。本文叙述了闽南某地改革开放后乡村教育的变迁问题。文中涉及的人和事物进行了学理上的修饰，并不是真名。通过乡村教育的人类学考察，叙述了乡村学校——教师——乡村——村民的生活，寻求乡村教育的发展之路。

一所乡村学校的故事

□ 郑鸿基
福建省三明学院图书馆

闽南某县级市苍霞镇，面积 44.6 平方公里，人口 4.5 万人左右，四面环山，多丘陵，地势南北高，中部低，海拔均在 570 米以下。有一条西溪自西向东贯穿中部。有省道 308 线、铁路贯穿全镇。

苍霞镇开发于晋代。唐朝时期，此地的人文、经济已经比较繁荣了。宋代时凭借着河道的优越条件，积极发展河运生产，并带动了其他行业的发展。新中国成立至改革开放的这一段时期里，随着社会安定，科学卫生事业的发展，苍霞镇的人口翻了近一番，“八分山两分田”的土地，加上落后的农耕生产根本满足不了人民的生存需要，人民生活举步维艰。即使在当时限制农民流动和割资本主义尾巴的大背景下，苍霞人也不得不私自四处“讨生活”。生存环境考验着苍霞镇人民的意志力和创新力。

改革开放后，凭着生活积淀出来的韧劲和资本，苍霞镇在经济和教育方面的发展速度令人赞叹不已。在经济上，苍霞镇迅速崛起为乡镇企业的一颗明星，经济发展可以与“苏南模式”相媲美。苍霞镇的乡镇企业在20世纪90年代初兴起，有多个开发区，厂房林立，私人小作坊如雨后春笋般遍地开花。人民生活水平逐渐提高，昔日的土坯茅草屋变成钢筋水泥结构的小楼房。苍霞人对子女的教育也越来越重视，短短十年间就发展出一所办学成绩位居市前列的达标中学。以下特别提到的学校发展历程更能让人感受到苍霞镇发展的势头。本文的主角就是这所达标中学——苍霞镇朝霞中学。

朝霞中学自创办以来，每年约为苍霞镇培养初中毕业生400人，学校连续15届初中毕业生中考成绩均居市前列，每年都有30—40人考上市一中。2000年春季晋级为地区市达标初中校。2002年升格为完全中学。学校现有41个教学班，教职员工154人，在校生2073人，校园面积占地99087.80m^2，校园建筑面积22799.6m^2。直至2011年，朝霞中学已经为本地培养出8000多名初、高中毕业生，从一所生源素质较差的未达标普通完中，到2009年晋级为三级达标中学，几年来高考成绩不断提高，本科录取线、上线率均位居市前列。学校先后获得地区级“市文明学校”、地区“两基”工作先进单位、地区“创安”工作先进单位、地区“市先进教工之家”和市“两个文明建设先进单位”、“教育先进单位”、“理论学习先进单位”、“素质教育先进校”、“绿色学校”、“交通安全学校”、“新课程实验先进单位”、“学籍管理先进单位”、“创建平安校园先进单位”等荣誉称号50余项次。

第一篇　建校

建国初期至1992年，苍霞镇只有一所中学——苍霞中学。该中学位于苍霞镇区。1978年以前有高中部，现在只剩初中部。流经苍霞的西溪把该镇分成两大部。镇区及镇政府所在地设在溪南。到西溪北面的苍霞子弟上初中，必须走很远的路。由于溪面较宽、水流湍急，跨溪大桥未建立时，上学必须摆渡。1984年，大桥建成后，才解决了渡河的难题。不过上学远依然是个问题。学校不提供住宿，学生往返很辛苦。另外原有的学校规模容纳不了越来越多的学生，班级人数严重超标，影响了教育质量。

20世纪90年代初，苍霞镇的家庭小作坊式的加工业蓬勃发展，农民的经济能力增强，对子女就近上学的愿望日益迫切。镇政府响应1987年的《关于农村基础教育管理体制改革若干问题的意见》号召："多渠道筹措农村办学经费，是改革农村基础教育管理体制的一项重要任务。征收教育事业费附加，是调动地方和社会办学积极性、促进基础教育发展的重要措施，体现了'取之于民，用之于民'的精神。从长远看，这样做不但有利于基础教育的发展，而且有利于农村经济的发展，符合农民的根本利益，不应视为'加重农民负担'。"在当时县政府的指示下，政府工作人员协调各村，多方宣传，号召社会各界以及乡贤进行捐资。不足部分分配到各村进行征收，集资在西溪北面创办一所初级中学。

在学校选址上还比较顺利，充分考虑了交通的便利性，并调动村民集体创办教育、造福子孙的积极性，规划出一大块村集体用地，加上征用村民的一些山地，很快就规划好了六十亩的学校用地。

筹　备

1991年4月，就有消息说县里想在下面乡镇再办一所初中校，加快初等义务教育的普及。经过县委的讨论，县里分管教育的副县长指示教育局选择合适的人选到新校领导工作。"一个人只有当他感到需要时才会行动，因此知识是来源于需要，这是所有知识的真理。甚至对在原始时期最早的学习者也是如此。人类的理智是从很早的时代自然发展起来的，是通过进化才达到了今天的水平。"[1]这一段论述用在学校的筹建上再合适不过了。

程文明原来在县里的二中当教导主任，兼初一两个班的数学教师。这一天刚上完前两节课，校长黄英义就派教务处的小刘来请他到校长办公室。一走进办公室，他就看到教育局长戴孝义和一个有点眼熟的人坐着喝茶，校长在旁边陪着。一见程文明进来，校长就向他介绍副县长方长远和教育局长戴孝义来找他谈点事。程文明马上毕恭毕敬地向两位领导稍微欠了一下身，说道："请领导指教。"两位领导站起来给他让了个座。黄校长也给程文明倒了一杯茶，程文明连说谢谢，然后校长对他说："这一次县里有重要任务，两位领导百忙之中特地来找你了解点事情。你有什么意见也可以直接提。"戴局长接过话头说："是这样的，县里准备在苍霞镇新办一所初中，前期工作需要请你协助。"程文明连忙说："不敢，不敢。还是请那些更有经验的吧。"黄校长连说："程老师是很谦虚的。"方县长打断程文明的话说："你是我们县里连续两年的优秀班主任，还在市里获得过教学比赛二等奖，说明你的能力是很突出的，因此我们准备调你到新学校去领导工作。”说完他看了一下戴局长，戴局长连忙说，“局里还会再调一位总务协助你。这段时间县里已经在拟文件，准备到下面去征地。到时会通知你到现场去看一看。”说完他把头转向方县长：“方县长，您还有什么要交代的吗？”方县长说：“校长是个很重要的职位，如果学校没管理好，校长的责任是很大的。这段时间程老师多和黄校长学习，我们会再根据实际情况确定最终的人选。”程文明连忙说：“谢谢领导栽培。”黄校长对程文明说：“这样吧，你回去后也要先把现在的教学工作做好，如果上级任务下达，学校会积极配合的。”戴局长对方县长说：“我就跟您说过了，黄校长是很会栽培人的，很好说话的。”黄校长笑着对县长说：“是我们局长领导得好。”接着就对程文明说：“程老师，要不你先回去，等上面有什么文件，我再通知你。”程文明起身向领导们告辞。留下三位领导在校长室里聊天了。

教育是公共事业，教育公共性是这个时代的教育精神。“和教育公共性相对应的，或者，形成教育公共性的社会基础，是儿童的公共性；就教育来说，它的公共性越来越明显，义务教育就说明了这一点。当教育是公共的时候，接受教育的青少年也就向公共性靠拢。由于教育的普及，能够上学的青少年将是所有的青少年，教育成为人类的生活方式。”[2]学校的创办也就较容易得到社会的广泛认可。

过了两个月，校长就通知程文明周六上午8点到教育局找局长。一到周六，程文明七点半就到教育局门口等局长。过了二十分钟，局长就骑着摩托车过来了，他对程文明说：“我们今天跟方县长到苍霞镇去看一下，学校征地已经做好了，准备奠基了。”程文明就让戴局长载着到县委大院，找到方县长，三人坐着县里的桑塔纳轿车到苍霞镇。车子先开到镇政府，镇党委书记郭开明和镇长吴大松带着镇里的几个工作人员已经在大门口候着了。三人下车和众人打了个招呼，方县长就让书记带领到校址去查看。苍霞镇政府和新学校距离四公里，中间隔着一条河叫西溪。镇里现只有一所初中学校。苍霞镇多山，溪那一边的学生上学要走很远的路，以前没有桥，学生要摆渡过河不方便，镇中有提供住宿。两年前西溪南边的溪南村和北边的溪北村建起了一座大桥，才解决了学生上学过河的问题，但是溪北的学生上学还是比较远的，再加上溪北适龄儿童较多，一所镇中容纳的人数很有限，因此县里才决心新建一所学校。

过了桥，沿着村路七拐八绕，终于到了新校址。程文明先前就打听过了，这条路还通着山上的一个小乡镇眉山乡，而且苍霞镇这几年发展得很好，村里有很多小作坊生产各种水暖用具，村民比较富裕，到学校的这一段路铺上柏油，还是比较好走的。新校址在一个小山坡上，还有一条路连着溪北村和大丰村，车可以开上去，住在坡上的村民平时就顺着这条路到大丰的菜市场做买卖，或者到远一点的工厂上班。由于学校处在溪北村和大丰村的交界处，镇书记郭开明还把溪北村村长苏进步和大丰村长蔡连升找来了，他们俩早就在坡上等着。一见镇长和县长上来，连忙过来敬烟。郭开明带着县长一行人沿着学校征地的范围慢慢走着，还不时地对县长说："这一次征地，村长苏进步出了很多力，不停地到村民家动员，除了村里的公用地，还征用了邻近村民的土地，征买的占了一半，现在一共有近 30 亩。"方县长也对苏村长频频点头："征地确实很麻烦，是镇里和村里大力支持才完成的，你们做得很好。县里会有相应鼓励的。"程文明陪着县长局长默默走着，插不上话，他只感觉这里比县城差太多了，以后回一趟家多不容易。

参观完校址，一行人就到镇政府附近的饭店吃饭，由镇里请客。吃完午饭，程文明跟着方县长的车回到县城。

开　学

参观完学校后一个月，学校就开始奠基，命名为溪北中学，并动工修建教学楼、宿舍楼和食堂。程文明其间又去看了几回。过完年，一下就到三月。学校就建好了两栋教学楼，局里调了一个在苍霞小学工作多年的老师程营到学校当总务，和程文明一道布置学校的教室。程文明现在的身份是溪北中学的副校长，负责溪北中学的事务，正校长暂缺，其实就是程文明。县里有个不成文的规定，主要领导挂副职，工作一年，如果没出什么大问题，再转正。程文明原来县二中的课照常上，还要往新学校跑，确实很辛苦。教室的布置，课桌椅的购置，新学校的每一件事都要他和程总务两人一起商量处理。

学校周边环境也让程文明很头疼。学校就在村子里面，还有一条村路从学校中间插过，村民可以自由出入学校。程文明一直在想怎样把学校的围墙修起来，免得村里的闲散人员影响学校教学。程文明一直向教育局打报告，要求拨款修围墙。教育局经费紧张，出面请镇长帮助。镇里决定帮忙，可是新问题又来了，附近村民不同意学校围起来，因为这就意味着他们到大丰村要绕很远的路，发生过围墙被村民推倒的情形。最后学校和村里协调，开一个铁门，平时上课锁起来，禁止村民的机车通过，免得噪音影响学生，放学期间开放。

到了六月份，教育局向县里请示重新命名学校，要把溪北中学改为朝霞中学，说是反映全镇人民的心愿。这里还要补充介绍一下，县里决定创办这所新学校，由县财政出了约三分之一的经费，剩下的由镇里从教育附加税里补齐。镇政府号召乡贤捐了一部分，不足的部分按镇里人口数平摊到每个人身上收取。住在溪南的村民就有意见，因为他们也出了资，学校却叫溪北中学。在农村，村民是很在乎名分的，而这名分通常体现在命名上。也有贤达人士认为应该取个有内涵的校名，直接用地名命名，让人觉得很一般，而起“朝霞”，暗含学校的学生朝气蓬勃，还有当地经济兴隆发达之意。县里经过讨论后，肯定了这一说法。因此，在新砌学校围墙上就改用朝霞中学这一名称了。八月份的教师委派证上写的也是朝霞中学。这一名字就这样一直沿用下来了。

县里为了保证学校的教师数量，今年新招了很多教师。程文明在七月份就经常来往于学校和教育局之间，目的就是想请教育局多安排几位素质高、教学业绩突出的教师。教育局同意新招的教师由程文明先挑，但是数量有限。往年县里一般只招本地生源的教师，今年还到省外去招了一批新教师。程文明很幸运地先选了两位。挑来挑去，教育局最终给学校分配了十二名正式教师，加上从别的学校调了七名正式教师，一共十九名公办教师。朝霞中学首届招生三百五十八人，六个班级。十九名教师远远不能满足学校的正常教学。因此教育局借调了几个小学的教师，还招了几名代课教师。开学了，确定有四十二名教职工。

中国人多，历来就很少有领导从人这一主体来规划与实施行政蓝图的。学校为教师建造宿舍楼的申请往往需要经过三申五请、七议八论后才挤出一点经费，更别提为教师建个健身活动室。至于为学生们购置一些最新的书籍或把学生宿舍布置得更舒适温馨些，得等某些主管领导心血来潮才行。对于这些事，学校领导也是很有经验的，往往在一个很迫切的项目上多报点经费，然后再把多报的经费投入到其他建设中。很多建设项目都要多报，因为补充申请不足经费的项目会让更高一级的领导觉得管事的谋事能力不足或办事不力，这会给主管领导的前程打上不良的记录。这一操作过程跟领导的作风有很大关系，有的领导为了平衡各种关系，难免会挪用公款。这一挪用并不一定是中饱私囊，更多情况是要填补以往不足经费项目的支出。

八月底，学生过几天就要开学了，程文明很着急，学校还没有操场。在教学楼前面有一大块预留的空地是做操场用的，大约可以设置一个两百米跑道的运动场。程总务告诉校长可以开学后再慢慢平整。程校长说好，那就先把旗台做好，总得让学生有个升旗的地方，让他们知道这里是学校，知道学校是国家为了培养学生而办的。于是就先设置了一具简易的旗台在空地的南面，刚好在教学楼下，旗杆高有十五米，一上坡就可以看到国旗。

开学前一周，所有教师已经都到学校住下了。程校长召集所有教师开会。会上号召所有教师提前做好教学准备，兢兢业业做好教学工作，抓好学生的思想工作，争取第一届学生的成绩排在全县前列。开学第一天，校长邀请了镇里以及各村的领导参加开学典礼，召集所有师生举行升旗仪式，并在国旗下的讲话中勉励全校师生爱国爱党、团结一致、勤奋认真，做好教学工作。

校园建设

随着学校的发展，1994 年第一批约三百五十名学生毕业后，到2002 年学校保持一千名学生以上的规模，班级数量在 24 个左右，教师也增加到 80 个。程校长经过三年的努力，每年从学校的常规支出中省下一点经费，把学校东面学生宿舍楼、教师宿舍、食堂修好了围墙，并装上了铁门，以免学生晚上随便外出。学校的操场和周边坑坑洼洼的地方，利用每周的劳动课时间，安排每个班级组织学生平整。学生家长听说孩子在学校做劳动要挑土平整道路，甚至开来拖拉机帮忙拉土。学校已经建成一个 250 米跑道的操场，操场中央用水泥铺好两个篮球场。

“中国改革开放以来实行的向地方政府分权使政治体系在纵向上发生了结构和功能变化，地方政府具有了更大的自主权，而且地方政府领导的权力集中度甚至比中央领导层还要高。这是因为地方领导人集党政权力于一身，无须考量国际关系和国家安全等问题，而地方人大和政协的作用一直不甚突出，使地方党委‘一把手’（党委书记）往往具有极高的权力集中度。虽然上级党委可以通过干部委任制和轮换制，以及组织纪律监督等制度渠道和手段对下级党委政府实施控制和监督，但是，对数量大、层级多的省以下党政部门，上级党委政府有效控制和监督的能力有限，从而使某些地方官员在缺乏有效权力监督的情况下演变为独立的利益群体并与大款企业家等组成利益联盟。”[3] 学校的管理也难免落入这一氛围。校长兼书记由教育主管部门任命，任期一般很长，校长往往在本地形成了很密切的关系网。积极影响是这可以促进学校的发展，比如学校周边的安全稳定，学校的活动容易获得地方社会支持，朝霞中学的筹资过程就充分反映了这一积极影响。负面影响是，容易产生腐败，学生入学、教师人事变动、学校基建项目等，有关系的人都可以得到较好的处置。

进入21世纪，程校长就在思考一个问题，学校每年毕业的学生继续升学的还不到一半，剩下的早早就出去打工了。他们年纪在十五六岁，说大不大，说小不小，要是能够多学点知识就好了，可以提高他们的文化素养，要知道他们的父辈很多小学都没毕业。这些学生并不是不喜欢读书，除了学习差一点点外，最近的高中也要到十公里外的市三中，而且听说校风不好，家长不太愿意送小孩去读书，主要一点是怕小孩缺少大人的管教，容易学坏。如果是到市区的重点中学一中读书，家长就算砸锅卖铁也要让小孩去读书。如果有哪家小孩读书很好，考上好学校，家长又不让读书，就会被村民咒骂。程校长由于近几年教学和管理工作突出，被评为地区的优秀教师和县里镇里的人大代表，有很多机会和上层领导接触，就听说市里（该县近几年GDP稳步上升，多年被评为国家百强县，现已升格为县级市，省里委托地区直管）准备创办一批高中，解决市里初中毕业生上高中难的问题。程校长多次找新任教育局长程进兴，申请把朝霞中学升格为完中校。2001年终于有文件下来，市里新办的一批高中里有朝霞中学的大名，市里召开一个会议，把各个学校的校长和学校所在地的镇领导都召集到一起，对新办的学校提出了一系列要求。明确要求新办高中硬件设施要达到的要求，并表达了市上的指示精神，由市财政出近三分之一的建造经费，剩下的由镇里拨一些和学校自筹。这时刚好碰上了省里在扩建校园规模，省政府指示省内的多家银行开展学校专项贷款业务，由市政府担保，学校作为法人可以向银行贷款。

朝霞中学所在镇近几年经济发展势头很强劲，镇财政收入颇丰，程校长多次到镇里商量，由镇政府出面号召所在镇的几个乡贤出资加上镇里拨一部分，很快就筹到不菲的资金，新建了一幢三层教学综合楼，一楼做教室，二三楼做行政办公和各科室实验室，还有两栋教师宿舍楼：一栋三层24间单身套间，一栋两层16间单身套间。单身教师两个人一间，学校中层领导以上干部，校长、副校长、总务、教务长和夫妻都在学校工作的人员，一人一间。经过市里验收，朝霞中学作为新办的农村普通高中从2002年8月开始面向全市招收高一新生。第一年招的学生将近三百，大部分是学校初中部直接升上来的。

到了2005年首届高中高考上线率就排到全市第六名，程文明和学校所有员工欢喜得不得了。自办高中以来，初中的教学质量也稳步提高，中考重点中学上线率稳居全市前列。学校每年都新进部分教师，及时补充师资力量，提高教学水平。

2006年开始，受到学生人数下降的影响，2002年和朝霞中学同一批次新办的几所高中都出现了招生数量严重不足、面临停办的危险情况。市里有消息说要整顿学校，重新配置学校，停办全市的非达标高中。朝霞中学目前还是一所普通农村高中，如果招生数量不够，也会停办。朝霞中学这几年每届高中学生人数稳定在三百左右，教学质量也一步步提高，有越来越多同水平的学生选择到朝霞中学就读，还有属邻镇固定招生点的三中也有很多家长选择送到朝霞，原因是朝霞的学习风气比较好。程校长积极地扩大学校的影响力，争取招到更多的学生以保持学校的规模，并组织教职工审议通过了《朝霞中学创办三级达标中学发展规划》文件。不过程校长在 2007 年 7 月调到了别的中学，朝霞中学由副校长方思义主持工作。方校长一上任，就开始着手准备申请达标中学的事务。达标中学有软硬件要求。软件方面要求指学校的教学成绩。朝霞中学这几年取得了很好的成绩，软件方面不成问题。关键是硬件方面，教学设施不足。市里组织相关人员到朝霞中学视察后，给方校长等学校领导布置了一系列任务，三级达标中学要有的基本教学设施，如教学楼、实验室、学生宿舍楼、标准四百米操场等，这就意味着朝霞中学还要创造很多硬件才能满足达标要求，经过估算大约需要三千万资金。市政府同样只出部分资金，大部分由学校所在乡镇筹措。

2007 年开学，方校长就在全校职工大会上阐明了学校面临的严峻形势，学校一停办高中，就有很多教师面临转岗，要求所有员工动用各种关系为学校募捐，保住工作。在镇政府的指导下，学校还出台了捐资的鼓励条款。镇政府分派人员四处募捐，在全镇形成了一股捐资助学的热潮，创立了镇教育基金。在镇里企业和村里乡贤的支持下，很快就募集到第一期的办学资金，2008 年年底就建好了一栋综合楼和标准四百米跑道。2009 年 8 月建好新的学生宿舍，2009 年 9 月就投入使用。2009 年 10 月在省里组织的达标评估下，朝霞中学顺利地评上了三级达标中学。

第二篇　教师的故事

任　免

公立中小学学校所有教师的任命，都需要通过教育局审定。教育局每年都要把全市教师的分布情况，教师离退任、请假、调任情况、超缺编数上报市里，然后由市里拟好新一年的教师编制数和新的招聘指标，交由教育局向社会公开招聘，然后再由教育局按需要分配到不同学校。20 世纪八九十年代，教育局新招优秀教师一般分配到市区和各个重点中学。现在分配的原则一般是按生源地（就是原来高考时的户籍所在乡镇）分配到该地的学校，但是不排除个别教师自己动用个人关系进入意向学校。分配方案一般由教育局拟定。

市里给一中自主招聘的权利，但是编制数由市人事局定。本市教师都以在一中教书为荣，一中在福利方面是全市所有学校中最好的，而且生源也是全市最好的，教师在该校容易取得教学成绩。就算已经在别的学校工作的教师也会想方设法往一中调。朝霞中学有几个教师由于各方面的原因调到一中，这让同期进入朝霞中学的其他教师羡慕不已。

夫妻同在朝霞中学，如果有一方能够调到市区，配偶是很支持的，很少会考虑到夫妻双方分居的不便。特别是近年来交通的发达，每天都有多趟班车往返于市区和苍霞镇，或者教师自己有摩托车，甚至小轿车。20 世纪的因距离加剧夫妻分居矛盾的问题已经不是问题。

市里对于考核不合格的教师也有相应的处置办法，一般是先调离教学岗位，做教务工作、学生宿舍管理员或后勤等。2000 年以前，由于本市教师工资比较低，不少中学教师就申请停薪留职到别的地方工作，教育局对这一部分人不上报人事局，保留他们的编制，工资由教育局代领。或者有的学校运用社会关系帮离岗的教师保留职位不上报到教育局。到了 2007 年随着政策的透明，市里统一查办停薪留职的公职人员，要求他们必须在规定时间内回原单位报到，否则将做辞退处理。朝霞中学也有一个停薪留职多年的教师返岗。很多教师私下里开他玩笑说，下海数钱多了，可能粉笔都拿不习惯。他也不介意，笑着回答："还是回到学校好，省心点，安稳，不用像在外面没有规律地生活。还有重要的一点，工资涨了很多。回来工作，到退休可以拿到很多退休金。"

前几年由于朝霞中学一直在发展，创建高中部，晋级三级达标，教育局每年都会分配五个左右的教师到学校，但是有的学科明显是够用的，比如说语文、数学、英语，每年还是会再分配过来。现在学校的教师基本上处于饱和状态，有的学科超编很严重，有的教师工作量远远达不到要求，一个教师带一个班也是存在的。学校又没有其他工作让这些教师做，但是也不能让他们无事可做，有的就安排到各科室当管理员，科室事情很少，由于经费的限制，实验仪器和材料并不能够保持充足，学生做实验也不多，管理员的工作变得很轻闲，这就导致了人才闲置。

近年来教育局规定，市区内学校的教师和镇区达标中学的教师的晋升条件之一就是至少需要到乡下或市里的几个偏远乡镇中小学支教一年。朝霞中学虽然晋升为三级达标中学，不过地处农村，算是农村中学，加上离市区近，交通便利，因此很多市区的教师非常愿意到朝霞中学支教。随着苍霞镇经济的迅速发展，镇区各项基础设施已经和市区没有什么大的差别，加上镇区有几个大的上市企业，镇上街道包括朝霞中学所在的村落道路夜间也是灯火通明，交通十分便利，离市区不过十六公里左右。苍霞镇已经不再是改革开放前的落后乡镇了。这几年还有分配到市区的新教师第一年就先到朝霞中学来支教，把朝霞中学当做新教师培训基地了。有的学校确实很欠缺教师，只是学校没有权利把他们留下来，教育局一张公文就可以把人调走，包括学校原来很优秀的教师。

学校、学校领导与教师

前一章说到程校长和程营总务两个人是朝霞中学的开校元勋，办校最初两年学校教师就他们两个有当时流行的“嘉陵”牌摩托车。两个领导身先士卒，骑着摩托带着科任教师下乡家访。校长和教师之间的关系更多是平等的同事关系。程校长能够带动所有教师，把他的要求很好地贯彻到教师的教学活动当中。工作过程中，程校长凭借着教学成绩建立起了很好的个人威望。

学校创办高中后，他就不再担任教学工作了，专门做学校的管理工作。教师们一下子就感觉到校长和教师的不同了，校长是领导，教师是被管理者。程校长经常到各个班级去视察。休息时间，特别是晚自修时间，只要他走进教师休息室，他什么话也不说，只是和大家笑一笑，问一问今天班级情况怎么样，教师们就会找借口，或说过来找点资料，或说请学生过来了解情况，没有人会说是来休息室里喝茶休息，然后就慢慢离开回到班级。教师对学生的学习抓得比较紧，没完成任务的学生放学后经常被教师留下来开小灶。程校长经常说：“我们学校地处农村，学生家长很少会检查孩子的学业，或者没有能力检查孩子的学习情况，需要教师们都花点时间，管好学生，才能够让他们出好成绩。农村学生的成绩是抓出来的，大家要尽力。”教师们也很用心，经常加班加点地辅导学生。学校连续多年取得的好成绩，离不开教师的辛勤工作，教师也由于学生取得的好成绩获得了多项荣誉。

建校初期，第一任教务长苏进发担任语文教学工作。由于他没能够很好地配合程校长的工作，比如程校长要求按照什么原则安排课时和教学人员，苏进发经常没有按照程校长的意思，自作主张地安排。平时两人的言论也经常有不一致的地方，让教师们也感觉到学校里的两个主要领导关系不太融洽。教育局明察暗访到这一事情，觉得学校领导不合不利于学校的教学，就把苏进发调到另外一所学校，重新安排一名人员到朝霞中学任教务长。新的人员很快就和程校长配合得相当默契，让人感觉到了学校领导的团结，进而加强了教师的团结。

程校长调走之后，新任校长方思义是办校第一年招的新教师，算起来也是开校元勋。不过可以感觉到教师们并不是很认同他的领导。有教师私下说他小气记仇，不能够很好地分配教师的工作，没有领导风范。这有一个原因是他新当上领导就有意地和教师拉开距离，让教师觉得他是校长，和以前不一样，有点拿架子，这让有的教师看不惯。同样是视察工作，方校长走到休息室，资格较老的教师礼貌性地请校长上座，就照样喝茶休息。方校长也不好多说什么，只好说教师们要尽快到班级去辅导学生，就离开了休息室。在教师福利方面，教师颇有微词。领导天天是全勤，周末还算加班费。教师督修一节课或超课时的补贴有时候仅够买一瓶水。可能在前任校长就存在这种情况，只是当时教师们没有公开提出来。现在就有教师在教职工会上质疑校长的一些主张，这在前任校长主持的会上是罕见的。方校长第一年有兼上一个班级的课，教学成绩不是很好。他在会上经常责备有的教师没有认真教学，导致学生的成绩不理想。他本人的教学成绩正好成为教师们反驳他的一点，自己教不好，还怪别人，或者，身为校长深知教学实际存在的情况，还在会上公开责备教师，分明是摆架子，受责备的教师就很不买账，常议论校长的不是。经常有人议论方校长的不是，方校长的不当之处就越来越被放大，结果就是方校长不太得教师们的拥护。

现在部分教师再也不把教师职业当做自己的主业，只要按照学校的要求完成教学任务，根本不想在学校里有什么大的作为，他们只想平平安安工作到退休。因此除了学校的工作，他们把剩下的时间更多地放在处理一些个人事务上。学校领导不可能要求教师时时刻刻固守学校，领导安排的如果不是教师必须完成的任务，教师通常就会采取当面应承、实际拖拉的态度，教师的工作积极性在一定程度上下降了。这并不完全是出于对学校领导的不满，更多的是出于社会的经济压力和教师的职业倦怠，不满只是一个掩人耳目的原因。

教师之间

建校初期，所有教师都住校，那时候电视也很少，只有几个教师有电视。平时教师们下课就到各个宿舍去串门泡茶聊天。聊天的话题更多的是谈论班上的学生表现和作业情况，这在多年后被教师戏称为“融乐于教”的教研。学校教师有五十个左右，教师们平时交流得很多，加上大部分是年轻教师，很快就有人擦出爱情的火花，很多男女教师喜结良缘。目前在校的几对夫妻教师，就是在当年“教研”活动中缔结下牢固的感情基础，学校的发展见证了他们坚贞的爱情故事。当年毕业的年轻教师，家庭情况都差不多，每个人的工资相互一清二楚，个人交往较少考虑经济上的因素。工资也够个人使用，除去伙食费等日常所需，节俭些，还能省下一半寄回家。教师经济较平等，个人关系也较融洽。

进入2000年，特别创办高中后，学校分配来了许多新教师。他们是在“电脑要从娃娃抓起”、“发展才是硬道理”、“不管黑猫白猫，抓到老鼠就是好猫”的号召下成长的一代，他们的观念明显的就和2000年以前的教师不一样。他们不大习惯于各个宿舍串门聊天，而是更愿意待在电脑前玩游戏看电影，或者是年龄相仿的几个人相约下馆子。这有一点是科技的进步引起的，年轻人的话题更加关注最新最时髦的东西。很多教师购买了电脑，装上了宽带，网上丰富多彩的世界，更能引起教师们的兴趣。把年轻男教师吸引到一起的一个重要话题是每年的NBA球赛，从乔丹到科比、姚明，从公牛、湖人到火箭，年轻人们喜欢谈论体育，这是个老少皆宜、贫富皆可说两句的运动。随着年轻教师的到来，办校之初的教师们这时候大部分成为学校的骨干教师或中层领导，并且成家生子，除了教学工作，家庭事务也要花费很多精力，他们也不再像年轻时那样有充足的时间串门，也没有很多时间参加年轻教师们的聚会。

很明显的一个变化是，教师之间的经济差别很大。工作多年的教师的工资比年轻教师相对高很多。近几年学校有个别教师家里有做生意的，除了教学工作，课余忙着自己的生意，赚了不少钱，甚至买上了小轿车，开着轿车来上课，让很多教师很羡慕。新教师的工资，特别是男教师经常三五个下馆子聚餐，加上物价比较高，大部分变成“月光族”。有的教师很快就在工作之余找到门路赚钱补贴家用了。现在教师的话题多了很多内容，比如如何做生意、股市行情等，教学活动的交流比较少了。他们很多时候把学校规定的教研活动变成生意交流会或庆祝会，当然是在非教学区举行。教师们这一点还是分得很清楚的，在教学区域（教学区域一般指教室、教师休息室）不谈私事。现在教学业绩突出的教师很受领导器重，那些开小车来上课的教师也很受别人尊重，外人觉得他们很有能力，现在是有经济才有能力。而这个经济来源是靠家庭还是别的门路都不重要，重要的是他有钱了。俗话说了，“亲兄弟不如人民币”。教师之间也存在以财取人的倾向。这是市场经济下知识转化经济的一个证明。从市场角度来说，有能力的人获得高回报才能让资源得到最优配置。但是在现实生活中，很多回报并不取决于能力而是取决于占有的社会资源，这个资源是家庭、社会多方网络交织而成的。

历史上教育经费除了国家直接调拨外，还有用“田产”来支付，这些田产或者由国家分配或者由地方分配甚至个人捐赠的也有。有学校有产业，如临街店面可用于出租营利来支付学校的开支。纵观整个教育史，还有用实物代替工资的。考查中国教师的工资支付情况，可以看出，越是在偏远的地区，教师的工资越没有保障，他们的工资甚至有时候是用欠条支付的。这种情况在闽南地区很少见。从建校至今朝霞中学的教师工资全部由国家财政划拨。现在教师实行“干部编制”，教师的工资原则上套用国家公务员工资等级，采用国家财政为主与地方津贴为辅的分配方案。不同地区基本工资相差不大，但是教师拿到手里的薪金因地区不同却相差很大。

1992 年刚建校时，刚参加工作的教师工资约为 270 元。2011 年刚参加工作的教师工资约为 2300 元。实际上，教师把拿到手的钱都当做工资，这里面包括福利，其中有住房补贴、课时补贴、地方津贴、学校规定的补贴等。

2007 年绩效工资改革前，本地的工资主要是基本工资加地方津贴两大类，其中基本工资主要是国家财政支付，地方津贴是县级财政支付。不同县市教师工资差别主要体现在地方津贴上。

在新的时代背景下，教学过程中的同事关系慢慢地注入了更多的经济因素。对教师的管理也转向了市场化，实行绩效工资，以教师的教学成绩为考核标准。绩效工资的目的主要是为了促进产业工人的生产效率和服务业的服务质量。教育相对独立于政治经济等因素，很难用经济手段来衡量一个人的教育效果。在现行的制度下，教师可能为了达到考核要求，加强对学生的智育训练，弱化学生其他方面的教育，这可以在短期内提高学生的成绩，但是可能阻碍了学生长远的发展。绩效中的排名无形中促成了教师的教学竞争，以分数为主的竞争暂时提高了学校的教学排名，学校也会因此得到相应的荣誉，如果没有适当的教师职业教育跟进，加强教师的职业修养，教师很容易产生职业倦息，影响教师的自身发展及教学成果。

教师在市场经济下，不再把自己局限在校园内。在经济压力下，教师更多选择走出校园，利用自己的社会资源在社会上谋取利益。子女上学、住房等家庭开支便靠教师工资是支付不起的。在理想状态下，只有计划家庭的日常开支，教师省吃俭用，才有可能支付起较差的住房。由于经济因素的推动促使教师选择融入市场，积极参与兼职工作是可以理解的。但这一趋势导致了教师日常教学交流变少，更多的是交流兼职经验。目前，能够安于教学工作的教师是有着良好的家庭背景，家庭可以帮忙解决住房婚姻这种大事的人。教师自身的教育更容易形成“人以群分”的局面，爱好、背景类似的人更多的走到一起。教师之间的教育形成了分层，这也是教育的一个功能体现。

回到教育的原初状态，教育是有闲阶级的活动。

学校、教师与社会上的人

学校建校之初，以本镇的学生为主，学校和学校里的教师一般和村民有着较密切的联系，这主要集中在有孩子在学校就读的家庭中。随着本镇企业的发展，很多长年在本地打工的父母倾向于把孩子带到打工地，外来工有到学校咨询外籍学生就读的相关事项，有的企业为了留住打工人员，推出一系列措施，帮助外来工安置子女上学，企事业主请学校协助解决外来工子女入学问题，也开启了企业和学校互动的另外一个渠道。学校跟本地的企业都有很好的沟通渠道，得益于近几年学校发展通过政府出面邀请企业为学校的办学捐出了大量资金。随着计划生育政策的效果显现，本地的适龄上学儿童高峰期已过，现在初中部的本地生源急剧下降，从以前每年可以招七个班四百人左右，到2009年开始变为每年只招五个班，二百五十人左右，其中有近四分之一是外来工子女。外来工一般较主动和教师联系了解子女在校就学情况，教师也通过与外来工的互动更加深入地了解到他们的工作情况，进一步地了解本地的企业用工情况。

本地企业近几年不断加强企业文化建设，部分企业在厂区都建有体育设施方便员工锻炼身体，有的还组织了篮球队，企业间经常进行交流赛，经常邀请学校的体育教师当裁判。通过裁判教师的这一中介，不断地有校外人员邀请学校组织篮球队参加友谊赛。有时候在学校举行，有时候到厂区篮球场，也有与邻近学校、村队的友谊赛。学校2009年新建了灯光球场，外出打球就比较少，校外人员每周都会组织一到两次到学校打友谊赛。篮球运动在苍霞镇很普及，每年都有组织全镇各个村委会间或企业间的联赛。学校体育教师是这些球赛的主要裁判。各个企业篮球队或村队里的很多球员都是朝霞中学毕业的学生，加强了校友的联系。这些人当中的很多人也为学校的办学捐了不少款。

学校的规模越来越大，学校事务开支也越来越大。相关企业也就会主动找到学校寻求合作。学生每年的保险业务由中国人寿承担，业务员是学校以前的代课教师，配偶现还在本校工作。除了朝霞中学的保险业务，整个苍霞镇的保险业务都让业务员承办。学生的校服以往统一由教育局指定的服装厂生产，现在教育局把主动权交给学校，让学校自己选择生产商。2005 年后市里对义务教育阶段的农村学校没有硬性规定统一买校服，学校也不强制学生购买，由学生自愿，但是学校一般会通过各种方法动员学生购买。学生一般都有购买校服，学生觉得体育课要穿运动服，市场上的运动服价格又比较贵，校服就是运动服且价格相对便宜，还是买校服划算。生产服装的企业管理人员也会找校长洽谈校服的采购问题。学校办公室的办公用品一般交由固定的教师去采购，他有权利选择不同的商家。学校大的教学设施建造项目，比如教学楼、宿舍楼等采取公开招标的形式，招标过程由市里主持，学校作为法人代表，校长有签约的权利，对工程的竞标者有一定影响，但不是决定因素，市政府才有权利做最终决定。从几次扩建来看，中标的单位大都是政府在本地的长期合作伙伴。

学校雇了一个水工和一个保安。水工负责学校的用水和简单的管道维修。学校出资在坡下靠近西溪岸边挖了一口井，利用水泵把井水抽到学校的水塔供应全校师生。水工是大丰村一个六十三岁的老人，看起来很精干，不显老。他的儿女都已成家在外地打工，他和老伴两个人待在家里，现在农村基本上不种田了，只是种点菜和养几只鸡鸭。学校每天约抽十二个小时的水，水工不用一直在机房看着，只要估算好水池注满的时间过来关掉水泵就可以。其余时间他可以自由安排。学校有人事局安排的两个退伍军人当保安，学校再雇一个是为了能够进行三班轮换，保证每时每刻都有保安在学校。保安原来是溪北村联防队员，溪北村和大丰村联防队在学校的放学时间段都会派四五名队员在学校路口协助疏导交通和预防学生突发事件。后来学校直接找溪北村联防队要了一个队员当学校的固定保安，工资由学校支付，有别于原来的两名编制保安，工资由市财政支付。学校严禁社会闲散人员随便进出，保安起了很大的作用。有到学校滋事的人，基本上是那些刚毕业不久又暂时没找到工作的附近村落的本校学生，借找同学或以前教师为由到教室里走动影响了学生的正常学习。

在学校晋级为三级达标中学后，学校经过和溪北村委会的协调，已经可以不让附近村民取道学校到附近办事，学校完全用围墙包围着，校门实行出入登记制度。本校学生上课期间除非持有班主任请假条不准离开学校，外校人员进入学校需说明事由，找到相关人员证明才能进入学校。这些措施一定程度上保证了学校上课期间不受外界干扰。社会闲散人员也在村领导干预下，减少了许多。

校园周边环境安全是学校与周边村落的重要联系纽带，学校领导出于安全事务的考虑经常会和溪北村委会和大丰村委会打交道，别的村委会离得比较远，学校也会定期和他们沟通。涉及学校周边治安问题的，学校领导会上报镇政府，镇政府就会出面召集各村领导协调解决。学生在校期间和社会上闲散人员有冲突的，区别于学生在校期间的违纪行为，由学校处理。查明闲散人员所在村落，一般交由派出所交代各村先预处理，村里解决不了才交由派出所处理。

老年教师

吴向前教师，男，1962 年 9 月出生，苍霞镇溪南村人，家住镇上。他是 1979 年恢复高考的第一批大学生，化学专业理学学士，1983 年毕业后分配到外地区的一所重点中学教书，并娶了当地的一位农村姑娘为妻。婚后不久，发现妻子心脏有问题，为了更好地照顾妻子和家里年迈的父母，1996 年申请调回本市，安排在苍霞镇附近的市三中任高中化学教师。2002 年朝霞中学创办高中部时，由他本人向教育局申请，调到朝霞中学任教，离家更近。

吴教师在外市任教时，教学成绩突出，荣获市级优秀班主任、先进教师等称号。调回本市后，花费在照顾家人的时间上比较多，教学成绩不再像年轻时那样突出。从 2007 年开始，学校安排他管理化学实验室，不再承担教学任务。吴老师很坦然，认为当管理员只需要按照学校的要求准备好试验用品，学期初和学期末做好试验品的损耗补充，这样的工作对他一个化学专业的教师来说就是小儿科，比当教师压力小很多，不用为了学生的学业操心。下班之后就可以回家，和街坊邻居聊天。他还在自家屋子后面的空地上开辟出一个小菜地，在上面种点蔬菜，美其名曰纯天然绿色有机蔬菜。由于他父母已经过世，兄弟早已分家，自己只有一个女儿，在市区上班，还没嫁人，爱人的心脏通过治疗已经康复，经常到市区照顾女儿饮食起居，家里变成只剩下他一个人。他的菜经常吃不完，就带到学校送同事。年轻的同事都当他是长辈，跟他关系还挺不错，几个中年同事还经常抽空到他办公室聊天。他的生活基本上是在学校和家里，周末偶尔会去市区看看爱人和女儿，一般都是她们回家看他。暑假了，他会到外省去旅游。他的兄弟和家族里的很多人长年在外省做生意，只要他想外出，就有接待的人。

吴老师现在很少和同事谈论教学上的事，自从 2006 年他按学校要求“传帮带”一个新分配来的化学教师后，就告别教学讲台了。平时的话题是最近的新闻、镇上的新鲜事和股票等，学校的事务他一般是不过问。领导对他也没什么特别要求，只要他完成学校交给的任务，每周的例会记得参加就行。同事包括他自己也认为就这个样子再坚持几年就退休，没有什么值得大变动的。他自己也说，要是现在退休可以全额领到退休金的话，他非常愿意退休回家享受清闲。

汪隆教师，男，1946 年出生，本镇人，家在离朝霞中学四公里的汪村里。学校刚创办时，从三中调到朝霞中学任办公室主任一直到2006 年退休，他见证了朝霞中学的发展。退休前，学校大大小小的事他都了如指掌，加上人好交际，跟同事关系非常融洽。退休后，回到乡下和老伴看家，他的儿女都在国外，平时就在村里和邻居泡茶聊天，偶尔还和村里的老人一起玩玩彩票，每年学校的教师节庆祝宴会都会请他参加。他在校期间长期做学生的思想工作，曾和年轻的教师们说，要是和学生讲道理，就很难找到知音。他认为跟有的学生讲越多道理，他越鲁莽，还以为自己很明白事理的样子。这种情况下，教师要严厉地处罚他，给他下马威，他才会尊重师长。他所任教的黄金时代是体罚学生是家常便饭的阶段，信奉的是“严师出高徒”、“棍棒底下出孝子”的信条。他的权威当时在学校里得到师生们的普遍尊重，直到退休也是如此。

吴莹老师，初中语文教师，女，1960 年出生，本镇溪南村人，爱人也是教师，邻镇人，在三中教语文。她的儿子2010 年、女儿2011 年大学毕业参加工作，在镇上买了套房，孩子住在套房里，夫妇俩吃住一般都在学校。吴老师工作认真，平时经常把没完成任务的同学留下辅导。她经常说希望这些学生能够都学点知识，因此对他们很用心。学生觉得她年纪大，脾气好，经常在课上趁她不注意做小动作，这让吴老师很生气，一旦被她发现，一律让他们放学留下来学一段时间才可以回家。

中年教师

程飞龙老师，物理教师，男，1973 年出生，老家在市郊，1995 年一毕业就分配到朝霞中学工作。当初高考成绩不是太理想，上不了本科，刚好本市需要大批教师，就和华东师范大学联合在本市电大办专科，专门为本市培养教师，他就在原来班主任的建议下报考了，并最终被录取。

程老师几乎每年都当班主任，但是他承认最近感到力不从心，家庭事务繁多，经济压力很重，不能像以前那样全身心投入到学校。他向学校领导请求辞去班主任职务，领导利用私人关系总是开导他挽留他，说他教学经验丰富，管理得当，由他当班主任，可以更好地教育学生，或者说可以算是帮助领导个人。程老师推托不过，也只好接着当。他娶了本校的一个教师为妻，妻子是本镇汪村人。小孩在溪北小学上一年级，要接送。夫妇俩就错开上班的时间照顾小孩子。他们一直住在学校提供的住房里，他目前还没有自己的房子，家乡的房屋是父母十几年前留下来的典型的地方平房，而且和他哥哥合住，近年邻居都盖起小别墅，让他的房子显得很落后，因此他时常感到亏欠妻子很多，结婚多年还不能够让妻子住上自己的住房，他妻子包括他自己也觉得回家住不太方便。由于他父母已经过世，结婚最初几年，他常和妻子到他岳父家过周末，现在他经常找借口让妻子一个人回娘家，因为他觉得是自己没有自己的住房才让妻子经常回娘家，他没有让妻子找到属于自己家的感觉，对不起妻子。他妻子很贤惠，并不埋怨他什么，只是他经常自责并没有说明不陪她回娘家的原因，让妻子感到有点伤心。

程老师为人比较豪爽，和同事关系很融洽。年轻时经常和同事隔三差五喝喝小酒聊聊天，现在较少和同事喝酒聊天了，有同事相邀，他就说在戒烟戒酒。程老师在苍霞镇也有很多朋友，他们周末经常约程老师出去喝茶聊天，吃饭喝酒也常有。朋友们知道程老师工资不高，每次都不让程老师付钱，就算是程老师回请也抢着不让程老师付。这让程老师感到苦恼，朋友有约不出去显得不够意思，可是自己限于经济条件不能经常回请他们感觉没面子。虽然朋友都是真心诚意请他叙旧，但是程老师还是觉得不好意思。最近他控制出去的次数，就是为了让自己心理平衡一点，不过他隔段时间是一定要和朋友叙叙旧的。朋友多次介绍他利用假期做点兼职补贴家用，程老师本来不想做，现在考虑到家庭压力，就慢慢动心，抽空了解相关的生意经。这也算丰富他个人的生活了。

王秀锦老师，政治老师，女，1970 年出生，家住苍霞镇邻镇，爱人也是学校的教师，有一小孩在镇小学上五年级，他们在乡下老家自己盖了小楼房，平时住校，方便上班和接送小孩上学。王老师本来是分配到三中工作的，因为老公在朝霞中学，就申请调到一起，三中当时是达标中学，朝霞中学是普通中学，由好的中学往外调，只要符合规定很容易申请。王老师年轻时获得过优秀教师、优秀班主任的称号，婚后生了小孩子，就把生活重心放在家庭，辞去了学校里的非教学职务。现在每天上完课就在宿舍里做家务，辅导小孩做作业，也经常抽空和学校里年纪相仿的同事聊聊家常，或者到操场跑步，一起逛街等。她和爱人在学校工作多年，家境颇丰，家庭兄弟姐妹大部分在外做生意，没什么负担，她只要认真完成教学任务，管理好家庭事务就可以。她爱人是学校领导，工作认真投入，正积极地向更高职务进取。她爱人在家时，经常有同事过来拜访，谈天说地的什么都有。周末他们会带上孩子回老家。

青年教师

程强老师，男，1983年出生，未婚，本镇人，大学毕业分配到朝霞中学，家住离学校四公里的村子里，一般回家吃住。家里一直催他成家，他也不紧不慢的。觉得没找到合适的，不能太匆促。父母希望他能在本校找一个女教师，他也在尝试着。可是本校新近分配来的教师一般都有对象，他选择的机会很少。女教师只要有机会偏向于找公务员为对象，政府、国税、银行、公检法等单位的工作人员是女教师青睐的对象，一则是收入高，二则是地位高。还有就是嫁个富裕的生意人。选择男教师对女教师来说是下策。学校里有多位女教师嫁的都是非本校教师，然后就调走或转岗。目前学校是未婚男教师人数远远高于女教师人数，而且有多位是超高龄。已经有多位男教师转变在本校择偶的观念，或通过媒人牵线认识非本校女青年，并最终抱得美人归。男教师偏向于寻找同在学校工作的妻子，或者有稳定工作的妻子，现在的年轻教师很少有找没有编制工作的妻子。可是在学校工作的未婚女青年却偏向于寻找非教师配偶。这是男女青年教师在择偶上的显著差别之一。

程老师下班后经常和年轻的男同事们打篮球下馆子喝酒，显得很潇洒，并不觉得有太大压力。家里的兄弟姐妹都已成家，父母催得就不太急了。不过随着年龄的增长，程老师也意识到父母在变老，考虑到父母年老后需要自己赡养，要为家里存点钱以备不时之需，因此他就抽空帮家里创办了小作坊，为附近的工厂加工一些产品补贴家用。还有为了不让父母操心自己的婚事，他表面上也要做出积极相亲的样子，免得父母一直催促。

陈春花老师，女，1986年出生，未婚，本市人，家在离本镇14公里的另一乡镇上。平时住校，周末偶尔回家看望父母。她父亲也是个教师，母亲是个家庭主妇。她从小就不想当老师，因为她觉得父亲当教师很辛苦。可是高考成绩不太好，在父母的开导下，女孩子读个师范以后当教师稳定，她就读了师范院校。父母也一直催她早点成家，并希望她找一个家境殷实的对象。她自己不着急，觉得一个人过，不受约束，自由自在，不想太早结婚。一到假期她就会出去旅游，感觉很快乐。她一般都和未婚的女同事聊天，和她同一期毕业的女教师已经都结婚了，她就不太方便再去找她们玩了。现在一下班，一般都在自己宿舍收拾家务或看书备课。学校里有个现象，同一批毕业分配到校或者邻近一两年分配到校的，平时在一起的时间也较多，关系显得比其他人亲密。

卢家豪老师，男，1982 年出生，本镇溪南村人，2005 年毕业分配到朝霞中学。2007 年底结婚，爱人是大学同学，原来是本市另外一所中学的教师，结婚后调到朝霞中学，现在已有一个四岁的女儿。卢老师在老家有一幢父母留给他们两兄弟的四层楼房，一人分两层。家庭里的主劳动力除了他一个人做教师有稳定工作外，其他人都在外做生意，家境很好，父母都还很健壮，父亲还在外省做生意。自从他有了女儿后，他母亲就常在家帮他带孩子。他结婚前也是经常和同批次的男同事聊天谈心，现在下班后基本上在家陪小孩子做家务，是学校里公认的好丈夫。

程建业老师，男，1982 年出生，2004 年大学毕业分配到朝霞中学，本镇程厝村人，家离学校约四公里。平时回家吃住。2007 年结婚，爱人是本市人，但在邻市小学当教师，周末才回家和程老师相聚。现在小孩子已经两岁了，在家里父母帮忙照看。程老师结婚后就较少和学校同事聚在一起，下班就回家帮助家里经营一个小作坊替工厂代加工。

培　训

只要上级有要求教师参加培训或教研活动，朝霞中学都会派相关科目的教师参加，并报销差旅费、培训费等。教师自己的学历提升进修就不属于学校可报销的范围。平时学校每周例会后的教研活动、公开课观摩课评议等也是教师们自我教育的一种方式。学校党员还必须按校党支部的要求写总结或心得体会。这些构成了教师自我教育的主要形式。现实生活当中教师教学能力的提升更多的是靠个人在教学工作中的投入程度。能够较好地对待教师职业，有着较自觉的教师修养的人，平时会不断地查阅资料自我提升。对教学成绩不在意的，只是为了完成学校安排的任务，是典型的教书匠，只是按照课程标准的基本要求进行教育。他们下班后一般会忙于自己的事，较少进行自我学习提升。社会上追求的短期经济效益的潮流深深影响着教师，教师本身并没有显示出独特的知识分子气质，不太可能让群众一想到教师就联想到知识，教师知识分子的身份并没有得到群众的认同，群众充其量认为他们只是有一定文化知识的人，教师也不过只是一种职业而已。教师在日常生活中并没有带多少知识的气息，本身的职业认同感并不高。有的教师在和人交往中还经常诉说教师工资待遇低下，这是社会现实，但是教师经常性地在并不是很了解教育的人面前诉说的话，只会让他人觉得教师好像只是为了工资而教育的。他们或许心里会想："既然你们抱怨工资低，为什么不换别的工作呢?"

村民眼里的教师

村民们包括社会上的人，对教师还是比较尊重的，特别是有小孩在上学的家庭。他们认为教师是吃皇粮的人，是有能力的人，工作稳定。有能力可以成为教师的是经过高考洗礼的一个特殊群体。高考在人们眼中，就像封建时代的科举，只要考上了理想学校，学生整个人生就可以改变，整个家庭的命运也可能改变。教师是大学毕业生，他们的文凭就是能力的最好证明。近几年，大学毕业生就业难，能够当上教师的人更让村民们觉得了不起。

由于现在通讯便捷，教师一般通过电话和家长沟通，较少下乡家访，很多时候是学生在学校表现相当不好，教师才会家访。这就让村民有种印象，被家访的学生是在校表现较差的。教师偶尔的家访反而让村民觉得不自在起来。住在乡村里的教师，言行举止和村民没什么差别。邻里有纠纷，村民也不会由于教师在场而变得讲理克制。教师这时候是有固定职业吃皇粮的村民。在村民日常生活中，村干部和政府官员才是知识分子，因为他们能够处理村民的事务，教师不能帮助村民解决纠纷或经济问题。官僚思想根深蒂固存在于村民的脑海中。

第三篇　学生的故事

一个村落，一个祠堂，村民的根；一所学校，一面国旗，国家的魂。

以往中国学校的创办，通常是政府觉得有必要办，大致选好地点后，然后让拟创办地的镇政府拟个报告，走个形式，这个新创办的学校也就成了该届政府的工作要点之一。进入20世纪90年代，政府的工作重心主要放在经济发展上，主管教育的各级机构有完全独立于其他行政机构的趋势。教育有相对独立于政治经济制度的特点，这指的是教育不仅要为社会培养人才，还肩负传播文化、传承文明的使命。如果教育不考虑到社会所需，不按照社会实际情况实施，教育与社会相互区分，那么教育将会走向没路。现行的学校按照政府的文件培养人才，而不是按照实际需要培养，按政府的行政手段指导教育，没有按教育本身的规律，出现了教育无用论也在所难免。

学校是正规教育的载体，是一个为学生以后在社会中生存承担一定职责做准备的培养教育场所。地方是社会生存的物质基础，或者说是客观条件。学校教育必须能够培养出适应地方生活的人的角色，这一角色具备地方生活中所要求的竞争与合作的素质。这里的地方不是学校所在乡村的小地方，而是整个国家，乃至整个人类所处的环境。虽说学校培养的人不一定为当地乡村服务，但是在一定程度上维护了乡村的发展稳定。这一突出贡献具体表现在把一群充满活力的未成年人集中在一定区域集中管理，可以避免很多社会问题的产生。这里所指的“充满活力”在特定环境下可以解释为充满求知欲和破坏力。国家赋予学校承载文化传承的责任，符合规范的社会价值取向通过学校教育内化为学生的行为准则，这正是学校教育所承担的最主要的道德建设任务。

学校为乡村培养有文化的人，学校通过教育学生与乡村建立起密切的联系。在整个社会视野中，学校和乡村（地方）都是社会的一个组成部分。乡村是自然形成的，学校是人为的。两者共同存在是为了地方更好的发展，也就是为了社会更好的发展。反过来，乡村的发展水平也影响着学校的发展。不同地方的学生思想观念不一样，决定了学校教育采取不同的教育手段。学校教育是控制性的教育，在一定的规则下实施教育，受规则支配。学校的重要任务之一在于制定符合当地文化经济发展水平的教育措施来维护规则。

学生自己的生活

夜生活已经成为现代生活的常态。在都市里，人们可能工作或娱乐到凌晨，上午对某一部分人来说已经不存在了。传统意义上的“日出而作、日落而息”这一自然规律在现代发明——电的影响下变得越来越不重要了。在人造光明下，人们一天相对的活动时间比古代长了许多，推迟了休息时间，但相应的起床时间也推迟了。早起是学生、工薪阶层的专利。

看一下现在学生的作息时间表，对于逃离学校生活很久的人们来说，总会在记忆里拼命追问：自己当初怎么就起得来呢？现举一所学校的作息时间表为例：

冬令作息时间表

上午	起床	6：00	下午	预备	14：00
	早操	6：15		第一节	14：10－14：55
	早餐	6：35		眼保健操	15：05－15：10
	预备	7：05		第二节	15：10－15：55
	早读	7：15－7：40		第三节	16：05－16：50
	第一节	7：50－8：35		课外活动	16：50－17：30
	第二节	8：45－9：30	晚自习	晚餐	17：30
	课间操	9：30－9：55		预备	18：10
	第三节	9：55－10：40		第一节	18：20－19：20
	第四节	10：50－11：35		第二节	19：30－20：30
中午	午餐	11：40		第三节（初三、高中）	20：40－21：30
	午休	12：00－13：45		第四节	21：40－22：10
	起床	13：45		熄灯	初中 22：10 高中 23：00

夏令作息时间表

上午	起床	5：50	下午	预备	14：10
	早操	6：05		第一节	14：20－15：05
	早餐	6：25		眼保健操	15：15－15：20
	预备	6：55		第二节	15：20－16：05
	早读	7：05－7：30		第三节	16：15－17：00
	第一节	7：40－8：25		课外活动	17：00－17：40
	第二节	8：35－9：20	晚自习	晚餐	17：40
	课间操	9：20－9：45		预备	18：20
	第三节	9：45－10：30		第一节	18：30－19：30
	第四节	10：40－11：25		第二节	19：40－20：40
中午	午餐	11：30		第三节（初三、高中）	20：50－21：40
	午休	12：00－13：55		第四节	21：50－22：20
	起床	13：55		熄灯	初中 22：20 高中 23：00

从表中可以看出学生基本上六点就要起床，七点要到学校了，比起上班人员一般的八点上班提前了一个小时，学生这一“职业”是超八小时制的，难怪很多学生幻想着早日毕业。学生一天的生活都被学校安排得满满的。有的不住校的学生基本上也算住校，家对他们来说，只是晚上回去的地方。学生在家吃饭也不是必需的了。有的家长嫌早起做饭麻烦，干脆拿钱给孩子到学校食堂或街边小吃店买早餐。家离学校稍微远一点的学生，甚至中午和晚上都不回家吃饭，一是学生觉得时间很紧，二是家长认为现在交通不安全，路上车那么多，小孩子多一次在路上就多一分危险。家长虽然知道孩子在外不会好好吃饭，也没办法，就等周末小孩回家给他好好补一下。

可以说现在乡村学校的学生不像以前一下课要急着赶回家帮忙做饭喂牲口，农忙季节还要下田，总之以往农村学生课余要做各种家务，现在的学生学习就是他们最主要的责任。学生的课余时间也不是很多，教师怕学生闲着没事干，总会布置一些作业。这就让有些学生觉得学校生活没有趣味，除了作业还是作业，他们倒羡慕起那些可以到山上放牛的娃们，可惜现在的农村牛也不常见了。

还有个别学生学习不太好，家里还是家庭作坊，下课回家就会帮忙做些活。这种情况的学生家长一般不会强烈要求孩子放下活计去看书学习，稍微问一下孩子作业做完了没有，只要小孩子说完成了，就可以，他们也不会去检查小孩的作业，因为他们知道“自己的孩子不是读书的料，完成作业就可以，不管他们是抄的还是自己做的、对的还是错的”，他们能帮忙做点事也好，省得书读不好人也变懒惰了。家长没心思或者说没有能力去开发孩子的能力，学校迫于升学压力，也不会下很多工夫去培养学生除了考试之外的能力。家长没有让孩子直接回家做事情，是因为要让小孩子完成义务教育，或者说要让小孩子在学校待到大一点，甚至待到成人，才好让他们到社会上去闯。

学习好的学生包括想学习的学生，他们基本上不要教师和家长的监督，自己按时完成作业，还抽空复习和预习功课，阅读教师布置的书籍。在乡村，读书好的孩子在大人眼里都是天资聪颖的，是遗传是天意。读书不好的，是他们的命。能够升学继续深造，完全是靠小孩子个人的造化，父母由于自身文化的限制，起不到引导小孩子学习的作用。学习好的、愿意学的学生如果碰到一个经济条件宽裕、家庭关系较和睦的家庭，那就会让他们的学业如虎添翼，最有可能越学越好。可是在乡村，很多好学的学生往往来自那些经济条件不太好的家庭，学习不太好的学生家庭经济可能很好，但是家庭关系不太好。这可能跟乡村的“重利轻情”有关系。乡里人文化水平相对较低，在追求物质利益时，往往易养成一种“有钱能使鬼推磨”的心态，一切以钱为重。家庭富裕之后，往往姿态也很高，对兄弟姐妹亲戚间的借贷算得比较清楚，按照乡里人的说法“很小气”，往往会影响到家庭的和睦。家长在亲戚邻里那儿受气，回到家里就会拿老婆孩子出气，因此很多学生生活得不愉快，往往是家庭造成的。

另外家长对孩子的教育投资不是很积极。家长会因为“面子”问题，花上几百元，让孩子请同学到家里参加小孩的生日聚会，但是对小孩子买书籍或参加活动的费用表现得不是很慷慨。孩子的教育是乡村家长挣“面子”的重要手段。在乡村你夸一个家长的小孩考试拿第一，跟夸他一年挣得腰包满满同样是对他最大的奖赏。

以下是对学生的访谈记录，S 代表学生，R 代表研究者。

学生甲（初二女学生），家离学校约五百米。

R：你一般几点起床的呢？

S：六点起床。

R：你在家吃早餐还是来学校吃的？

S：我在家里吃。

R：是谁为你做的早饭啊？

S：我妈妈。

R：你妈妈做什么工作呢？

S：组装软管。

R：在哪里上班呢？

S：在我们自己家里，我们家自己到厂里拿材料组装，完成后再送到厂里去。

R：那你妈妈一天的工作时间是怎么样的呢？比如说早上她几点开始工作？你们家有养鸡鸭吗？

S：养了几只。我妈妈早上吃完饭，喂完鸡鸭就开始工作。

R：你会做饭吗？

S：会做，不过上学期间都是我妈妈做，有时候工厂赶工，来不及煮的话，会让我在食堂里吃。

R：那你什么时候会做饭，平时有帮忙洗碗吗？

S：我一般周末的时候做饭。吃完饭后就收拾碗筷。

R：你是个懂事的孩子。那你在家会看书学习吗？

S：很少，一般都在教室里做作业看书。

R：那你在家还做什么呢？

S：我中午要帮妈妈喂鸡鸭，晚上自修回家后洗衣服。

R：洗你自己的。

S：主要是自己的，有时候是全家人的。对了，我放学回家还帮妈妈组装呢！

R：难怪你在家很少学习。你妈妈不催你学习吗？

S：我学习不好，妈妈不怎么催的。

R：那你爸爸做什么呢？

S：他去工厂上班。

R：是在附近吗？做什么呢？

S：在中宇，好像是做打包的，我不敢问，只是听妈妈说的。

R：他平时会问你学习上的事吗？

S：会的，比较少。

R：都问些什么呢？

S：问我在学校考得怎么样。我说不好，他就不说什么了，只是要我好好学习。

教师眼里的学生

现在的小孩子生活条件比以前好，但是学习不那么刻苦，这已经是现在教师的普遍认识。也许可以从另一角度来看待学生的学习，他们有可能比以前更聪明了，花较少的时间就可以掌握以前同量的知识。是学生进步还是教师进步了呢？这是没有答案的问题。

教师倾向于认为孩子不懂事，以权威自居，要求学生服从，这是用成人的眼光来看待学生，用成人的标准来衡量学生。中小学生是未成年的公民，是小孩子，他们有属于他们的世界。在他们的世界里应该是充满奇思妙想、充满活力的。无奈他们的想象力过早地被考试的学校教育给抹杀了。这不是乡村学校独有现象，是千千万万所学校的共性。

一般的教师总是要求学生按时完成作业，顺利达到课程目标。更多的是强调学生知识掌握的情况，而较少关注到学生的学习状态，学生学得是否顺利、学习是否开心不是考试所能测试出来的，教师为了追求效率也不去管这些了，而这往往是教师最应该教给学生的，教学生热爱一门学科、引导学生掌握学科的思维方式、用学科知识去提升自己的能力直至能够造福人类。

学生学习不好，教师往往认为是学生不努力，上课不专心听讲所致。科任教师一般把上课不注意听讲的学生名单送给班主任，自己乐得不操心学生的学习和生活心理健康问题的清闲。这导致了学生只认班主任是自己老师的偏激情况出现。任何学科教学都具有教育性，而且要把教育放在首位。很多教师在本身不承担育人的前提下教学，对待学生的态度当然是很“势利”的，学习不好的学生理所当然不是好学生。

那些学习好的学生如同前一节说过的，他们自己主动学习，不用教师操心。教师往往会想方设法让这些学生的学业更上一层楼，对他们的关注也就多起来。这就形成了两个极端的循环，好的学生得到关注越来越多，学习越来越好；差的学生得到的关注在逐步减少，基本上变得越来越差。

很多教师认为学生在家里做的家务很少，或者根本不用做。这是个事实，现在的家庭，基本上不以农活为生计，学生在家不用上山下田是很正常的。但是有一点，有家长反映学生在家过着“衣来伸手、饭来张口”的生活，这让教师很是生气。作为一名教师，希望学生在家里能够帮忙做点家务。刷锅洗碗至少女学生要主动做，农村还是存在一定程度的“重男轻女”现象，父母一般不会要求男孩子刷锅洗碗。但挑水抬缸理应是男学生的分内事，可是现在的问题是农村中很多家庭用上了抽水机或自来水，是不用挑水的。再说到放牛养猪，这已经变成专业生产了，普通农民家庭不一定养。那男学生在家没事情做，就看电视，可是也不能一直看，爷爷奶奶认为孙子光顾看电视不学习怎么成，孩子认为自己只是学习之余看会儿电视放松调节一下，哪知老一辈认为年轻人不珍惜时间，结果是谁也不服谁，孩子在家净和爷爷奶奶拗气。爷爷奶奶偶尔也会到学校告一下孙子们的状，这也是教师认为现在学生好吃懒做的一个表现。

现在的学生注意力集中程度不如以往的学生，很多学生都有手机。尽管学校三令五申不允许学生带手机进入学校，但是这肯定是行不通的，家长不支持。家长有家长的理由，便于掌握孩子的行踪，监督孩子学习。学校又不大可能在校园内屏蔽掉手机信号，这样会影响周边的通讯。现在只能要求学生不准带手机进教室，可是这一点根本做不到，有几个学生会自觉把手机放家里呢？教师总不能每次上课前都检查学生的书包和口袋。无论学校如何禁止，手机依然在教室里招摇过市。学生没有那么高的自制力，让他们一整节课不看手机几乎是不可能的。学生总会在上课过程中见缝插针地看手机，接发短信等。排除玩手机这一主要影响注意力的因素后，还有对上课不感兴趣的、不想学习者等。

另外学生不够体谅父母也是教师认为学生不如以往懂事的一个因素。现在的学生觉得父母生他养他是天经地义的事，还会用《中华人民共和国未成年人保护法》来为自己不主动承担家务开脱。学生懂得运用法律是社会的进步，但是关键是他们用得是否合理。现在的农村家庭子女数也较少，独生子女也是有的。如社会上分析的、独生子女所特有的好以“自我”为中心一样，在农村也是如此。孩子得到的是溺爱甚于关爱，长辈扭曲的关爱使他们觉得自己所需就是长辈必须满足的，加上很多父母平时不在家照顾小孩，往往用物质的方式来弥补照顾的不足，结果是小孩的物欲要求非常强烈，攀比现象严重，而且心理承受能力很低，受到别人的指责，包括教师的训导后，容易产生漠视一切或自我封闭的不良心理出现。

村民眼里的学生

在村民眼里，学生是很幸福的，什么事也不用做，专门上学。很多村民都觉得现在的小孩也必须以学习为主，不要求他们帮家里做家务，只要他们学习好，以后找个好工作，不在乎在孩子身上多花点钱。这是由于现在村民的生活相对比较富裕，农村家庭基本上不用为了吃穿发愁。家长对孩子最大的希望就是读好书，找个稳定的工作。

在村民眼里，学习成绩好的学生，往往以后都是“当官”的料，村民对这部分学生都采用赞赏的态度。在他们偶尔犯了点小错误时，家长也是轻罚轻骂，偶尔有严厉责打的，就会有村民主动劝阻，责怪家长对小孩过于严厉。可是要是那些学习不好的孩子受到家长的责骂，就会有村民称赞家长对小孩管教有方。在农村的好学生无形中受到封建官僚思想残余的保护，村民愿意相信好学生是未来的“当官的”，村民深藏内心的这种小孩以后会感恩图报的思想迫使他们自愿提供道义上的保护。

农村留守儿童占有相当大的一部分，除了学习，应该说他们的生活是无忧无虑的。家里的爷爷奶奶负责他们的饮食起居，他们真正过起“衣来伸手，饭来张口”的生活。爷爷奶奶的封建思想还是比较严重的，他们更加倾向于小孩要读书、读好书，以后找个好工作。不像学生的父辈，对小孩不一定要求他只认准读书一条路，他们反倒希望小孩子掌握到文化知识，做生意赚大钱。因此，爷爷奶奶们对小孩的学习督促得比较紧，这就造成了祖孙间的紧张局势。爷爷认为小孩子就是要好好读书，不能做其他事，比如玩电脑看电视打球游玩等，而孙子辈认为爷爷们的思想落伍，现在社会提倡全面发展，不能只会读书，而且要讲究劳逸结合，偶尔玩电脑看电视是学习的必要补充。双方都有道理，谁也说服不了谁，结果是爷爷奶奶一见孙子在家玩，就会严厉责骂。孙子要是尊重老人家一点的，不会当面顶撞。但是这些从小被溺爱惯了的孩子是说什么也不会轻易屈服的。他们在家里得不到安宁和称心，就会想办法到别的地方找乐子。这就是街边网吧游戏店生意兴隆的一个原因。

在网吧和游戏店里游玩的孩子，没有长辈的监督，很容易会忘记时间，经常是忘记了回家的时间，还忘记了上课的时间，学习成绩自然下降，这时候家长往往把原因简单地归结为网吧。可是深层原因，家庭的环境是否和谐往往被忽视。

以下是采访一位将近六十岁的村民记录。I 代表受访者，R 代表采访者。

R：很高兴您能抽空谈谈您孙子的学习情况，请您大致说一下他上初中前的学习情况好吗？（事先已经了解到他的孙子从外省转回家乡读初一）

I：好的。我的孙子是第二个儿子的大孩子，在天津出生，在天津接受小学教育。由于他的户口在省内，按要求他考大学也是要回家乡的。还有一点就是到了冬天，北方的天气比本地冷得多，孩子在那上学不方便，每天要在路上花很多时间，还有天寒路滑，怕小孩子折腾（怕小孩受累）。让小孩住校，又担心在校没人照看。我就跟儿子说，咱们老家离学校这么近，让小孩回家乡念书，由我照顾着，小孩子不会学坏。儿子起初是不同意小孩回家乡读书的，他考虑的是家乡的教育质量比不过天津。后来我跟他说，再不好的学校也有好的教师，只要我们自己小孩子肯学习，在哪里都可以学得很好。还有老人照看着，吃穿可以一百个放心。最后我儿子想了好久，最终同意送小孩回老家读书。

R：孩子的父母都没有回来啊？

I：是的，就小孩一个人回来和我们住一起。

R：已经过了半个学期了，您孙子学习情况怎么样呢？

I：总体很好。这里的很多教师都是熟识的人，平时也比较照顾。小孩自己学习也很自觉，放学回家吃完饭，就做功课，根本不用催。前阵子语文考试，老师还表扬他作文写得好呢！

R：您真有福气，有个懂事的孙子。您周末会带他出去玩吗？

I：现在小孩不喜欢跟老人到处逛，他喜欢在家看书或者看会儿电视。

R：那平时睡觉起床需要您叫吗？

I：他自己定了闹钟，不用我们叫。我和老伴还希望他多睡一会儿呢！

R：那他父母平时有打电话询问小孩的学习吗？

I：电话基本上一个星期都会打一次，其实也不用打电话，小孩乖得很。小孩也把班主任的电话告诉他爸爸了，了解学习情况更多是找他班主任。平时就打回家问小孩的饮食问题。

R：小孩平时会自己跑出去玩吗？

I：我们的小孩不会，他去哪里都会和我们说一下。晚上都是按照时间回家睡觉的。平时我们也经常告诉他，不要随便出门，出门要跟大人打招呼，告诉大人要去哪里，大概什么时候回家。

R：您小孩做得很好。应该说是大人教育得很好。

I：小孩子懂事听话。

R：按照这种学习劲头您孙子肯定会取得全校的好名次。谢谢您接受我的采访。希望下回能够再次拜访您。

I：随时欢迎。

教育在学生身上起多大的作用

学校教育、家庭教育和社会教育在学生眼里好像是三座大山。在学校，学生有做不完的作业，有教师更上一层楼的要求。在家庭里，父母不知道孩子的感受，不考虑孩子的要求。社会上，各色人等都按分数对学生归类。学校里只有分数才是主要的；家庭里家长是教师的帮凶，把学校的要求贯彻到家；社会人员的片面眼光——这些都让学生幼小的心灵承受着巨大的精神压力。教育本来是教人自立的，在学生眼里教育往往让人孤立。

一个人在闲暇的时候做什么，更能反映一个人的教育水平。在学生眼里，学校教育就是接二连三的乏味考试，还有看那些不感兴趣的书，背那些枯燥的知识。过于注重分数和排名的教育，造成学生把怨气撒在书本上，他们认为只要不看书就可以远离教育。学生一有机会就把学校的书本扔得远远的，仿佛书本是万恶之源，这也是在公众场所鲜见有人看书的一个心理因素。不适当的教育让学生对书本产生了严重的抵触心理，深深影响到他们成年后的闲暇生活，他们很少看书，而看书或者准确地说阅读往往是一个人自我教育、自我提升的最直接表现。学生在学习时代就不能够主动看书，视看书如坐针毡，更别指望他们成年后能够有很好的阅读习惯了。

从学生的角度、教师的角度、社会的角度（以家长的角度泛指社会）来看学生，学生始终是灰色的，丝毫没有与他们相适应的活泼和朝气。这是我们的教育强加给学生的，硬要学生过早地老气横秋、认真听话、规规矩矩。这一些在成人社会里普遍被接受的做人的“中庸”之道，不能开发出学生的潜能，不能培养学生的创造力。教育变成了单向的施教，很少接收受教育者的反馈信息，而这些恰是孩子们的真实感受，恰是孩子们最真的世界。

按照我们一贯的做法，学生始终是在抬头仰望长辈、仰望教育的，长辈是权威，教育更是权威，学生只有服从的份儿。那教育就是在复制前代的产品，与教育推陈出新的本意不符。生活是最好的教育，在学生的生活中、在教师的生活中、在社会生活中，都应该给学生有表达自己诉求的通道。作为施教者，包括家长、教师、社会上对他人有教育影响的一切人，都应该把学生当做一个平等的人来对待，尊重他们的年龄特点，提出符合他们身心的要求，做好榜样。

教育应该在学生身心留下多少痕迹，就在于学生能够在闲暇时花多少比例的时间来自我教育，教育学生掌握自我教育的思想和方法。让学生感受教育的温暖胜于让学生承受被教育的痛楚。教师和家长都应该俯身听听学生的心声，教育不是考试机器，而是一个充满温情的“大染缸”，让身处其中的人能够焕发活力，创造奇迹。

人本来就是个奇迹，教育更应该创造奇迹。

苍霞镇地处全国有名的水暖制造基地附近，农村私人开办的小型水暖加工厂很多，村民一般选择就近的工厂上班，兼顾家庭。该地农村商业气息很浓，村民对子女求学抱着“念好就接着读，念不好就回家打工”的态度，加上社会上就业难的状况，更是让一些文化程度较低的家长对读书要求不强烈，影响父母的家庭教育观念。农村家长普遍缺乏心理健康教育知识，教育观念滞后。随着社会的进步，这种自身文化素质的薄弱与日新月异的教育理念、教育方式的脱节越来越明显，他们不懂得孩子的生理发育、心理发展的基本规律，不能用正确的态度和方法帮助、关心、教育孩子，相当多农村家长对如何管教自己的孩子束手无策，面对孩子的诸多问题，他们不能利用自身的素养、家长的人格力量去影响孩子。许多家长在教育子女时缺乏或没有“引导”、“沟通”、“尊重”、“培养独立性”、“注重品德教育”、“言传身教”等观念，而仍然是“不闻不问”、“树大自然直”、“灌输家长权威”、“孩子利益至上”、“教是教，做是做”等观念。农村由于地域上的差别存在着自身独特的问题，这是在农村城镇化过程中表现出的独特现象，如留守学生问题、自闭等日益严重的社会退缩行为。这类学生的害羞、焦虑、怕人嘲笑、怕与人接触，反映出这类学生有不同于其他学生的诸多特征，他们常常表现出来的喜欢低头，经常发呆、孤僻、固执、胆小、好想象、动作技能发展欠缺等特点，常常令老师深感不安和棘手，这是学生的社会性发展不符合年龄特点，表现出明显的社会退缩行为。对学生的社会退缩行为若不加以弥补和干预，不仅会对其目前的行为功能发展造成严重的障碍，而且会导致更广泛的行为功能的丧失，甚至会产生更可怕的诸如分裂型人格等严重的心理疾病，并持续影响到成年期，形成难以治愈的畸形性格。

另外也有父母进城务工的留守儿童，家庭氛围淡薄，夫妻不能团圆，父子母女不能团聚，爷孙不合，亲情疏离得厉害。一个人打工打瞎了一个家庭三代人，农民的自由代价是几代人的亲情疏离，责任的推脱，甚至是人性的戕害[5]。孩子从小体会不到家庭的温暖，感受不到亲情，长大之后很难体悟家庭的意义。

第四篇　学校与乡村

学校在乡村是很特殊的，其特殊在于，学校身处乡村，又不属于乡村，是乡村看得见的文化。学校对乡村最大的影响也就在于它的有文化。村民从小就教育小孩，“等你长大了就送你到学校读书”。也许在以前，到学校读书是件高兴的事，读书就意味着不用干农活，或者可以少做家务。但是现在情况不一样了，读书就意味着有伴玩，不读书要做家务是小事，问题是做完家务没有伙伴，因此可以看到那些刚毕业而又暂时没有事情做的学生（现在应该称村民了）常常到学校附近溜达，打发时间。

苏求文老先生，今年六十五了，他的儿女和孙辈都在朝霞中学读过书。苏先生觉得学校方便了村民小孩的上学，还提高了村民的文化水平。这一点他最有体会。他小学二年级都没念完就当了学徒，字没认得几个，可以说是文盲。这也不能怪他，当时家里人口多，生活艰苦，三餐吃不饱，哪有心思读书，有心思也没钱读。他跟打铁师傅走村串户补锅打铁铸锄，后来做起了水暖供销生意，凭着一张嘴巴第一个独自在村里盖起了三层楼，把所有小孩都送到学校念书。他虽然是文盲，但对知识很看重，这跟他长年在外与人交往有很大关系。他回忆起开始在外省做供销的时候，普通话都说不清楚，更不用说能够明白产品说明书上的内容了，经常被客户误会耽误了生意。因此他私底下花很多时间学习普通话，请教有经验的师傅把产品的说明讲解得仔细点，熟记在心，凭着记忆向客户讲解产品的功能。也就是别人一桩生意一天能够谈成的话，他要多花两到三倍的时间来完成。他觉得不能再让后代吃不识字的苦，再苦再累也要供所有的孩子上学，直到他们自己没办法升学为止。

学校在筹建时，苏先生在本村已经是个有一定声望的人了，他对学校的建设也很积极，帮忙征地，说服村民配合学校的征地扩建，带头为学校捐款；还号召村民在村里的公地上创办起与朝霞中学配套的朝霞小学，方便附近村民儿女上学。该小学由于招生数下降，已经于 2002 年停办了，苏先生并没有让校舍闲置，而是说服村民低价租给他人办幼儿园。他说租给别人办幼儿园，并不是图那些租金，而是希望小孩有个活动的场所，早点接触文化知识。

苏先生的儿子初中毕业后就到省外做供销，孙子也在外地上小学，到了要上初中的年纪，他强烈要求儿子把小孩送回老家的朝霞中学，这样他可以照顾孙子，孙子就不容易学坏。这是村民最朴实的想法，只要小孩子有长辈在身边，就不容易出问题，万一有什么不好的兆头，长辈也能够及时发现纠正。这是最朴实的亲子关系，多和小孩在一起，多和他们交流。

乡村中的学校提供给村民一个能够和子女方便接触的教育场所。那村民能否充分利用这一资源就看村民对教育的关注程度了。学校和村庄之间是一座狭窄的桥连接着，而不是一条大路。村民无事不登三宝殿，他们之间的因缘是孩子——少年儿童是父母的孩子，老师的学生。所以，一个少年儿童在心理上被劈为两半——一半是父母的（家庭）孩子，另一半是老师的（学校的）学生。只有在“学习好，将来有个好前途”这一点上，村民和老师才把这两半人合并成为一个人[6]。有的家长经常到学校了解学生的学习情况，可有的家长在家也很少过问学生的学习情况。很明显，家长关注度高的学生学习较自觉，学业也较好。家长较少关注的学生，经常出现不按时完成作业、学业较差的情形。学校在方便村民实施教育的同时，起着隐性的作用，学校并不主动在家庭教育中给家长有效的指导，家长也不认为家庭有重大教育作用。这是教育没有深入民心的一个体现。学校和农村生活、农民生活没有什么干系，只是为了农村儿童青少年上学而存在，并不直接为农民的生活而存在。有的农民让孩子上学，不想叫孩子再像自己一样只是为了一天打发三顿饭，尽管上学和一天打发三顿饭之间本来没有什么关系，不上学难道一天不能打发三顿饭？农民几千年的生活和教育没有因缘，也只是希望下一代将来还能在一天三顿饭以外有别的出息，一天三顿饭打发得轻松一些，有意思一些[7]。

教育观念的变迁

三十年间，我们从衣食住用行等方面可以感受到本地人的生活习惯改变了很多。从社会学的符号互动论角度看，衣食住用行等符号就人的五官显示出一个人或一个行为的独特之处。诚如符号互动论的观点所言，事物对个体社会行为的影响，往往不在于事物本身所包含的世俗化的内容与功用，而是在于事物本身相对于个体的象征意义，而事物的象征意义源于个体与他人的互动（这种互动包括言语、文化、制度等等），在个体应付他所遇到的事物时，总是会通过自己的解释去运用和修改事物对他的意义。我们可以看到本地人正迅速地向城里人学习，村容也在向城市的布局方向发展。按照历史的观念，城市人都是有文化、地位高的一个阶层。乡村也力图使本身去除农村的身份，争取摇身一变为城市。村民也希望能够摇身一变为城里人，按时上下班，不用到地里干活。我们可以看到乡村有很多人不用下地干活了，也有很多人按时上下班，但是村民并不觉得自己就是城里人了。现在的城里人变成要有一份稳定的工作，有编制，由国家提供工资福利。

早十几年，村民教育儿女要认真读书，跳出农村到城市里工作，只要有编制的工作，就是教育的成功。读好书的孩子能够享受父母砸锅卖铁献身教育的待遇，接受能力慢读不好书的小孩早早就被送到亲朋好友的企业当学徒。现在的普通家庭要求工作稳定、有高薪、能够改善家庭经济状况，如果不能找到正式有编制的工作，家长建议孩子找高薪的工作，选专业也是选能够好就业有高薪的行业为主。对于家境殷实的父母，倾向让儿女找一份稳定的工作，过上安稳的生活，不用像做生意办企业有那么大的精神压力。对于儿子，有条件的家庭先助其找一份稳定的工作，有个生活保险，有助于找一个有稳定工作的媳妇，然后鼓励儿子兼职，帮助其投资房产商铺、开办公司企业等。

本地人已经从过去单纯认为中小学校教育是脱盲教育，上升到学校教育不仅是个人文化学习的场所，也是社会交际的场所。有能力的家庭送子女到好的学校，不仅看重学校当下的师资力量，还看到学校潜在的社会资源，那就是能够到好学校读书的学生的家庭背景。子女有机会和那些以后在社会上有所影响的同学交往，对于个人发展是笔无形的财富。他们要求子女在校争取学业优秀，同学关系和睦，鼓励子女与同学交往。这个显著的教育倾向是由家长长期的生活经验形成的，他们在外奋斗，很多是通过不同的关系互相提携的。因此就把这个观念灌输给下一代。相反的，那些家庭经济较差的学生就没那么幸运了，他们不得不在普通的学校里早早完成义务教育然后走上谋生的道路。普通的家长更注重短期的经济效益，不可能把孩子放到未来很遥远的地方去考虑，他们只希望子女能够快速学个手艺，能够赚比较多的钱，独立生活。觉得孩子读太多书了，反而是坏事，大事干不成，小事又不想做，读成书呆子，好高骛远。按照社会学冲突理论的观点，普通的家长教育子女安于普通的阶层，有能力的家长帮助子女居于较高的社会阶层。教育是无形的阶层分选器，对于有能力的家庭帮助更大。

家庭教育

以往的家庭子女比较多，往往是哥哥姐姐在家照顾弟弟妹妹，长辈要出去干活。孩子长到可以说话自己走路时就不再需要特别的照看了，平时家长或哥哥姐姐出门上学或帮忙做工，小孩就放在家里，家门是不锁的，让小孩子在村里随便跑，等到长辈回家再喊小孩回家吃饭。家长对小孩的教育基本上在饭桌上进行。吃饭的时候父母会询问小孩一天的表现情况，表现不好的小孩，受到责骂在所难免，偶尔还要被责打，大都是为一些弄坏了邻居的什么东西，或者没有完成家长布置的家务。

乡村的家庭教育可以说是厨房里的教育。以往小孩从小要帮忙做饭，先从烧火做起，慢慢地就要自己学会做饭炒菜。在村里很少有小孩到了十岁还不会自己做饭炒菜的。大一点的女孩子除了做饭还要帮忙洗衣服。喂养牲口是每个小孩都要做的。家庭教育往往就体现在做这些家务的过程中。吃饭时父母会要求小孩给大人特别是给老人盛饭，还要帮弟弟妹妹打饭夹菜。这些都是对小孩最有效的道德教育，尊老爱幼，关爱他人。小孩在做家务的过程中学会了照顾家人，学会了生存。

现在的家庭，子女数量很少，哥哥姐姐照顾弟弟妹妹的情况已经很少见了。兄弟姐妹年龄有相差好几岁的，大的已经上学了，小的跟父母在外地，感情相对弱了些。基本上不用做饭，小孩子到了十五六岁还没自己煮过饭的也有。原因是现在做饭不用柴火烧的灶了，改用煤气灶或电磁炉，长辈怕孩子小，加上孩子数少，个个是宝，用电用气不安全，家长也禁止小孩使用煤气灶。传统意义上，孩子没有了下厨的机会，家庭中的厨房教育就消失了。饭桌上的教育也不常见，小孩子不常和父母或家人同桌吃饭了。现在的家长要追着幼儿喂饭，爷爷奶奶帮孙子打好饭菜后，孙子还有可能不吃。

很多村民的观念还没有“感到现代教育对孩子的重要性”[8]，也许要碰到一些特殊的事件才可能改变村民的教育观念，比如说打官司、经济上吃亏等，到那时候，村民开始“怀着对自己小孩和家庭的最大关心，运用他个人的权力，以便孩子们适应新的环境”[9]。家庭结构变了，村民没有得到社会很好的指导，或者说还没能适应目前的生活状态，没有能力处理老人和小孩的关系，家庭教育弱化得太快了。

社会教育

乡村中的关系按血缘远近论亲疏，一般在一个村落中，可能都是同一个姓氏，是同宗，也就是都是由第一个到达这个村落的祖先繁衍下来的。但是还可以细分到最近的几代，比如是同一个曾太公的，就算是自己人，是同房。在村民眼里，同房才是自己人。再远一点的，关系就不那么亲近了。

以往村民的社会教育，体现在村中老者或士绅身上。传统的中国是以老为尊的社会，整个社会对待老人是毕恭毕敬的，老人代表着生活的智慧。在村中，任何一个长者都可以指责村民的不良行为。乡村中的等级尊卑就体现在称谓上，在本房内，村民必须按照辈分称呼某一个人，比如是叔公、伯父、大婶、二婶等，如果直呼其名，会被长辈责骂或者责打。但是对于非本族的村民，不管他年纪多大，一般都直呼其名。

村里的社会教育体现在节日上，体现在那些繁琐的仪式上。祭祖拜佛请仙都是教育的一种形式，加强了人与人之间的联系。村里有公产，如田地山林等。这一份一般承租出去，所得充为村产，村里的公共事务支出由村产支付，不足部分再由村民凑份或向村民募捐。以往村里公共用地一般出租给村里的贫困户，体现村里的互助。现在一般由与村领导关系密切的人承包，这个人就不一定是贫困户了，往往成为村民议论村领导腐败的一个话题，不过大多也是议论而已，村民很少想到要去争取应得的权利，他们最多发发牢骚，人各有命。集体拜佛请仙游街，倒是每户出一个人很平均，这一个是村里难得的平等。这一系列充满封建色彩的活动往往是最有效的社会教育，村领导有时候也要抬某位神仙出来支撑自己的观点，私下里去烧香拜佛占卜就更不用说了。墓祭节是传统的仪式。第一个祖先被称作某块土地的名义主人，这块土地通常被称为“祖公田”，轮流地由同族中不同世系群的不同家庭来耕种。每年轮到哪个家庭负责这块土地，那个家庭就有权在这块土地上生产，但是也要负责献祭，并为全宗族准备盛宴。当然这块祖公田是不允许出售的，整个宗族对此都负有责任[10]。

节日和劳动交替着。在劳动中村民们盼望着下一个节日，节日过后他们又精力充沛地投入劳动。他们的生活就是劳动和娱乐的循环过程，然而却是十分充实的[11]。这些节日是村民追忆祖先和村落历史，村民解决个人恩怨，增强凝聚力的重要契机。

现在村里的长辈不会轻易指责本房内的子弟的过失，更不用说去指责别房子弟了。村民家里碰到什么纠纷，一般会找村干部或更高一级的干部来处理，不再用乡村的习俗来处理。官员就代表一切，这是普通民众的共识。因此我们可以看到，各家争相以请到某某官员到家中做客为荣，官员级别越大，越能显示家庭的能耐，而不管这个官员的品德和能力。社会教育变成了官员教育，也侧面凸显出村民虽在物质方面进步巨大，但是思想仍然落后。

职业教育

应该说乡村的职业教育也是社会教育的一种。本地改革开放前就有大量手工劳动者，从事着打铁修锅补鼎，锻造金银首饰等手艺活。这些工作一般都是男人在做的，本地的男人走街串巷卖手艺，女人就在家带孩子管家。早年能够上得起学的孩子不多，男孩子一般长到十一二岁就要跟着父亲，或者父母把他送到别的师傅那儿当徒弟。学徒期间是没有工钱的，家长还要送拜师礼。师傅负责徒弟的饮食，偶尔也会帮徒弟添置衣服。师傅到哪里，徒弟就跟到哪里，不能随便离开或回家。师徒是很讲究辈分的，平时到了吃饭时间，徒弟要帮师傅打菜盛饭。到了休息时间，要服侍师傅，等师傅睡下后，才能睡觉。如果到一个地方呆得比较久，他们的床铺位置也是以第一天睡的地方为固定位置，到离开都不能挪。如果挪动了，会被同行瞧不起，认为是没有意志力。师傅一带徒弟出门就非常强调这一点，学手艺要吃苦有毅力。学了一段时间，一般是两到三年，师傅认可徒弟的手艺后，徒弟就可以出师，徒弟可以单干，也可以继续留在师傅身边。留在师傅身边的徒弟，师傅开始算工钱给徒弟。但是徒弟一般会选择自己谋生，师傅也鼓励这一点，他们认为徒弟自己出去闯才能够快速成长。

到了20世纪90年代初，这种学徒式的学艺方式就没有了，因为市场不需要这种手艺了，很多家庭都是购买工厂加工生产的成品，不需要自己锻造。工厂生产的成品比起手工制作的轻巧美观。这一带的手艺人也转变了身份，他们在营生的过程中，会帮人修理水龙头，凭着长期的手工实践，他们自己慢慢掌握了制作水龙头的技艺，就自己在家购买材料制作水龙头。由于80年代至90年代初，市场上的水龙头供不应求，他们很快就在本地形成了家庭作坊，专门制作水龙头。这个新兴的产业促使本地很快富裕起来。本地人主要分成两部分，一部分在家负责生产，一部分人在外负责销售。同样的，这个时期的很多小孩子初中毕业后，如果家长认为考大学无望的，就早早让他们回家做工，要么在家生产，要么到外地推销，两个工种都同样要求从学徒做起。

同样是学徒，这个时期的学徒是有一定的工资的。作坊里的学徒，一般很快就会掌握制作的技术，工资跟所有工人一样，按计件算。学徒跟师傅的关系不像打铁修锅时那样牢固，学徒可以自己提出换工作环境，师傅不会要求他们对自己很恭敬，不会要求学徒帮他们盛饭洗衣物；在外的学徒，一般先从店员做起，负责为推销员联系好的顾客发送货物；还要学会计账，掌握一定的物流配送知识，这一切都是在实践中训练出来的。店里事务较少时，学徒也要去推销。刚开始是跟着有经验的推销员，慢慢地就自己去闯了。到了2010年，据不完全统计，本地水暖行业的推销人员占全国百分六十以上，也就是说你在全国各地的水暖市场都有可能碰到这里的推销人员，或者是由这里的企业派出的推销人员。

除去本地特色的这两个职业外，其他的职业一般都是通过学校教育来实现。随着家庭作坊向企业发展，很多小作坊在竞争中不能生存下去。那些注重技术和质量的作坊慢慢发展为工厂，并形成一定规模，甚至上市，像中宇、九牧、辉煌等。他们不只需要单一的一线工人，还要其他的管理服务人员，比如财务人员、管理人员、电工、电脑操作、机械操作等。这些人员通过师傅的学帮带是不大可能学成的。企业一般面向全国招工，要求掌握相应的学历。如果没有一定的学历，或达到要求的能力，企业是不会聘用的。本地企业为各级学校提供了大量的就业岗位，这是乡镇企业为就业做贡献的真实写照。

在本地的企业一般会照顾本地的村民，村民有便捷的渠道进入这些企业工作。以往本地人当管理人员居多，随着企业发展，没有足够知识基础的本地人不能再一直当管理人员。企业主虽然是本地人，但是他们为了发展，会聘用更有才能的人来帮忙管理企业。当然有能力的本地人还是企业主的首选。本地人在企业内，外来人在本地的活动都深深影响着本地的生活。曾有一位在本地工作多年的外省务工人员讲了一件让他印象深刻的事。

他是一名管理类的本科生，刚开始在国企上班。1990年下海来到这里，第一次上街买水果的时候，他把钱付给店主后，说了一声“谢谢”。本地人在他转身没走开几步就小声地说："这个人是不是神经病，把钱给我，还说谢谢!"让他感觉这里的人素质很低。而且这里的人对年长者都是直呼其名的。过了二十年，他觉得这里的变化很大，现在上街买东西，店主会主动说谢谢了。也有很多小孩开始用"叔叔阿姨"来称呼年长者了。

信仰教育

一谈到信仰，中国人下意识反应就是"你是不是信教的"。中国普通民众只把信教的当做有信仰的。至于是基督教还是天主教、伊斯兰教，没几个人能分得清，只知道信教的要做礼拜，每个星期要到教堂一次。佛教、道教在本地人眼里都不是信仰，寺庙庵堂是烧香祈求保佑的地方。只是有事相求的时候，这些神灵才在，平时都是关在殿堂里的。

有人说过，中国人是不信教的，中国人又什么都信。这里的每户人家，都会设置一个神龛或多个神龛，里面供奉着土地爷、观音菩萨、关公等，灶台上贴着灶神君的佛像，厅正中会有一个龛供奉着多位神灵的符记，用一张红纸，上面写着一串神明的名字，供村民在各路神仙的生日之时祭拜。

以往村民每逢农历初二、十六就要准备三牲，焚香烧纸钱祭拜某些神灵，这些活通常会让小孩去做，然后告诉小孩要听话不要做坏事，因为天上有神仙看着。村民虽然不信神，但是又会按时祭拜神灵，这反映了村民矛盾的心理。至于敬奉的神灵是做什么也没有能够弄清楚，因为大家都这样做，没人问为什么。以往的小孩子觉得敬奉神灵的好处就是当天可以吃到一顿好吃的，现在的小孩子天天都能吃到肉，不稀罕一个月里的那几次祭拜了。现在的家长也不要求小孩帮忙烧香拜佛。但是小孩还是喜欢一年里的那些佛事活动的，比如"佛诞节"、"普度"，还有一些请祖的"割香"活动，因为这些活动很热闹，不仅吹拉弹唱还可以放鞭炮，跟着大人到处游，小孩感到很开心。至于是庆祝哪位祖先，大人是说不清楚的，小孩子更是不清楚，只是依从上一辈的仪式一代一代传下来。以往祭祖，要求子孙向祖先的牌位跪拜，现在很少有人去跪拜祖先的灵位了。小孩子做错事，会被父母要求跪着，这是一种惩罚手段，不能够使小孩子从跪拜中体会到敬重祖先开创基业的艰辛，更谈不上敬畏祖先的繁衍功德了。

村民是很实在的，仅仅拜家里供奉的神灵，显然不能满足家庭的要求，像小孩的健康和就学问题还要跑到相隔数里的镇里去拜某一位神灵，因为听说那一位神灵对这些事比较有效。做生意的求财要拜关老爷，可是本地关帝庙太小了，村民觉得装不下关帝的威力，会千里迢迢赶到外县市去拜那里供奉的关老爷。同样是关老爷，在不同地方他的威力是不一样的，至少在村民眼里是这样。村民需要神灵庇护的时候，希望神灵马上显灵。平时神灵过神灵的活，村民过村民的活。只有村民在需要帮助时才会想到去看望一下这些神仙。如果神灵不能够给自己带来好处，那么他们就是不可信的，如果恰巧拜完某位神灵后，做成了一件事，那村民就把这功劳归功于神灵。村民的账还是算得很清的。

本地有一所基督教堂，据现任牧师回忆建立于民国，但是“文革”时期把教堂资料都毁掉了，现在很难从文字资料上查到完整的教会资料了。村民普遍觉得信教的人怪怪的，感觉他们谈的“福音”像是在诅咒人。教会发展教民，基本上是家庭式的，上一代信教，下一代一般也信教。在生活贫困的年代，教会经常组织一些济贫活动，发放一些生活必需品给教众，还定期走访教民，关心教民的生活，这一点吸引了早年村里的一些贫困人家，他们受到了实实在在的关爱，特别是物质上的。因此很多人入了教。信教人数在村落里比较少，但是他们有定期的会议，平时经常组织互助的活动，让人觉得教会是个做了实事的组织。所有教民都会学到一些有关耶稣的历史知识，他们礼拜时的宣讲唱诗活动都会宣讲相关的教会知识。教堂里有固定的住会牧师，负责教会日常活动，如入会仪式、做礼拜、临终祷告等，还有和邻近教区的联谊活动。在本地也有信教的人士，婚丧嫁娶采取两种形式，既有按教会的，也有按佛教、道教等仪式的，它们交错进行着，外界人没有觉得不妥的。这是村民化信仰为实用的实例。

第五篇　解剖过的乡村教育

历史的车轮碾过了一个世纪，昔日的农村不再是闭塞落后的方外寸土。改革开放把经济建设热浪吹到中华大地的每一隅土地上。农村赖以生存的土地正被城市化侵占着，农村也慢慢被现代化机器所分解，农村不再是自给自足的小农经济，而是像城市一样逐渐走向现代化、全球化，农村通过现代化生产和世界各地产生着联系。农村的教育变成了城市化的教育。

农村学校是一个发展的企业，一个人才培养和筛选的企业。农村学校通过教育把农村中优秀的子弟筛选出来，送到城市进行高一级的教育，在城市接受教育的农村学生接受的是建设城市的知识，他们以在城市工作安家为目标。教育使他们逐渐远离养育他们的土地。农村学校与村民是隔离的，农村学校所教的知识不能够为农村建设服务，农村学校对乡村最大的贡献是消除了文盲。另外一个负面影响是使广大的农村青年不能够安分于农村，他们追求向往城市的生活，在农村过着上一辈人认为腐朽的城市生活。

乡村教师是游走于城市和农村的教育工人。乡村教师骨子里并不认为自己是城市人，村民也不必然把乡村教师当做城市人。现代社会之前的乡村教师，是由乡贤或塾师承担的，他们是乡村文化的代表，承担着乡村文明的传承。现代的乡村教师是国家委任的，按照国家的要求培养学生，并不承担建设乡村的责任，乡村老师代表不了乡村文化。现代的乡村传统还能延续多久、有没有文化、文化能否传承靠的不是乡村，不是乡村教师，而是国家。乡村教育的兴衰取决于国家政策的农村工作重心。乡村学校像千千万万个工厂和公司企业一样，有着不同级别的员工，所不同的是工厂和公司提供产品或服务，乡村学校提供的是教育，可以说是一种服务于生活的无形产品。乡村教师把城市的美好愿景传授给农村学生，开启农村学生向往城市生活的窗口。从本质上说，城市化教育和农村教育无所谓孰优孰劣，差别在于提倡的是遵循自然的教育，还是人工创造的教育。但是农村教育又不等于自然教育，农村要过现代文明方式的生活，就必然不能遵循自然。现代文明方式的生活是人工创造的生活方式，以电带动的自动化方式。遵循自然的“日出而作、日落而息”的按季节耕作的方式不适合现代农村建设。乡村教师就是一群把现代工业文明的工作、生活、思维方式带给农村的特殊人群，他们不必然带着很强的现代化气息，但是他们一定会让农村学生觉得现代化气息才是农村的新鲜空气，现代化才是改变农村落后的工具。他们所谓现代化，就是像城里人那样的工作和生活。

乡村教师背景有城里人，有农村人。他们对乡村的理解是千差万别的。原来城镇居民身份的乡村教师对乡村的理解停留在乡村卫生条件差、生活贫困上，他们以在农村工作为落后的标志。原来农村户口身份的乡村教师认为在农村工作是没出息的表现，急于逃离农村，迫于工作需要而又留在农村，虽然不是农民不用做农活，但是感觉还是待在了农村。内心矛盾冲突不断，能够安心于乡村教育的教师屈指可数。人为的城乡差别导致了这一思想痼疾。改变乡村教育的境况，唯有先改变城乡的差别观念。

村民对教育的看法如何呢？占教育主体50.2%的人群对教育没有发言权，教育内容是城市里的有关部门审定的。传统上农村一直是国家权力的荒外之土，封建社会中的皇权不达农村是历史的真实写照。可笑的是，这让皇权遗弃的农村，确是皇帝的衣食父母，可是皇帝从来不认父母。现代文明是否让农村待遇变得更好呢？答案是否定的。是谁在教育村民远离农村，有谁在教育村民建设农村？村民是不能教育自己的，那么期待谁来教育呢？村民只要求学校教育好自己的孩子，好到什么程度，村民以从学校毕业之后孩子有一份稳定工作为判断标准。这一份稳定工作，提供稳定的工资解决生存问题，最好还有不错的福利待遇，隔三差五、逢年过节都有奖金，这肯定是农村提供不了的。那村民也只能期望学校能够把孩子输送到城市，以在城市工作为荣。

乡村教育使农村变为城市，村民变为市民。

乡村教育的伦理探讨

费孝通先生曾经提出的“差序格局”阐述了乡土中国以血缘为主的伦理关系，利用一个同心圆，以男性血缘关系向上向下的同心圆伦理关系，推至“五服”中每一个体的同心圆关系。伦理规范按照近自己的圆心为基准，实行不同的交往标准。在现代化建设的乡土中，原有的差序格局加入了更多的姻缘、利益关系，这些新加入的元素同样以同心圆的方式来判断关系的远近。现代社会尤其注重利益的分配，分配原则就是按照同心圆的关系进行。而利益又和资源、自由、经济负担紧密地牵扯在一起，这一方面在乡村教育中的家庭伦理上表现得最为显著。家庭伦理中注重子女养老的传统与现代人提倡的自由独立存在严重的冲突。中国传统的享受天伦之乐，是否要让位于西方倡导的独立自由并不能绝对区分。应该说，现在的老年人观念也不守旧，如果他们身体健康能够自食其力，他们也是愿意与儿女分开过生活的，但是对于那些丧失劳动力的老人来说，谁来照顾他们的饮食起居？敬老院并不能给这样的老人感情上的呵护。乡村教育如何在新的社会环境下塑造、践行以人的幸福生活为目标的伦理规范呢？

人是感性与理性的结合，在生活中又往往以感情主导着幸福的感受。从理性来说，人难免老去，当人年迈丧失劳动力后不能再为社会创造财富，开始消耗社会资源，这时候选择让老年人退出社会舞台是符合社会发展的。但是有谁能够接受这样的理性呢？我们每个人都有老的一天，当我们被宣布老的时候，是否意味着我们就要死亡？我们年龄上的老与身体上的老去往往不是同步的，难道让我们的老年人选择一个无人的地方自生自灭？历史上有些地方的人民确实是这样对待老人的。他们没有因此积累下很多社会财富，获得很大的进步。这样的“理性”是非人性的，也就不是理性的了。以下我将引用一大段话，前人的总结把我想说的都说出来了，说得比我到位。

> 追求个人幸福下的乡村留守儿童问题越来越严重；家庭育化功能丧失严重下的问题少年越来越多，目无尊长、对抗长辈到危害社会，“7.4%的甚至不愿意和父母在一起”。与家庭伦理道德失序对应，“情丝”维系、其乐融融的乡村印象正在远去：叔伯兄弟相呼、尊爱有序的乡村格局，已让位于有权是尊、有钱是尊、黑恶强尊；“平素常往返，遇事相扶持”的亲邻情意，以及建设时期团结在集体感召力下的阶级社队情感，被改革开放以来分散性下的强势扩张与柔弱无靠这一两极分化的现实所取代；“熟人知信”信用法则屡遭肢解，少交往以自保成处世法则；古道热肠的善举日少，图名逐利日多；“脱农”向往与追求增强，乡村吸引力减弱；公德操守缺乏，恣意破坏生态与虚假交易增多[12]。

社会按照其本身的发展，总能找出适应新变化的规律。当我们意识到问题的存在，我们应该主动出击，尽快找出适应新变化的伦理规范，不能坐以待毙，因为社会自己演化出来的规律有可能是淘汰性的。我们都不愿意看到未来被淘汰。国家投入很多资源进行新农村建设，从效果看，农村整体的发展并不是很明显。这有点跟20世纪二三十年代的改革相类似，轰轰烈烈一阵子。这是建设过程中把一些伦理规范“嫁接”到本地，没有充分考虑“母株”材质——本地实际情况（水土）是否能够滋养那美好愿景的“接穗”。也许国家在财政投入前就要做好充足的调研，了解当地的风土人情，做好长期的发展规划，不能满足于短期的效益。

第一，乡村文明建设要本地化。可以利用当地的学校、公共场所作为培训乡村精英的基地，使乡村伦理规范在乡村中有看得到的原型。理论再丰富还需实践检验，道理讲万遍不如亲眼所见。有这么一支能够稳定服务乡村道德建设的精英队伍，乡村的文明才能够良性发展。第二，厘清乡村与城镇的关系。政策上平等对待城乡，选择在乡村或城市生活不能被当成身份的一种象征。乡村与城市在文明的进程中起着不同的作用。政府部门在社会资源分配上要能够公正地对待每一个公民。第三，注重乡村集体文化建设，合理利用剩余劳动力。倡导集体主义可以避免“无公德个人”的大量出现。学者阎云翔先生就通过对乡村私人生活的研究发现了“无公德的个人”，并主张通过民间组织的发育来化解这样一个伦理与道德的困境[13]。乡村并不意味着专门从事体力活。提高乡村的文化素质，丰富乡村的文化设施，合理开发乡村的智力资源，可以让乡村得到长足的发展。

乡村教育的前景

乡村教育的主体是谁？从施教者看是乡村教师，从受教者看是村民。如何发展乡村教育从根本上说是要从乡村教师入手的，解放乡村教师的教育观念——乡村教育为乡村服务。为乡村服务的乡村教育是否与国家的教育政策相违背呢？按照可持续的发展眼光看，是符合国家的可持续发展战略的。

> 教育，是为国家培养人，为社会培养人，为人类培养人，不是为个人培养人。而社会大概还没有进化到那个境界，现在的教育只是为家庭培养人，甚至倒退到只为自己培养人——把自己培养起来，为了自己的生活。在本质上，孩子只是家庭的孩子，只由家庭对他们负责，就像母亲眼睛里的孩子一样，孩子是她的。确实，社会不对孩子有实际意义，因为社会不对一个具体的孩子负责，社会不安排一个具体孩子的前途，具体的孩子还是拴在父母大腿上或者小腿上。孩子是祖国的花朵，人民的未来，父母的负担。那些不愿意生养孩子的人，实际情形是卸却了自己身上的负担，无论其本初意愿如何。生孩子是一回事，养孩子是一回事，教育孩子是一回事，这是在三股道上跑的马车[14]。

我之所以大段地引用这段文字，是因为它说明了乡村教育的一个现状，教育把儿童和乡村隔离开了，乡村教育实质是实施逃离乡村的教育。现在的教育只为那些能够受教育的人服务。在这种情形下，农村快成地狱了，教育把农村的优秀青年都绑架到人间天堂——城市，把农村扔给那些没有本事逃离农村的人。农村的瓦解，看不出是好事还是坏事，你过你的日子，我过我的日子。你不能代替我，我不能代替你。你有你的快活，我有我的快活。你有你的烦忧，我有我的烦忧[15]。现代文明提倡的是工业化建设，表面上看只有工业化才能解决人类的生存发展问题。但是现代工业生产带来的一系列问题，不同种族的人类冲突不断、环境污染、资源枯竭、动植物种类大量减少甚至灭绝等，从另一方面说明了工业化并不能解决人类发展的所有问题。工业文明提倡的快节奏、高消费的生活方式是以自然资源的高消耗为代价的，欲壑难填的人类欲望取代人与环境和平相处的自然规律。城市是工业文明的典型代表，也是资源消耗的中心。乡村是自然的代表，蕴涵着宁静自然清新的氛围，身处其中可以感受到身心的自然放松，减少直至消灭内心的邪念。如果说森林是大自然的肺，为大自然输送源源不断的氧气，我们也可以把乡村比作城市的肺，乡村为城市输送清新的空气，宁静的心情。乡村教育是否可以作为工业文明建设的一个休养所，来缓和或治疗工业文明建设所带来的种种问题呢？

现代文明是以摆脱人类沉重体力劳动和解放人类思想为目标的世界，摆脱繁重体力劳动的人类并不意味着相应地解放了人类思想。人类的思想要能够自由开放思考的前提是不必陷于过多的体力劳动，但是能否正确的思考取决于是否有个正确的价值观。乡村教育同样地首先要解决价值观问题。当我们认识到乡村教育是高尚的教育，是人类文明必需的教育，身处其中的你我会再因为身居乡村而感觉低人一等吗？

因此，乡村教育应立足乡村，构建自然优美的乡村环境，开发村民的智力，创造可持续发展的文明农村，为人类文明涵养文化的氧气。

参考文献：

[1]［美］S. E. 佛罗斯特. 西方教育的历史和哲学基础［M］. 吴元训、张俊洪等译. 北京：华夏出版社，1987：576.

[2]［4］［5］［6］［7］［14］［15］毕世响. 教育史诗独白：国民社会教育体系诉说［M］. 长春：吉林人民出版社，2006：24、177、87、191、246、104、104.

[3] 李培林，李强，马戎主编. 社会学与中国社会［M］. 北京：社会科学文献出版社，2008：390.

[8]［9］［10］［11］林耀华. 金翼：中国家族制度的社会学研究［M］. 庄孔韶，林宗成译. 北京：生活·读书·新知三联书店，2007：47、47、58、67.

[12] 杜玉珍. 我国乡村伦理道德的历史演变［J］. 社会主义新农村建设，2010，(9)：166－169.

[13] 阎云翔. 私人生活的变革：一个中国村庄里的爱情、家庭与亲密关系［M］. 上海：上海书店出版社，2006.

西双版纳傣族教育的元气质

□ 黄洪霖
福建教育学院校长研修部

双脚与灵魂都走过西双版纳

在一种熟悉而单一的教育文化氛围中成长，我们对自己的生活与教育会堕落到熟视无睹的境界，因为失去了敏感和思考。我总算是受过教育的人，今年暑假一次偶然的机缘，着实使我个人的灵魂又转向了一番。在教育普及的时代，绝大多数人想通过教育改变自己的时候，西双版纳傣族同胞，基本上还过着他们自己的生活，国家通行的学校教育，只是他们杯子里的茶水，传统的寺庙教育，才是他们碗里的饭菜。实际上，这个时代接受了学校教育的大多数人，也不过是喝了一杯茶水，还不能当饭吃。社会进步依靠的东西，与个人进步依靠的东西，不是同步的，教育在人民生活中的地位，从古至今，总像天上的风云一般：你说和人没有关系吧，一场大雨下来就是阴天，你说和人有关系吧，人不能使唤天上的风云。即使通过教育改变了生活方式的人——如我这样的研究生，和我导师那样的教授——曾经的研究生，到头来发现，也不过如此，还是陷落到生活的漩涡中。

我的双脚走过的西双版纳那个村寨叫“曼暖典”，也有写作“曼乱点”的，它是西双版纳辖下景洪市的一个民族村寨。西双版纳下辖景洪市、勐海县和勐腊县，首府在景洪市。西双版纳是傣语，意思是“十二万亩土地”。景洪市指的是“黎明之城”，据说当年释迦牟尼传教曾经走到此地，恰是黎明时分，因而得此名。现在多少人都去西双版纳看景致，希望也能够像释迦牟尼走西双版纳一般。在西双版纳，有很多带有“曼”和“勐”的地名，“曼”指的是村寨的意思，而“勐”指的是一个地方区域，一般指镇或者县城，西双版纳有勐海县和勐腊县两个县。

“曼乱点”是个以发展旅游为业的特色村寨，每年都以民族风俗观光游吸引一些游客到此游玩。村寨也有一套接待旅游的程序和规矩。每当游客到村寨口，村里都会安排当地导游来接待。接待我们的是一个姓玉的大姐，她把我们接到了她家。玉大姐很热情，一方面是希望游客在此地多消费，另一方面，确实是傣族人的惯有热情。玉大姐对自己的民俗那是如数家珍，她能够非常流利地述说傣族人的生活方式，以至于我的笔经常跟不上她的言说。我努力听着和记着，我在西双版纳所获得的知识多数来自这位玉大姐。

傣家人的婚俗：带有母系社会气质

婚姻是人类社会生活的一种重要方式和内容，它的形态与社会发展和男女分工及地位等密切相关。西双版纳地区傣族的婚姻跟汉族有着很大的差异，实行的是男嫁女婚。这是一种仍然与目前代表主流婚姻文化的汉族婚姻习俗相冲突的婚姻形式。婚姻家庭制度的历史类型和社会制度的历史类型是一致的。恩格斯在《家庭、私有制和国家的起源》中指出：“群婚制是与蒙昧时代相适应的，对偶婚制是与野蛮时代相适应的，以通奸和卖淫为补充的一夫一妻制是与文明时代相适应的。”（《马克思恩格斯选集》第4卷，第70－71页）傣族目前虽然也实行一夫一妻制，但是，在具体形态又与汉族有着很大的差异。

傣族一般称男的叫“猫哆哩”，女的叫“哨哆哩”。年轻的“哨哆哩”在选择对象时，喜欢两种类型的“猫哆哩”：一是身体强壮的，二是戴眼镜的。喜欢身体强壮的这个很好理解，但是傣族“哨哆哩”喜欢戴眼镜的，这让我产生了困惑，玉大姐的解释让我拨开了迷雾。原来，毛泽东时代的社会变革对傣族人的生活产生了很大的影响，当时派到那里的下乡知识青年（知青）给傣族人带来了生活上的实惠，后来，知青在20世纪70年代返程的时候，傣族人不记得他们叫什么名字，只记得他们是戴眼镜的，并给他们取了一个名字，叫“眼镜猫”。

适婚年龄（傣族人结婚还是比较早，有的17、18岁就结婚）的“猫哆哩”和“哨哆哩”互相满意之后，“猫哆哩”要到“哨哆哩”家里做3年的苦力，例如割胶，做不来是会被女家休掉的。但是，“猫哆哩”在经过3年的劳苦之后，才算真正成为夫妻。3年的劳苦之后，“猫哆哩”便可以博得终身不劳动的资质，恰如和尚修行到了菩萨果位一样，尽管很多男人还是愿意继续为家庭劳作，这样，傣家的“猫哆哩”生活过得悠然自在得像猫咪一样。我在这个村寨待了半天多，看到在劳作的几乎都是女性，接待游客的、街头摆摊的、操场晒谷子的大多是女性。接待我们的玉大姐，早上3、4点就起床割胶，回来之后，上午接待游客，下午跟晚上可以休息。而她的丈夫不用干活，上午出去斗鸡，玩一天直到晚上喝完酒回来——既然有这样王侯公子一般的享受，何必接受学校教育呢？玉大姐称自己的老公为“老乖”，这个称呼很有意思，玉大姐解释说就是老公越老越乖。傣族的男人很听话——为什么不听话呢？玉大姐说，在傣族，离婚现象很少——为什么要离婚呢？

与这种婚姻模式相匹配的是这里的傣族家庭中的男女分工和地位也是与众不同的，在傣家人的家庭里，家里的主要角色是妻子，做决策的也多是妻子，因此，若是离婚了，经常会出现“休夫”的现象。在村落的权力分配中，我也看到了在曼乱点，这里的权力名义上村长最大，但是实质上的权力还是掌握在妇女主任手中。

实际上，傣家男人白天优游自在，据说是为了涵养夫妻之人道，这个意思一般没有人知道了。傣族的母系社会遗风应该是宝贵的元文化，女权主义应该来这里寻根。

傣家人的生计：传统农业以外的路子和宗教道德

西双版纳傣族人的经济收入主要是靠橡胶、茶叶、旅游等。橡胶是傣族人的主要经济收入，被称为摇钱树。听说一棵橡胶树一天大约可以产生一元的经济收入，一年便可产生300多元的收入，玉大姐家种了800棵左右，没有雇佣其他人帮忙割胶，收入甚是可观，她说明年想给自己买部小车。听说在当地有实力的老板拥有上千亩的橡胶林，拥有上万甚至几十万的橡胶树，雇佣的工人都可以达到几十人。割胶是傣家人的主要工作，一般一个人早上可以割上200多棵，技术娴熟的专业割胶工还可以割上500多棵，他们每两天割一次，橡胶确实是摇钱树。傣族人结婚的时候，“猫哆哩”多以橡胶树作为嫁妆嫁入到女方家。但是，据说，橡胶树的过度种植会造成水土流失，所以，对于未来的发展，不知道他们做过什么思考。就像我们福建人的茶叶树一样，山上的茶叶树造成的水土流失，现在人们实际上已经注意到了，却管不了那么多。下一茬人在积累到初步的资本以后，将来吃什么，应该是学者和政府现在就要下大工夫研究的话题。据说，法国国王路易十五宣称，他死之后，洪水滔天也和他没有关系，现在中国到处都是路易十五的门徒。

茶叶和旅游不必说，茶叶就是前些年在全国各地都曾经火热一时的普洱茶，西双版纳的基诺山是一个重要的产茶区。

在市区有很多卖翡翠的店铺，但是大多数是由缅甸人经营的，在市区闲逛的时候，因觉得缅甸人有点凶相，生怕进去却很难出来，所以每到翡翠店前总是会迟疑。翡翠价格卖得昂贵，我辈教书先生只能望而却步。在西双版纳的夜市，倒可以挤出几毛闲钱在街摊上买块赌石解解馋，那不可能有上等翡翠。因此，翡翠在西双版纳的销量反倒不如外面好，成不了支柱产业。

在曼乱点村寨，我又发现了这个村寨的经济很有意思，他们似乎保持着一部分毛泽东时代的公有经济。在村民的收入中，橡胶等收入是自己家的，而在挣自己腰包的同时，他们得为村委会挣取经济收入，用来维系村寨的公共建设和公共开支。我在路边一家打银店驻足了很久，本想了解银首饰的制作过程，却在闲谈中得知，打银店老板一家所销售的收入要如数上交村委会，一家三口人，忙活了几个小时，收入却全部归村委会，我当时就奇怪，那他们靠什么生活？原来他们也种植橡胶，打银只是兼职。而且，在他们上交的同时，村委会会给予一定的“工艺费”（当然少于他们上交的费用）；而在街道上摆摊的许多妇女，他们则需要上交他们收入的一半给村委会；而接待我们的玉大姐，她也是如数上交。那天，我在这个村寨花了单笔最多的“银子”买了一对银手镯给女儿，玉大姐感激得不得了，但是她没有收获什么“工艺费”，她赚的是工分。500元一个工分，工分多了，可以有机会参加妇女主任的竞选。这个经济模式是我所没有见过的，村委会的收入用于寺庙建设、寺庙教育、公共图书馆、其他公共活动与设施的建设等。

是什么样的信念维系着这种行为？难道没有人有私心吗？我在困惑着。而这些困惑，或许从他们的信仰中可以找到一些答案。

傣家人的信仰：小乘佛教与禁忌

傣族普遍信仰小乘佛教，在西双版纳，凡是有傣族村寨的地方，就有佛寺，佛寺在傣家人的生活中是不可或缺的。这次我所去的曼乱点村，在这个村里，最好的建筑就是他们村的佛寺。小乘佛教提倡出家修行，西双版纳傣族男子从儿童时代起，必须要过一段脱离家庭的寺院生活。他们认为只有当过和尚的人才是有教养有学问的人，才会受到社会的尊重。他们还俗之后，才会有哨哆哩喜欢。没当过和尚的人被认为是没有知识、不开化的愚人。傣族男子从7岁左右的时候开始送到寺庙学习，到一定阶段便开始学习佛经，世世代代有着信仰的传统，而佛教中宣传的教义在维系着他们的很多行为。

傣族人相信：善恶是有因果报应的，人的灵魂将由其生前的善恶情况决定死后的去向：或升入天堂永享太平，或投胎转世，或轮为牲畜，或坠入地狱做恶鬼；若今世再不行善布施，来世将被打入地狱，转生为恶鬼和畜生；不论是富人或穷人，凡行善布施多的，死后就能到极乐世界去过幸福生活或转世享受荣华富贵。傣族人用这类人生观来支配其言行，就使得他们对现实委曲求全，还要省吃俭用，用节攒下来的钱财“赕佛”，不惜倾家荡产，旨在祈求佛祖赐恩。

在前面，我所困惑的傣家村民把收入上交村委会，便是他们的信仰在支撑着这些行为。所以，我在曼乱点村待了大半天的时间，发现他们虽然卖银首饰以及其他东西的价格高了一些（旅游区都是如此的），但是，全村的售价基本上还是一个价格，东西是货真价实，也不存在欺诈行为，算是很公道。玉大姐跟我解释说，他们这里最讨厌两种人：骗子和小偷。以前抓住小偷一般会剁掉手指头的；如果村里的村民有欺骗行为，会被全村人瞧不起。这也是他们的信仰使得他们在村委会所收入的大多资金都用于与信教相关的活动。

在这里，与小乘佛教相关的节日有开门节和关门节。在曼乱点村和一位和尚交谈的时候，他介绍说“关门节”一般是从傣历7月15日开始，持续三个月，“关门”时期，农活最忙，佛事活动也最多。这段时间，一般不谈恋爱，不结婚，也不外出远地。“开门节”（浴佛节）是傣历12月15日（阳历10月15日）。这天，傣家人都要到佛寺举行盛大的“赕佛”活动，向佛爷、佛像奉献食口、鲜花和钱币。“开门”以后，才开始恋爱、操办婚事、外出等。

在傣家村的禁忌也有很多。导游在我们到村里之前就有说过，总结一句话就是“一脱二摸三不看”。傣家人的建筑都是傣家竹楼，进入傣家竹楼，要把鞋脱在门外，而且在屋内走路要轻；不能坐在火塘上方或跨过火塘，不能进入主人内室，不能坐门槛；不能移动火塘上的三脚架，也不能用脚踏火；忌讳在家里吹口哨、剪指甲；不准用衣服当枕头或坐枕头；晒衣服时，上衣要晒在高处，裤子和裙子要晒在低处；进佛寺要脱鞋，忌讳摸小和尚的头、佛像、戈矛、旗幡等一系列佛家圣物。在玉大姐家参观的时候，我本想拍照，玉大姐很为难地说，最好不要拍，后来，她又提出说可以拍其他东西，但是不能拍人，她说若是在家里拍人的话，那是会把人的灵魂给拍走的。

西双版纳傣族人的教育：佛教与寺庙

教育的发生总是在一定的社会背景中进行的，傣家人的教育也是在以上所描述的社会生活中真实地进行着。傣家人的生活状况，特别是他们的佛教信仰渗透进了他们生活的各个角落，因此，也生成了傣家所特有的教育现状。

玉大姐给我介绍了一个让我诧异的事实：在他们这里，生个儿子就是个赔钱货，生个女儿便是赚钱货。这与我曾经所接受的多数信息大相径庭，经过一番考察，我也理解了这种情况。西双版纳傣族地区的家庭中父母为了送男子去寺庙接受教育要花费不少，长大以后，儿子还是要嫁出去的。

在这些地方，政府因为这里情况的特殊，允许傣族男童既可以去寺庙当和尚，也可以到学校当学生。傣族男童在 6 至 7 岁时一般都会送到寺庙，在寺庙过着僧侣的生活，并接受寺庙的教育。大多数家庭因为信仰和传统的习惯，会把孩子送到寺庙，一般在 15 至 17 岁的时候可以还俗回家，也可以因谈恋爱而还俗回家，“云南十八怪”有一怪就是“和尚可以谈恋爱”。当然也有个别的人会选择继续在寺庙进行修行，修行到较大年龄的时候（20 多岁），可以在一般村寨的寺庙当老师。有更深佛教学问的可以到东南亚进行学习交流，回来之后有机会成为大佛寺的“老佛爷”，“老佛爷”在当地都德高望重，地位崇高。

在寺庙中一般学习的内容有：傣族文字、傣族医学、傣族哲学、历史、傣族文化、佛经和手工艺（现在已经很少有人学了）。佛经在傣族的寺庙教育中因为是较高深的学问，所以一般都要晋级到大佛才开始学，也才学得懂。我在寺庙和一位寺庙的老师聊天，他介绍说他们所学的傣文有新傣文和旧傣文，新傣文在一些学校里可以学到，而在寺庙中基本上学的是旧傣文。寺庙里也没有统一的学习年限和内容规定，因而，村寨里的男孩还俗以后基本上就不上学了。

傣族人的另外一条教育轨迹便是选择去国家办的代表主流文化的学校。但是这条轨迹到目前为止还是没有形成大气候，去学校的傣族男孩也大多是和尚学生，他们在学校的学习遭遇了各种冲突，特别是在开门节、关门节等宗教节日的时候，傣族的和尚学生通常都会向学校请假。老师即使不肯批准也没有办法，终究抵不过傣族人的宗教信仰，按照宗教信仰，这些和尚学生要去寺庙参加赕佛活动。听说西双版纳州曾经有规定：佛寺不得招收7至15岁的儿童、少年入寺当和尚。但是，这个规定没有得到执行。这些地方的教育部门也经常为此而头痛，义务教育法的精神很难在这里得以落实。

传统的傣族女子就没有到寺庙接受教育，他们会多少接受点学校教育，但是总体上，接受国家教育的还是不多，接待我们的玉大姐就是初中毕业的，她会说普通话。村委会一般从本村居民中挑选自己的导游负责接待进村游客，村内导游的首要条件是会讲普通话，向游客介绍傣族人的生活习俗，宣传傣族文化。

民族文化的自觉与固守

傣族是一个对传统文化有着很深情结的民族，他们有着相对强烈的民族文化自觉。在许多少数民族普遍被汉化的今天，傣族虽然也难免遭受汉化的影响，但是傣族对传统文化的保护和传承确实让人叹为观止。我在和玉大姐交流的过程中，发现她对汉族的很多文化和生活方式表示不解和不屑。她经常会冒出“我们不像你们汉族”这样的话。也大概因为两种教育背后所代表的文化不同，所以，在这里寺庙教育与学校教育的冲突也异常的激烈。学校教育在这里遭遇了尴尬，我到景洪市的市志办公室咨询的时候，他们说这里的政府部门为傣族的学生提供免费的教育，有时甚至拿钱鼓励他们念书，但是依然无法改变现状。在这里，傣族人接受现代高等教育的很少，在曼乱点村，当我问及这里有无大学生的时候，玉大姐想了半天也没有能说出一个。其实不仅高等教育如此遭奚落，就是上过高中的傣族学生也是屈指可数。

虽然，学校教育在随着国家的努力在傣族人生活的地区慢慢地推进，但是在推进的过程中，它遭遇了巨大的阻力，教育主管部门和一些学者对此表示了担忧甚或苦恼，但对于我这样一个盲目乐观主义者来说，傣族人的教育是与傣族人的社会生活密切相关的，他们对于学校教育的需求一定会随着他们生活的需要而改变，他们的生活没有在骨子里发生改变的时候，学校教育的强行入驻必然遭遇尴尬；况且从保护民族文化的多样性来说，学校教育遭遇的阻力在某种程度上也是一种好事。学校教育要想在这里有更大的作为势必要学会包容傣族人民的文化习俗和行为习惯。地方教育部门也不要急于改变现状，否则也会再次经历曾经的教育规定被宗教信仰架空的危机。

从某种角度来说，学校教育也是一种改造，甚至是一种背离，一种对传统文化的背离。西双版纳地区傣族的教育现状正反映着当地傣族人的生活和文化选择的现状，这种选择或许没有对错。而对于当地现行的教育政策的制定，费孝通在《乡土中国》中关于文字下乡的思考或许是一种启迪。费孝通先生在当初政府推广识字的时候遭遇了困难时，他很深刻地发现了原因：文字是现代化的工具。在乡土社会中，文字是多余的。所以，他对提倡文字下乡的人提出建议：要先考虑文字和语言的基础，否则多开几个乡村学校和使乡下人多识几个字，也许并不能使乡下人“聪明”起来。

文化评论

以《通天塔》命名，导演亚里桑德罗·冈萨雷斯·伊纳里图通过影片赋予了很深刻的寓意。不同文明，不同文化，不同的语言，不同的种族、民族，不同的国家，不同的家庭之间的隔阂与冲突猛烈地冲击了人的心灵。给予了每个人痛苦的同时却让我们看到了希望——人类的理解、信任与沟通由儿童来完成。从影片中我们看到了世界三大洲——亚、非、拉，四个国家——美国、摩洛哥、日本、墨西哥，四个家庭——美国家庭、摩洛哥家庭、日本家庭、墨西哥家庭，历时11天，采用多维的空间叙事手法给我们展示了错综复杂但又紧密联系的故事，以故事情节为线索，探寻了儿童的地位、家庭的责任以及教育问题。

地球倾斜在两个非洲穷孩子手上了

□ 王秋菊
宁德师范学院计算机系

通天塔：人与神（天）、人与人对话的可能

《圣经·旧约·创世记》第11章宣称，当人类联合起来建造希望能通往天堂的高塔时，为了阻止人类的梦想，上帝让人类拥有了不同的语言，使人类相互之间不能沟通，建造通天塔的计划因此失败，从此人类各散东西。此故事试图为世上出现不同语言和种族提供解释和依据，也为人与神或者人与天的对话找到原型。

根据犹太人的《圣经·旧约》记载：大洪水劫后，天下人都讲一样的语言，都有一样的口音。诺亚的子孙越来越多，遍布地面，于是向东迁移。在示拿地（古巴比伦附近），他们遇见一片平原，定居下来。由于平原上用作建筑的石料很不易得到，他们彼此商量说："来吧，我们要做砖，把砖烧透了。"于是他们拿砖当石头，又拿石漆当灰泥。他们又说："来吧，我们要建造一座城，和一座塔，

塔顶通天，为要传扬我们的名，免得我们分散在全地上。”由于大家语言相通，同心协力，建成的巴比伦城繁华而美丽，高塔直插云霄，似乎要与天公一比高低。没想到此举惊动了上帝！上帝深为人类的虚荣和傲慢而震怒，不能容忍人类冒犯他的尊严，决定惩罚这些狂妄的人们，就像惩罚偷吃了禁果的亚当和夏娃一样。他看到人们这样齐心协力，统一强大，心想：如果人类真的修成宏伟的通天塔，那以后还有什么事干不成呢？一定得想办法阻止他们。于是他悄悄地离开天国来到人间，变乱了人类的语言，使他们分散在各处，那座塔于是半途而废了。那共同的语言被称为亚当语，历史上曾有学者提出某种语言是原始语言，例如希伯来语、巴斯克语等（参阅犹太文献）。高塔中途停工的画面在宗教艺术中有象征意义，表示人类狂妄自大最终只会落得混乱的结局[1]。

2006年最流行的一句话是：世界是平的。在《Babel》里，一支来自日本的来复枪，一个摩洛哥男孩，打中了一辆大巴车上来摩洛哥旅游的美国人。美国人的家里，墨西哥保姆因为要回家参加儿子的婚礼，两个美国小孩被带到了墨西哥。四个国家，四个家庭，只用一支来复枪就偶然地连在了一起。看起来，世界好像的确已联系在了一起……

最黑暗的夜——冲突

《通天塔》展示了四个故事：第一个故事发生在摩洛哥，第二个故事主要发生在摩洛哥境内，也涉及美国，第三个故事发生在日本，而第四个故事则发生在美国和墨西哥。每个故事彼此独立又相互交叉，四个小故事共同组成整个影片的故事。整个故事又可以分为26个小的事件，我们根据文化冲突的分类，将影片的故事情节进行了分类：

1. *群体文化的冲突——他人是敌人？*

影片中的人物群体有：白人和黑人、男人和女人、警察和平民、健康的青少年和语言障碍的青少年。不同群体之间的文化差异导致了冲突和隔阂，而文化又是以语言、种族、性别、职业为载体。语言是群体沟通的前提，是文化交流的重要介质，其本身亦是文化重要的内容。日本大都市东京的聋哑女孩千惠子由于失去了语言这个沟通工具，社会的不理解、自己的无法表达使其内心的孤独、压抑在外界的喧嚣下衬托得更加鲜明深刻。于是她用性别和极端偏离社会主文化的行为来宣泄自己：在餐厅吃饭时用不穿内裤来吸引男生，喝药蹦迪来追求自己的

“快乐”，追寻社会的认可和理解。个人孤独，家庭孤独，社会孤独，心灵孤独，她并不比影片中和她生活在同一时间之世界另外一极非洲沙漠中的贫穷儿童幸福，她比他们更可怜。在物质化、全球化的今天，越来越多的人遭遇到“情感沙漠”，从中折射出人与人之间的日渐疏离和情感淡漠。

墨西哥与美国社会中种族体质差异所带来的白人群体与黑人群体的文化冲突、摩洛哥社会中在生理差别基础上形成的社会性别——男人和女人的群体冲突。白人和黑人、男人和女人就其生物学意义没什么差异，有了文化的外衣，这个世界更丰富，也更妖娆——只是妖娆得有些蹊跷与崎岖。当墨西哥保姆艾梅丽亚及侄子在儿子结婚时不得不携带美国儿童时，遭遇穿越边境时美国警察的质疑、歧视和肆无忌惮。枪击案件发生以后，在调查案件的过程中，摩洛哥警察对本国百姓的粗暴无礼，摩洛哥妇女在家庭里沉默不语的场景，都是这种冲突的体现。

2. 国家文化的冲突——外国是敌人？

亨廷顿指出：“每一个文明都把自己视为世界的中心，并把自己的历史当做人类历史主要的戏剧性场面来撰写。”[2] 从某种意义上来说，这与费孝通在概括文化自觉历程时提出的“各美其美”内涵大致相当，即“不同文化中的不同人群对自己传统的欣赏”。1990 年 12 月，在东京召开“东亚社会研究国际研讨会”在就“人的研究在中国——个人的经历”主题进行演讲时，费孝通总结出了“各美其美，美人之美，美美与共，天下大同”的十六字“箴言”[3]。不同文化交流关键不在于各美其美，而在于美人之美、美美与共。比如美国游客认为摩洛哥人民是愚昧落后的；美国的边境警察对墨西哥偷渡客的偏见与无礼；美国的父母灌输给孩子们“墨西哥很危险”的思想等。原始社会的伦理道德思想是不能动自己部落里的财物与人，抢劫外部落是勇敢行为，是英雄，这大概是原始的“爱国主义”教育。

当美国夫妇查理和苏珊坐着的大巴行驶在摩洛哥境内时，摩洛哥的放羊兄弟为了试验新买来的猎枪的射程，用大巴作为目标来试验，无意间击中了白人游客苏珊。一方面，迫于无奈，苏珊只能在摩洛哥接受紧急治疗；另一方面，医疗卫生资源极其贫乏的摩洛哥也只能提供一位兽医。对这位连喝可口可乐都不愿添加摩洛哥制造的冰块的美国女性来说，兽医“原始”的治疗方式更不失为一种震惊：没有麻醉剂、缝合伤口的针只在火中简单消毒后就刺入了她的皮肤。冰块是不洁净的，手术是不卫生的，摩洛哥是落后的，其人民是危险的……生活在发达国家的人们难以接受摩洛哥的一切，这正是发达国家与落后国家之间文化冲突在个体成员上的体现，更确切地说，它也正是发达国家那种自以为是、民族文化优越论的证明。然而，那个在他们的观念里是落后的摩洛哥，却成为他们夫妻寻求弥补感情鸿沟的地方，他们应该在经历了一场人生生死游戏以后重归于好了，不知道他们能不能改变对他们的精神生命有异乎寻常意义的摩洛哥的成见。

在美国这边，这对美国夫妇将两个未成年的孩子，托付给了一位来自墨西哥的保姆艾梅丽亚照顾。艾梅丽亚的儿子要结婚，由于无人照顾孩子，她只有带上两个孩子一起回墨西哥。途中，美国的边境警察仅从肤色、语言等文化的差异，判断他们是拐卖儿童，由此产生了冲突。正是受到自己国家文化的影响，美国警察对相对落后的墨西哥国家怀有成见。这种冲突不单单可以从这里看出，在穿越国境的时候，艾梅丽亚被侄子抛弃在美国和墨西哥间的沙漠地带，她四处求援，好不容易找到一辆警车，却还是被警察搜身在先，在戴上手铐之后才可以去寻找那两名性命堪忧的美国儿童。可见，在美国人的眼里，墨西哥这个国家很危险，以至于这个国家的文化也很“危险”。美国儿童在进入墨西哥时所说的话更是直截了当地表明，美国这个发达国家对落后国家的文化所给予的否定到了何种的地步。这些细微之处无不反映了这两个国家之间文化冲突的严重程度，从而无形中在发达国家与不发达国家之间划出了一道心灵的鸿沟。

3. 宗教冲突——异教是敌人？

摩洛哥是伊斯兰文化，美国是基督教文化，宗教因素是冲突的深层次的原因。在苏珊遭遇枪击后，慌乱中的理查自然而然地想到向美国使馆求助，而美国政府却条件反射似的将此偶发的枪击事件视为“恐怖袭击”，从而大费周章地向摩洛哥当局施压。当地警察如临大敌，放羊的小兄弟居然成了“恐怖分子”，而哥哥更是丧命于所谓的“反恐行动”。在没有进行任何调查的基础上，美国政府便一口咬定这是恐怖袭击事件，媒体也扭曲事实大肆渲染“恐怖”气氛。美国政府从头至尾都沉浸在一种非理性的民族主义之中。美国政府所谓的“恐怖事件”在暴露出其民族中心主义立场的同时也蕴涵着深刻的宗教因素。

4. 文明冲突——世界乃文明格局？

塞缪尔·亨廷顿的《文明的冲突与世界秩序的重建》一书试图建构一种新的世界格局，为我们看待世界提供了新的视角。他认为，文明间的冲突是现在和未来世界的本质状态，文化是人们产生共同思想、采取共同行动的根源；文明的划分以文化的决定因素和文化尺度两个角度为基础将世界文化重新划分为七部分，其中文化的决定因素包括历史渊源、价值体系、生活方式、社会政治思维方式、价值观等，以宗教信仰作为文化的基点。影片中涉及四个国家，有西方文明、日本文明、伊斯兰文明和拉丁美洲文明四种文明。从生物学上来讲，每个人的生命都是平等的，但是放在不同的文明中我们却看到了人、国家的不平等，背后隐藏的实质是文明间的冲突。摩洛哥男孩的生命在还未绽放时就已经陨落，在美国辛苦多年的艾梅丽亚最终还是被迫回到祖国，千惠子的际遇，摩洛哥与美国之间因枪击事件进行的斡旋，美国和墨西哥两国的关系。看似无足轻重的人，平常的行为和简单的语言沟通，通过紧凑的音乐猛烈地冲击了人类。让我们在更高的视野下看到了文明与文明之间的关系现状，危机的现状孕育出了机遇，全人类需要一起寻找未来的出路……

最亮的光——儿童的眼睛融合人类

在充满冲突的故事情节里，也存在很多美好的情节，这预示着人类存在融合的可能性。日本父亲和摩洛哥人的友谊；导游给予理查的帮助；照顾病人的老人和兽医给予美国人的帮助；影片最后千惠子和父亲拥抱；理查夫妇对艾梅丽亚的原谅；高潮是结尾的话语：献给我的孩子，最黑暗的夜，最亮的光！一切的冲突在吵闹、暴力、无言、沟通、对话以后走向了融合，让我们看到了人性之美、希望之光。

《通天塔》向我们展示了人类之间存在的隔阂与冲突，语言的不同，文化的差异导致沟通的不畅。怎么解决，人类的通天塔能修成吗？在观看影片的过程中我们一直处于神经紧绷的状态，沉浸在一触即发的危险氛围，这些问题似乎不能解决但是结尾语却给了我们希望——儿童来完成。儿童是实现人类通天塔的主人，所以，儿童的教育至关重要！孩子从一出生首先受到的是家庭教育，怎么进行家庭教育？家庭的责任是什么？

献给我的孩子——儿童完成世界

人们常把家庭称作为社会的细胞。家庭是构成社会的基本单位，是由夫妻关系和子女关系结成的最小的社会生产和生活的共同体。若干个血缘关系较近的家庭，谓之家族[4]。家庭的众多职能之一是教育职能，家庭的教育职能表现在教育家庭成员，当然以教育后代为主。影片将四个家庭因为一把来复枪联系在一起。无论是何种文化，子女永远是将父母、家庭紧密联系在一起的桥梁和纽带。就该部影片来说，四个国家、四种文化下的家庭，都关注家庭成员间的关系，尤其是父母与子女之间的纵向关系。为了孩子，美国夫妇才会试图挽救濒临破产的婚姻，摩洛哥父亲才会选择带着自己的儿子逃亡，日本父亲才会希望警察不要再来骚扰他的女儿，问其关于母亲自杀的事情，墨西哥母亲才会远离故土，独自在美国辛劳。影片结尾，导演将构建人类的通天塔寄托在了儿童的身上。

美国夫妇家庭因为小儿子山姆的死给这个忙于工作、缺乏有效和必要沟通、相处得已经濒于破灭的家庭带来了毁灭性的威胁。注重横向家庭关系的美国夫妻为了更好地将婚姻进行下去，选择到陌生的摩洛哥荒漠——一个远离旧有的、熟悉的、已经厌烦的环境度假，寻求新的动力和刺激让整个家庭继续下去。而就在这次谋求家庭冲破坚冰、重归于好的远足中，美国妻子遭遇到突如其来的枪弹。

摩洛哥家庭主要是因为正值青春期的儿子与父母缺乏有效的了解，心中充满了对眼前世界的怀疑、对未知世界的好奇。因为怀疑，他否定哥哥和父亲的权威，和哥哥争吵用自己的方式去解决问题；因为好奇，他用猎枪对准了奔驰中的大巴，以致悲剧的酿成。而忙于生计的父亲无暇顾及处于青春期的子女躁动、叛逆的心理，了解事件的来龙去脉后，也只是施行简单粗暴的殴打。整日闭门不出的母亲除了操持家务，没有只言片语，被排除出教导儿女的权力结构，甚至在餐桌上，都没有她的位置。

日本家庭的问题是因为，在家庭中，母亲自杀后，女儿得不到忙于工作的父亲的关爱，父亲的不作为让她无所适从；在社会上，因残疾而不被社会所接受，被同龄的正常男孩子称为“怪物”。于是，失去关爱和沟通的千惠子选择以一种不被人理解的方式、甚至有些病态的行为表达着对情感的需要：排球场上裁判误判后的冲动、试图引诱牙科医生、与街头青年吞食摇头丸。其实，任何情境中，如果父亲能够多“在场”，那么千惠子的眼神就不再如此茫然和悲伤。导演让她失去了语言能力，而无法沟通却让她失去整个世界。

三个家庭都存在着教育孩子的问题，我们怎么来看待儿童以及家庭在教育孩子方面发挥的作用呢？对儿童概念的发现，卢梭的《爱弥儿》标志着儿童概念的系统提出。在该书中卢梭指出：“在万物中人类有人类的地位，在人生中儿童期有儿童期的地位，所以必须把人当人看待，把儿童当儿童看待。”[5]我国的文学家鲁迅很看重儿童心理和儿童教育的研究，当时国内这方面的工作很欠缺，他想把国外的成果介绍进来，扩大国人的视野，激发教育人士的兴趣，让他们也来做相应的事情。他翻译了日本心理学家、教育家上野阳一两篇很长的论文《儿童之好奇心》和《社会教育与趣味》。第一篇论文从动物的好奇心说起，引申到儿童的好奇心上，对儿童的心理习性及其意义作了描述和分析。照作者看来，好奇心是人类走向文明的动力。宗教意识的萌发，科学的发明，哲学的思辨，都离不开它。儿童的好奇心，不能随意去打击，去抑制，应当呵护。非洲摩洛哥儿童大部分原因是出于好奇心来试一试猎枪的射程，结果却引发了一场蝴蝶效应。在教育儿童的过程中，我们要善于运用儿童的好奇心。

文艺复兴的最大价值之一就是发现了人和人的伟大，肯定了人的价值和创造力，并且提出人要获得解放和个性自由。新文化运动时期的“个人”的发现，“妇女”的发现，“儿童”的发现。未来的时代属于未来的人，也需要由未来的人来建设。“看十来岁的孩子，便可以逆料二十年后中国的情形。”[6]20 世纪是儿童的世纪，儿童一是作为自然人，二是作为社会人，在发展为完整的人的过程中，教育都是不可或缺的。在全球化的今天，文化没有孰优孰劣之分，最重要的是互相尊重、互相沟通。面对文化的隔阂和冲突，社会、国家、家庭彼此应该做些什么来促进儿童在未来能实现通天塔。东西方家庭教育的内容有很大的区别，中国的家通常会和家族联系在一起，家是进行伦理教育的场所，加上中国的传统文化重视德性，西方重视智慧，这决定了家庭教育的内容的差异。中国的家庭教育内容主要有：德教为本、六亲和睦、尊老爱幼、勤俭持家、以身作则等道德教育，崇尚实现人格的完善，家庭的主要责任还是教养；西方在希腊文明的影响下，浸润在科学、民主、自由、平等里，崇尚智慧和知识，侧重知识的学习，当然其家庭教育也不缺乏人格的教育。只是东西方各有侧重而已。在全球化的背景下，面临着文化的冲突也在不知不觉中进入了融合的境界，儿童的教育，家庭的责任，世界的未来又再一次地冲击着人类。

参考文献：

[1] http：//baike. baidu. com/view/242064. htm.

[2] [美] 塞缪尔·亨廷顿，周琪译. 文明的冲突与世界秩序的重建 [M]. 北京：新华出版社，2002：81.

[3] 费孝通. 重建社会学与人类学的回顾和体会 [J]. 中国社会科学，2000，(1).

[4] 郑杭生. 社会学概论新修 [M]. 北京：中国人民大学出版社，2003：56.
[5] 卢梭. 爱弥儿 [M]. 李平沤译. 北京：商务印书馆，1978：66.
[6] 鲁迅. 热风 [M]. 北京：人民文学出版社，1980：1.
[7] 李思明，余辉，谢新华. 从文化社会学视角看电影《通天塔》的文化冲突 [J]. 民俗·文化，2004，(3).

教育应该给予我们一种判断力，作为教育学的研究生，更要有一种专业的独特思维、独特判断力，长达十多年的教育到底给了我什么样的判断力，教育给我的判断已经成为事实了，而我能够挣扎的只能是我对教育的判断。教育两大主题：教育与社会，教育与人，我对教育的判断基于此。

教育判断我，还是我判断教育

□ 吴敬生
福建师范大学教育学院

一、教育应给予我们一种判断力

你为什么选择教育学专业？一直以来，我的回答都是如此："我是第一志愿报考教育学的，当时也没多想，只是觉得自己上了十多年的学，与教育最最亲密，怎么可能不把它弄明白些呢？"如今我在接受研究生教育——三年，我还在继续思索教育，教育到底给了我们什么？抑或是教育应该给予我们什么？

前段时间听闻两条关于我们教育学院的消息：一则为新一届大教育学班本科分专业，只有寥寥几个选择教育学专业，大多选择学前教育、小学教育这些就业明确的专业方向；另一则为学校下达通知，由于我们学院今年的就业率低于学校所谓的就业平均值，学校"砍"了我们学院的几个招生名额，以示警告。什么时候我们的高等教育以就业为导向了？"大学者，研究高深之学问也"，什么时候我们的大学如此"自降身份"？如此这般，大学与高职专科学校有何不同？

追本溯源，我们还得回到1952年的院系调整，似乎一开始高等教育就走向了一条不归路。20世纪50年代全国高等教育进行调整，把在民国形成的大学进行社会主义改造，即把旧大学的一个一个学院和专业独立出来，再将其他大学的一些老师、专业调整过来，成为一个独立的学院，如南京师范学院（即今日的南京师范大学）以南京大学师范学院和金陵大学教育系、儿童福利等系科为基础与上海震旦大学托儿专修科、广州岭南大学社会福利系儿童福利组、南京师范专科学校数理班合并改建而成，同时保留经过改造的综合性大学如南京大学，如此就达到了所谓的“高等教育专业化、学院化”，南京师范学院代表着江苏省的文科力量，南京大学代表着理科力量。改革开放以后，这些学院逐渐意识到大学不应该如此泾渭分明和壁垒森严，逐渐改变了“学院”名号，以“大学”自居，企图回复到当年“高深学府”的综合性大学身份，实际上，现在的整个教育都在企图走过去的老路[1]。当下高等教育闹合并、在异地设立分校，形成文化教育托拉斯，高等学校的崇高性和学术尊严已所剩无几，积重难返，争议不断，高等教育问题是今天中国教育最严重的问题。

有争议的地方恰恰最值得我们去思索：我们的大学要给予我们的是什么？判断力，一种反省性的思维，我想这正是教育应该给予我们的。

二、教育应给予我们一种专业的真正思维

钱钟书先生的《围城》里有这么一句话：“在大学里，理科学生瞧不起文科学生，外国语文系学生瞧不起中国文学系学生，中国文学系学生瞧不起哲学系学生，哲学系学生瞧不起社会学系学生，社会学系学生瞧不起教育系学生，教育系学生没有谁可以给他们瞧不起了，只能瞧不起本系的先生。”[2]此话痛揭了作为教育学科班出身的我们的暗疮，教育学的尊严何在？

这个时代是经济时代，知识分子以科学技术为使命，知识分子的地位上升到相对较高的地位，然而，总是出现不了一个蔡元培、胡适、陶行知、梁漱溟这样的社会导师、真正教育家，他们在我们这个时代的尴尬价值正如我的导师所描绘的：“只像烟圈一样吞吐于知识分子的嘴上。这些年，学术界几乎把中国历史上所有知识分子都炒了不止一遍，而“五四”前后的知识分子一个一个都被拎出来炒得发糊发焦，从他们身上榨出一桶一桶的油，拿回家炒菜、点灯、发动自己的摩托车、汽车和飞机。那些可怜的前辈似乎应该有比炒菜、点灯、发动摩托车、汽车、飞机更大的用处。不知道这个时代的知识分子在若干年以后，后辈知识分子会有多少人把我们拿来又炒菜又点灯；不知道我们有没有又炒菜又点灯的价值；不知道我们身上到底有没有油水可榨取，也好为我们的后辈发动摩托车、汽车和飞机。”[3]

让我们再看一看某些教育著作吧，里面多是如此的模板：“教育的发展受经

济制度的制约，同时另一方面教育又促进经济的发展”，我们能不能把“教育”二字替换成“文化”？替换成社会、政治？若可以，教育的独特性在哪？倘若我们教育学里都是这些不痛不痒、放之四海而皆准的套话或者只是玩弄几个概念故作高深沽名钓誉，我们教育学如何能让人瞧得上？经常听到身边的同学发出这样的感慨，“学‘教育学’这个专业有没有用”，“有用无用”无非是以技能、工作等功利的东西为衡量标准，岂知教育的目的只指向人的身心发展，其他技能、职业的东西不要动不动就归入教育，教育不应该成为政治的附庸品，也不应该成为经济的附庸品，它有自己的运行规律，换个角度说，正是由于欠缺对教育的认识，才有研究教育的必需，有争议的地方正是有研究的必要。

杜威说“学习就是要学会思维”。大学培养的也应该是一种思维——即判断力教育。长达十多年的教育到底给了我什么样的判断力，教育给我的判断已经成为事实了，而我能够“挣扎”或者说能够思考的只能是我对教育的判断，我上了那么多年的学，为什么不懂得社会？我父母、我祖父母没有听说过教育社会学，也不认识几个字，但他们懂得社会。教育两大主题：教育与社会，教育与人，我对教育的判断基于此。

三、我的教育哲学即我对教育的判断

（一）一种共识

社会因什么而被结合在一起？是不是应该有一种共同的文化或者说是共同的道德，这种文化与道德是纯正的吗？教育传递的应该是社会对人的理想，肉体的、道德的以及知识的。当代中国基本的、共享的价值是什么？美国社会和历史学家巴林顿·摩尔在他的《民主与专制的社会起源》中说：“为了维持与传递某种价值体系，人类被殴打、恫吓、送到监狱、丢进集中营、哄骗、贿赂、塑造成为英雄、被鼓励阅读报纸、与坚甲利炮相对抗，有时且被传授社会学。”法国思想家卢梭说：“任何民族永远都不外是它的政府的性质所使它成为的那种样子。”说白了就是，教育或者说学校传递的是社会支配团体的价值，而且是有助于维持被操弄的共识，而这种共识又合法化了支配团体的权力与特权。这里面就有一个问题，教育制度所传递是支配团体的价值，在这样团体中的儿童如官二代富二代，更可能接受这种制度，其他团体的儿童比如我们这些阶层接受教育是为了什么？教育能促进我们向上流动吗？可是，很多很多的数据都很残酷和现实，我们似乎走不出一出生所承载的阶层身份。

（二）利益：没有纯粹的教育

教育是什么？教育仅仅只是一种活动，它是中性的，我们赋予了教育以利益？难道我把教育过于理想化了，我们感到的“被教育绑架”、“被生活绑架了”、“我们属于谁？谁又将对我们负责”，只是因为今天的教育没有给我们既得的利益，我们感到的种种困惑只是一种利益的期望无法得到满足？有人说，现在大家都在恨今天的教育（和以往上大学包分配的制度相区别开来）却少有人去批评公务员考试，就是因为公务员考试如古代的科举一样，它有指向的利益存在。真是这样吗？

要回答这个问题，首先要知道，这个时代我们处于什么样的文明之中。中国社会当下正处于从农耕文明向工业文明过渡的初期，过渡意味着未成形，所以，我们既不能完全依靠原有的农耕文明的伦理道德生存，又没有形成最终要形成的工业文明伦理道德，这就使得我们这代人处于断裂之中。古代社会，以家庭教育为教育的中心，核心是人伦道德，整个家族都把眼睛盯在儿童的教育上，现代社会，以学校教育为教育的中心，核心是生活，家庭的眼睛已经延伸不到，而社会又不具有真正的负责意义，“流落到社会上的青少年”这句话不就赤裸裸地揭示了“社会”有还不如无的尴尬意义？我们到底属于谁？我们是祖国的花朵、国家的未来，然而在前途问题上，我们只是父母的负担、家庭的责任和累赘，这里没有国家、政府的身影。柏拉图《理想国》中，儿童属于城邦，儿童一生下来就在公共教育机构接受教育，不需要知道自己的父母是谁，也可以说，所有的成人都是自己的父母，所有的同伴都是自己的兄弟姐妹。人的公共性，人是社会的公民，不是哪一个团体的私民，这应该是现代化的教育思想。

有时，我在想，假如颠覆了现有的支配阶级的共识，我会不会成为另一个操弄者？似乎走不出这个怪圈，没有纯粹的教育。中国的教育自古以来就是“政（治）教（育）合一”，教育即政治。只是，这个时代，政治也远非以往我们所理解的仅仅是国家的政治意志，它应该还包括作为个体——你自己的政治观念，社会在进步，个人政治将逐渐崛起。

（三）诉诸知识：教育成为一种市场

我试图去追寻纯粹的教育，教育的核心应该是知识，于是我诉诸知识，似乎在柏拉图那里可以找到纯粹的教育——知识是人类灵魂中固有的能力，教育是用知识引导人，是为了把知识从灵魂中引导出来，获得一种转向——这是哲学家眼里的知识。

当社会发展到工业时代，当一些社会学家如孔德、斯宾塞，将社会学的眼光投注到知识上，知识有了另一番完全不同的含义，他们认为科学的或实证主义的知识最终要代替哲学的形而上学的知识，科学的或实证的状态的知识才是真正合乎人性的状态。社会学家的逻辑是这样的：当代社会追随着工业技术的去向，由此，教育应该适应工业和商业的需求而发展。在当代世界里，工作越来越要求较高程度的技巧来执行它们，而教育的功能应针对这些技巧提供适当的训练，当工作的教育要求增加时，愈来愈多的人花更长的时间在正式教育上，这样就导致一个结果——教育的扩充，也就是工业技术社会发展的一个直接结果。

但事实并非如此，不论是那些社会学家所在的时代还是我们身处的时代，教育除提供大众读写能力之外，对经济发展几乎没有多大的贡献，同时，学校也不供应任何特殊的工业技术技巧，相反的，很多技巧都是在出了校门步入社会在工作上学习的。

姑且现实点把社会生活看成是一个竞技场，在这样的竞技场里，各种团体为了获得财富、地位和权力，而彼此斗争并设法控制对方。教育显然是最好的被用作达成他们目的的最好工具之一：那些始终关心获得经济报酬的人，只需要一种训练“实用技巧”的教育形式；那些主张高社会地位和文化统整的人，经常一直在寻求文学的和美学的，而且本质上是不实用的教育形态；而那些寻求政治权力和控制权的团体，始终比较不关心教育的内容，而比较关心教育的结构，强调由考试成功而获得文凭导致晋升的正式的制度。中国唐朝的科举正是如此，表面上看，统治者给每一个人提供晋升机会，实际上拥有土地的绅士阶级能够获得控制权，因为只有他们才有钱又有闲去获得为考试成功所必需的教育。同一时期的日本德川家康政权为了使上流阶级的权利中立化，也是借着要求它的领导者花许多时间在宫廷仪式上以及借着实施强迫教育而造成的，学校教育被运作成为一项控制工具，其方法是训练武士阶级学习各种礼仪，使这些礼仪成为他们生活的相当部分，而使他们保持在管理之下。同时期的法国也同样如此，利用教育作为控制其竞争者之权利的一项工具，法国政府创造军事和工程学校，以便独立训练行政人员，使其来源免受贵族和教会所有力控制的学校所左右[4]。

显然，大众、强迫的教育首次被创造时，不是为了工业的训练，而是为了军事和政治的训练，比较危险地说，我们的国家或者说大多数的国家由于将人民看成是国家控制权力的威胁，乃强使人民接受强迫教育，而且那些在国家里具有影响力的经济阶级，将会帮助界定这种“威胁”的性质。教育最终就是一种政治。当然，我们不能忽略另外一个重要的方面：当代教育制度也已被大多数人用来作为促进我们自己的目的——主要是在社会流动方面，看成是改善我们自己的经济地位、获得地位和声望的一种工具。这就意味着，教育成为了一种市场，在这种市场里许多社会行动者如国家、个人，群起企求达成某些目标。在教育这块“大蛋糕”面前，多方势力在角逐，而我们个体在国家这个庞然大物面前如何争取分到一杯羹？某些时候，我们不得不妥协，也许这也就是为什么我们会感到被教育绑架、被生活绑架的原因吧。

现实地想下来，结果竟然如此可怕，教育居然成为一种市场？难道不是吗？连我自己都这么世俗地、本能地称呼教育为“大蛋糕”，又凭什么去追寻纯粹的教育呢？可是静下心来想想总觉得不对劲，教育应该有点精神的东西在里面，似乎我走到死胡同了。知识，哲学家眼里有他的知识，社会学家也有他眼中的知识，那么我们学教育学的是不是应该也有属于它独特的知识？

四、结　语

作为一名教育学研究生，我不期望自己能解决什么实际的问题，只愿在理论涵养的基础上，能判断一些教育现象，以一种专业的真正判断力进行反复的、严肃的、持续不断的深思，我的教育哲学里似乎充满了许多许多的问题，没有答案，也许永远没有。但是，我喜欢如此继续地思索下去。我是一名教育学研究生，我的理想就是：还大学以高尚，荣耀教育学！

参考文献：

[1][3] 毕世响. 教育造就中国社会——中国教育自身的道德教化意义［A］//朱小蔓，金生鈜主编. 道德教育评论 2008［C］. 北京：教育科学出版社，2009：120－136、120－136.

[2] 钱钟书. 围城[M]. 北京：人民文学出版社，1991：72.

[4] 布列克里局·杭特. 教育社会学理论［M］. 李锦旭译. 台北：桂冠图书股份有限公司，1976：419.

大学不应该只为了就业而存在，也不可以走向行政化。在现代大学中，知识权力才是最核心和最本质的。

知识就是权力

□熊　敏
福建师范大学教育学院

现代大学历经几个世纪走到现在可以说是人类创造的一大奇迹，今天大学在日常生活中越来越被人们所重视，大学正在从社会的边缘走向社会的中心。当大学迈入21世纪时，大学被赋予了更多的使命，人们对大学也有了更大的期盼。对现代大学本质问题的思考也逐渐受到关注。

英国哲学家培根先生说过“knowledge is power”，即“知识就是力量”。其实“power”在英文里有“权力”的意思，因此还可翻译成“知识就是权力”。在我们国家的语言中有权力和权利两个不同的概念，分别对应英文中的power和right。在此，有必要对二者进行区分。权力是一个政治概念，一般是指有权支配他人的强制之力，它总是和服从联结在一起。任何社会都是一定的权力和一定的服从的统一。权力有两层含义：一是政治上的强制力量，如国家权力，就是国家的强制力量，像立法权、司法权、行政权等；二是职责范围内的支配力量，它同一定的职务相联系，即有了一定职务就有了相应的某种权力，如行使大会主席的权力。权利是一个法律概念，一般指宪法和法律赋予公民享有的某种权益。它表现为享有权利的公民有权作出一定的行为和要求他人作出相应的行为。例如，我国公民依法享有受教育的权利。权利的行使必须以法律为依据，即依照宪法和法律行使正当的权利。权力的本质是权力主体以强制的方法支配和影响别人的能力。权利的本质是权利主体自主决定为或不为的行为自由。权利和义务相对应而存在。

权力与权利相互区别又相互联系着。权利是权力的根据和基础，权力是权利的表现和保障。无论按照“社会契约论”还是按照“人民主权说”，权力都是来源于人民的权利。国家权力和公共权力以人民的权利为根据，并以人民的权利为基础。同时，国家权力或者公共权力又是人民权利的表现形式。人民选举国家机关的组成人员代表人民行使国家权力或公共权力，管理公共事务，这实际上就是人民行使着属于人民自己的权利。按照西方“社会契约论”者的观点，如果人民不将自己的权利让渡给国家，社会就会处于无序状态，人民纵然具有“与生俱来的权利”，在无序状态下，这种“自然权利”是无法得到保障的。现实地看，公民个人的权利在遭受不法侵害时，有赖于国家和公共机构行使公共权力给予保障[1]。总体来说，政府办教育是权力，人民接受教育是权利，这两个权之间并不完全和谐，它们统一在哪里呢？一方面，人民接受教育的权利是政府办教育的基础；另一方面，政府办教育保障了人民接受教育的权利。

权力与权利相互依存、相互渗透、相互转化，既相互统一与平衡，又以各自的特点相互区别。“知识是权利（right）”，也就是说人人有学习知识的权利，有接受教育的权利。“知识是权力（power）”，则侧重于指拥有知识就拥有权力，比如话语权。本文主要阐述的是后者。

尼采的权力意志哲学，提出了一种完全不同的知识观：知识之所以是知识，不是因为它正确，而是因为它能够满足权力意志的需要[2]。当代致力于研究知识和权力问题的哲学家首推福柯，对于福柯来说，权力不限于国家权力，社会中一切机构，诸如学校、工厂、医院、家庭等都普遍有权力关系。权力不只是给我们以压力，抑制知识，而且是一种创生性的网络，形成知识，产生言谈，福柯提供了一种全新的知识观。他在其《规训与惩罚》中写到“权力制造知识，知识巩固权力”[3]。他是从社会秩序的维持和规则制定方面来理解知识的，也就是说社会秩序的维护需要规则，规则由统治阶级制定，因此“权力制造知识”。福柯是这么理解权力的，“不能简单的将权力理解为支配关系，权力是人的生存方式，而不仅仅是压制手段，任何人都无法垄断权力，每个人都在被支配的同时，又在实施着权力。权力通过一种类似网络的组织被实行，并且个人不仅在权力的脉络之间流转，而且永远处于这样一种状态：即体验到权力支配的同时又实施着权力”。福柯提到了“知识即权力”的命题，但对此表示反对。他说：“我不知道人们怎么认识我，当我读到不管是‘知识即权力’或是‘权力即知识’时，总是哈哈大笑，因为确切地说我的问题就是研究它们的关系。如果这是两个同一的东西，我就没法研究它们的联系了，也就会少受许多累。”[4]

在社会生活中凡是依靠一定力量使他人行为符合自己的现象，都是权力现象。马克斯·韦伯认为：权力是指“将某人之意志强加于别人行为之上的可能性”，“权力意味着在一定社会关系里哪怕是遇到反对也能贯彻自己意志的任何机会，不管这种机会是建立在什么基础之上”[5]。这是对权力本质性的阐释。权力就存在于我们身边，我们随处都可以感受到权力这只无形的手在时刻影响着我们的生活。在大学里也一样，我们的大学正是一种权力的集合体，处处体现着“权力意志”的“精神”。权力会说话，它用那强有力的声音指挥着学校的运行。

一、权力在哪里

我们可以把社会的本质理解为权利与权力，人民主要是生存权——吃饭，政府主要是政治权，学校与学术机构主要是知识权。而在农耕文明下的中国社会，一切权最终都是吃饭权——生存权。中国还没有走出马尔萨斯陷阱，还在为吃饭挣扎。因为只有现代化即工业文明才能使社会整体走出马尔萨斯陷阱——也就是不再为吃饭而活着。中国当代社会，既要为吃饭而活着，又要为权利与权力而活着，比起西方社会来，中国社会更沉重，更复杂。这就决定了中国教育在吃饭权与知识权之间翻跟头，中国的大学不可能那么潇洒，而是越来越矛盾，因为在这个时代，青少年上大学，具有和几千年前一样的生存意义——吃饭。同时，青少年要进入社会权利与权力领域，才能够成为社会公民，如果只是为吃饭而上学，虽然是大学生，仍然是传统社会的私民。

几千年来作为中华民族精神凝聚和遗存的四书五经之《大学》，是儒家最重要的经典文献之一。其开宗明义道出了大学的理念：大学之道，在明明德，在亲民，在止于至善[6]。《大学》而后，“修身、齐家、治国、平天下”成了知识分子的做人准则和理想追求，也成为大学教育的社会责任和终极追求目标。大学教育的目的是使人人成为仁人君子，使社会得以实现仁爱太平，即“止于至善”。朱熹在《大学章句》中说：《大学》之书，古之大学，所以教人之法也[7]。他说：大学者，大人之学也。这里所指的是大学所从事的教育与研究的意义、内容，即非指一般的学问，而是指伟大崇高的学问。《大戴礼·保传》中也写道：古者年八岁而出就外舍，学小艺焉，履小节焉；束发而就大学，学大艺焉，履大节焉[8]。据此，大学应当是学大艺、履大节的地方。《学记》中写道：九年知类通达，强立而不反，谓之大成；夫然后足以化民易俗，近者悦服，而远者怀之，此大学之道也[9]。

大学是传授知识，传承文明，探索真理的地方。在这纯洁的象牙塔里，知识本该是它的核心与灵魂，拥有着书本的芬芳和知识的甘泉。真理、智慧、德性等这些真善美在这里发芽生长。知识的权力是它无比的威严与荣耀。然而如今的大学已经慢慢失去了自己独有的气质，正在一点点被腐蚀。现代社会将教育肢解，大学沦为职业训练场所，一切围绕就业。评判大学及专业，就业仿佛成了人们心中唯一的杠杆。这种功利化趋势的不断强化使大学教育失去了其原有的目的及价值。大学的意义何在？难道只是为了就业而存在吗？

1917 年蔡元培先生就任北京大学校长之演说中有很多中肯的观点。“今人肄业专门学校，学成任事，此固势所必然。而在大学则不然，大学者，研究高深学问者也。外人每指摘本校之腐败，以求学于此者，皆有做官发财思想，故毕业预科者，多入法科，入文科者甚少，入理科者尤少，盖以法科为干禄之终南捷径也。因做官心热，对于教员，则不问其学问之浅深，惟问其官阶之大小。”“果欲达其做官发财之目的，则北京不少专门学校，入法科者尽可肄业法律学堂，入商科者亦可投考商业学校，又何必来此大学？所以诸君须抱定宗旨，为求学而来。入法科者，非为做官；入商科者，非为致富。”[10] 如果只是为了就业，完全可以入职业学校，何必来上大学？大学是研究高深学问的地方，既然选择读大学，就要抱定宗旨，为求学而来。

“若徒志在做官发财，宗旨既乖，趋向自异。平时则放荡冶游，考试则熟读讲义，不问学问之有无，惟争分数之多寡；试验既终，书籍束之高阁，毫不过问，敷衍四年，潦草塞责，文凭到手，即可借此活动于社会，岂非与求学初衷大相背驰乎？”“苟德之不修，学之不讲，同乎流俗，合乎污世，己且为人轻侮，更何足以感人，况堂堂大学生乎？”[11] 对大学抱有的目的不一样，直接导致在大学里不同的行为表现。大学中人的堕落就是大学的堕落。

在这篇演讲中，蔡元培先生通篇只论三点：第一，要求学生抱定求学之宗旨，以研究高深学问为己任；第二，砥砺德行；第三，敬爱师友。这三点抓住了大学教育的核心所在，是在育人治学，而非其他。“大学为纯粹研究学问之机关，不可视为养成资格之所，亦不可视为贩卖知识之所。学者当有研究学问之兴趣，尤当养成学问家之人格。”[12] 他在阐述大学之性质时说：“大学者，研究高深学问者也。”在谈到学术自由时，他指出：“大学以思想自由为原则。”

“所谓大学者，非谓有大楼之谓也，有大师之谓也。”[13] 在潘光旦先生和梅贻琦先生一起完成的《大学一解》中是这样说的。大学之所以为大学在于其良好的教育，好的教育才能造就出好的大学，进而培养出好的学生。

受功利主义的影响，人们片面强调高等教育所能带给人的技术工具性、实用功利性，而作为大学核心的知识却没有得到应有的重视。教育不能单纯为经济服务，用就业来衡量一个大学的好坏是不可取的。更何况就业好坏也不完全是大学的责任，更多原因在于学生自己。教育只影响人的身心发展，与就业没多大关系。而社会对教育往往要求太多，把就业的任务也安排给教育，加重了教育的负担，在这种沉重的压力下教育几乎把全部精力向就业倾斜，原本的职责反而被忽视了，导致教育的畸形发展。大学不同于职业学校，不能只考虑就业。大学也不是“名利场”，应祛除功利主义。

现代大学的本质已被曲解，知识原本是其无比的威严与荣耀，然而如今的大学，这种知识的权力在哪里？

二、谁有说话权

在大学里，老师和学生是知识的拥有者，本应该是最有话语权的群体，然而事实却不是这样。面对很多事情，我们的观点和想法都没什么分量。学校里一般都是那些领导在说话，他们说怎样就怎样，很少征求我们的看法，我们唯一要做的就是服从。所有的专业以及机构设置都是院领导和校领导说了算，或者直接说是教育部说了算。我们不能决定学校该修多高的教学楼，该如何管理学生宿舍，连任课老师都不能决定是不是该开卷考试等等。我们显得很被动，这无疑是一种“强权主义”。一种不同于知识的权力——政治，剥夺了我们学校的自由，在威胁与束缚着我们的大学。知识权力与政治权力的博弈展开了，愈演愈烈，这是场无硝烟的战争。谁会是最后的胜利者，无人知晓，但此刻知识权力已经伤痕累累，明显处于弱势。政治权力紧握着说话权。

《孟子·梁惠王章句上》写到：“孟子见梁惠王。王曰：‘叟！不远千里而来，亦将有以利吾国乎？’”[14] 从这里可以看出先秦时期，诸子只要拥有知识都可以比较容易拜见王，学术与政治间没什么冲突，学术自由，不会受政治的压制。福柯最重要的结论是“知识巩固权力”，没有知识当然没有话语权。在一个领域要想站得住脚，就应有相应的知识。卡尔·马克思在《路易·波拿马的雾月十八日》中，有一句无比尖锐的话——“他们无法表述自己，他们必须被别人表述”[15]。这就是缺乏知识的悲哀，丧失了话语权。

学术权力一词最早由美国学者伯顿·R. 克拉克（1978 年）提出，指学术治理的权力，是一种法定权力。高校学术权力主要表现为教学活动、科学研究、学科建设、课程设置、师资培养、学位授予以及就业、招生等方面的权力。行政权力是指由高校各级行政部门和行政人员所拥有的权力，主要表现为校长、处长、科长等行政治理人员的权力。大学是一个特殊的知识生产机构，在中国这样一个有着政教相维传统的国家里，大学与政府的关系错综复杂。现代的大学从某种程度上讲，成为政府的附属品，大学对政府有极强的依附性。一方面政府管理大学对大学有好处，使得高等教育迅速发展，如高等教育大众化，没有政府推进，是没有办法实现的。但是这种依附性也带来了不良影响，如严重影响了学术自治。

蔡元培先生是极力主张教育独立的，其中就要求教育行政独立。政府行政对大学的干预日益强化，使大学越来越像行政单位而非独立的教学科研机构。可大学是一个学术团体，它不是一个政府部门的延伸。在学术团体里，学术权力是基础性的，行政权力应该是为学术权力服务的。但现在行政机构成为学校主导部门，学术权力已被弱化和虚化。教育去官僚化和去行政化势在必行。大学“去行政化”，是大学精神回归的一条必由之路。

三、知识说话

学术权力是学校与生俱来的权力，行政权力是伴随着学校事务的延伸和扩大而产生的，是学校事务的一种拓展。目前行政权力泛化，学术权力这种戴着镣铐跳舞的局面，一定程度上削弱了高校存在的意义和价值。可以说，现在的大学就是个为政府说话、执行政府意志的权力机构。政治权力被滥用而知识权力被忽视。每年的大学评估就是很有力的诠释。教育部组织评估小组来学校考察，他们手中的权力直接决定着一个学校的评估情况，而老师学生只能眼睁睁看着，束手无策。还有就是领导们有时喜欢指导在校老师如何上课，这到底是政治权力还是知识权力的使用？我们的大学根本没什么自主的权力，一切听从教育部的安排。知识是大学的核心，在大学里，知识应该说话，而不是只听到政治权力在喋喋不休。

学校是知识权力作为制度存在的地方，也是知识权力传播与授予的地方。知识的本质是权力，拥有知识的人也就是拥有权力的人。大学通过知识传播和创造，进而创造权力。大学生接受教育，拥有了知识也就走进了知识权力系统。大学生首先应该知道自己有哪些权，然后行使这些权，走上社会后，要把这种权的意识传播出去。让社会上更多的人知道自己手中拥有的权，并有效使用这种权，而不是成为缺乏维权意识的“愚民”。人们对权的意识的觉醒是社会进步的重要表现。

大学因为拥有知识，掌握知识而掌握着公共话语的权力，扮演着传承、阐释和传播文化价值的社会角色。学术权力的运用应以学术自由为前提和基础，政府对大学的过度干预显然限制了学术自由，也就剥夺了大学的学术权力。

在现代社会，大学失去了原本应该属于自己的东西，迷失了方向。功利化和行政化是两大病症，如何医治好这两种重病直接关系到大学未来的健康发展。在就业的牵制下，在政治权力的压迫下，大学在夹缝中喘息。作为大学本质精神的知识，已经一点点被忽视，甚至无处可寻。知识就是权力，是大学核心的权力和本质，如果连这都不存在了，那我们的大学还是大学吗？

学校本身既是一个学术性组织，又是一个社会性组织。知识权力与政治权力在这里交织着，协调好这两种权力的关系至关重要。大学不应该受政治权力的束缚，也不应该一切围绕就业。在大学里，知识权力说话的声音应该是最响亮、最动听的。

参考文献：

[1] 陈岚. 权力与权利的界说 [J]. 江汉大学学报（社会科学版），2009，(4).

[2] [德] 尼采. 权利意志 [M]. 孙周兴译. 北京：商务印书馆，2007.

[3] [法] 米歇尔·福柯. 规训与惩罚 [M]. 刘北长、杨远缨译. 北京：生活·读书·新知三联书店，2007.

[4] 杜小真遍选. 福柯集 [M]. 上海：上海远东出版社，2003.

[5] [德] 韦伯. 学术与政治 [M]. 冯克利译. 北京：生活·读书·新知三联书店，2005.

[6] 王国轩译注. 大学·中庸 [M]. 北京：中华书局，2006.

[7] (宋) 朱熹撰. 四书章句集注 [M]. 北京：中华书局，2006.

[8] 方向东撰. 大戴礼记汇校集解 [M]. 北京：中华书局，2008.

[9] 潜苗金译注. 学记 [M]. 杭州：浙江古籍出版社，2011.

[10] [11] [12] 叶隽考释. 蔡元培：大学的意义 [M]. 济南：山东文艺出版社，2006.

[13] 梅贻琦、潘光旦. 大学一解 [J]. 清华学报，1941，(1).

[14] 万丽华，蓝旭译注. 孟子 [M]. 北京：中华书局，2006.

[15] [德] 马克思. 路易·波拿马的雾月十八日 [M]. 南京：江苏人民出版社，2011.

学术视野

由于生存环境与生产方式的不同，人类社会孕育了多样的文化和众多的民族。草原文化便是人类多样性文化的重要组成部分之一，而承载草原文化的游牧民族在世界文化史上占有重要的地位。对于草原文化的主体——游牧民族而言，“华夷说”与“蛮族观”是中西异域与他者视阈中关系其文化价值定位的两个重要思想观念。全球史观是20世纪50年代以来兴起的一种新的历史思维与方法，它反对传统的世界史以单个民族或国家为中心，主张公正地对待与评价过去被忽略的文化与民族，重视世界各个民族或国家间的相互联系与影响。在国际社会倡导文化多样性和我国重视各民族文化公平传承的21世纪初，有必要认真反思对草原游牧文化抱有歧视与偏见态度的“华夷之辨”与“蛮族之说”，采用全球史观的新视野来构建草原游牧文化话语体系，重新定位草原游牧文化在世界文化发展进程中的地位与作用。

反思与构建：全球史观视野下的草原文化

□ 陈巴特尔
南开大学高等教育研究所
□ 雷继红
长江师范学院教育科学学院

从国际上看，伴随着新世纪的到来，文化多样性理念开始深入人心。2001年《世界文化多样性宣言》和2003年《保护非物质文化遗产公约》的通过，标志着人类文化的多样性已经成为当今世界发展的主题，成为人类社会可持续发展的重要基石。2009年7月27－31日，国际人类学、民族学第16届联合会在我国云南昆明的成功举办标志着世人就人类发展与文化多样性的关系达成共识。会议通过并发布了《昆明宣言》。该宣言把作为人类生活与生态环境互动的成果“人类文化多样性”提升到关系人类创新能力、事关族群同生共长、涉及个体幸福生活的高度。我国向全世界公开阐释了“科学发展观、和谐世界、民族文化公平传承”的文化发展理念。草原文化和构建于草原文化之上的游牧文明无疑是人类文化多样性独特而重要的组成部分，国内国际文化多样性发展的良好环境与氛围为草原文化的发扬光大提供了难得的机遇。

随着全球性生态环境的日益恶化和国际社会“文化多样性”理念的推进，社会各界对草原文化有了重新的认识，而且开始认真反思过去在社会实践领域和理论话语层面上对草原文化和游牧文明的歧视与偏见，不断彰显作为世界文化多样性重要组成部分的草原游牧文化在区域文明和全球文化发展中的作用。在这样的社会与学术背景下，草原文化研究在我国异军突起，成为我国人文社会科学研究的热门领域，并呈现蓬勃发展之势，一年一度的“中国内蒙古国际草原文化节”和“内蒙古草原文化主题论坛”更是成为中外学者交流、研讨草原文化课题的重要平台。纵观我国草原文化研究的成果，呈现“三重三轻”的特点，即在研究主题上，比较重视草原文化的内涵与特质等静态因素的探讨，相对忽视草原文化在族际交往和跨文化互动中的变化等动态因素的研究；在研究视阈上，重视我国北方草原文化的研究，尤其是关注草原文化在中华文明中的作用，相对忽视世界上其他区域的草原文化研究，对全球背景下草原游牧文化及其演变的宏观把握和综合性研究不多见，尤其是缺乏对草原文化在全球文化史中的地位与作用的研究；在研究范式上，比较重视理论思辨、历史描述与现实对策研究，缺乏多学科及跨学科的综合性与系统性研究。本文尝试采用“跨文化互动”这一新的全球史观视角，在反思西方与我国主流话语中的草原文化的基础上对草原游牧文化在全球文化发展史上的地位与作用进行初步分析，以便为深化草原文化研究提供新思路。

反思“华夷之辨”：中国历史主流话语中的草原游牧文化

从内涵上讲，草原文化是指生长在草原这一生态环境上以游牧为主要生活方式的民族或群体创造的物质财富和精神财富的总和；从外延上说，大体包括非洲草原文化、欧亚草原文化和美洲草原文化。“世界上各大草原——如北美的新大陆北部草原、南美的潘帕斯草原、欧亚大陆的中纬度草原以及非洲的萨赫勒荒漠草原——的土壤在有史以来的绝大部分时间都是不适合耕种的……在草原地区，除了极有利于耕种的小块土地外，畜牧一直以来是唯一可行的农业形式。”[1] 每个区域的草原文化又可以分为更小单位的草原文化，他们通常分布在沿大河或大江而居的农耕文化的边缘地带或者环绕着农耕文化逐水草而居。

由于相邻而居，或因政治上的相持性、或因经济上的互补性、抑或是文化上的异质性，游牧民族与农耕民族在历史上常常以互市、战争、和亲等方式不断地产生交往与互动。在这种跨文化互视中，一方往往会以自己文化的标准来看待对方文化，久而久之，这种视角一旦凝固僵化，变成了偏见。中国历史上的“华夷之辨”和欧洲历史上的“蛮族之论”便属较为典型的偏见视角。

“华夷之辨”是贯穿中国历史的一种“民族观”，最终成为代表中原农耕文化的汉族处理其与代表周边游牧文化的少数民族关系的基本准则。“华夷之辨”有三层含义：第一指区域划分，以中原农耕文明为中心，将中原汉族称为“华夏”，把周围的少数民族区域称为“四夷”，按照不同方位，将四边的少数民族分别指称为“南蛮”、“北狄”、“西戎”、“东夷”；第二指政治层面划分，按照距离中原这个中心的远近来确定内外有别的标准，最终作出内中国而外诸夏，内诸夏而外夷狄的政治层次的分类；第三是文化层面的分类，以是否具备儒家文化为划分“先进”与“落后”、“文明”与“野蛮”的标准，认为夷用夏礼，夷可进而为夏，夏用夷礼，夏则可退而为夷。“随着中国封建大一统局面的形成和逐步发展，这种文化层面的划分逐渐成为主要的或最高的标准，并在中国民族发展史上形成‘华夏中心论’和‘礼乐文明优越感’的定调。”[2] 虽然，进入近代以来，尤其是新中国成立以来，国家、政府倡导实施“各民族团结、平等、共同繁荣发展”的政策，创造了30年经济繁荣发展，但是受主流社会的“社会发展史”观和“现代化”理论的影响，我们对于包括草原游牧文化在内的少数民族文化未给予科学的评价和公正的认同。“中国各民族在各自的生态环境中生活了几千年，都有一套当地环境和可持续地利用资源的知识和文化传统。但在过去百余年挽救民族危亡和后来的现代化和市场经济建设的背景下，这些传统文化往往被当成障碍而被边缘化，被轻视甚至被作为封建迷信和社会改造的对象。”[3]

解构“蛮族之说”：西方传统视阈中的草原游牧文化

无独有偶，在欧亚大陆的另一端远西异域中的草原游牧文化也遭遇了同样的话语歧视。“蛮族”在西方历史话语中是一个被普遍接受的概念，伴随着西方文明观的演变经历了从文化意义到种族意义的转变。追根溯源，早在公元前5世纪，被称为“西方历史学之父”的希罗多德在其巨著《历史》中描述希腊人与波斯人之间战争时，提出了“蛮族人”（Barbaroi）这一概念，把当时参与战争的波斯人称为“野蛮人”。“在他看来，世界是由两个从根本上对立的部分即希腊人和‘蛮族’人组成的，他们之间自古就处在冲突和敌意之中。”[4]可见，希罗多德在解析希波战争原因的过程中，构造了一个“蛮族人”的形象，这一形象以专制、残暴、野蛮以及未开化为其人格特征。对于希腊人而言，靠近希腊中心地带以北的外族人统称为不会讲希腊语的“蛮族”。同样罗马人创造的“文明”（civilization）一词，来源于拉丁语“civils”，意为“公民的”，借此作“文明民族”与“落后民族”之间的区分。把作为城市公民的罗马人当做“文明人”，而把罗马帝国边缘沙漠和森林地带的民族视为“低等人”。到了17、18世纪后，受人类学单线进化论和达尔文生物进化论的影响，这种源自希腊罗马的西方“文明观”扩延到整个欧洲并发生了两个重要的变化。第一，把人类社会的发展视为从最低级的原始社会阶段向最高级的文明阶段逐级演化的过程。“在大多数学者看来，创建了规模宏大的城市、不朽的建筑、书写体系、发达的科技和大帝国的中国人和阿拉伯人，都在人类成就阶梯顶端的地方，和欧洲人一样赢得了一席之地。放牧牛羊的游牧民族，例如中亚的蒙古人，则通常在这种划分中被视为蛮族。文明人与蛮族一起又与不同类型的野人相区分。野人指那些居住在北美洲、澳大利亚的狩猎者和采集者，以及非洲和亚洲的许多在欧洲人看来尚未走出社会和政治发展的最原始时期的人们”。[5]第二，以欧洲为中心的种族主义，“很多欧洲学者宣称：一些种族更具有创造力、更具有道德、更勇敢而且拥有更高的艺术天赋，这些种族因而比其他种族更有能力建立文明。”[6]这样在由野人到文明人的彩色等级阶梯中，白色人种位于最顶端，以下依次为黄色人种、红色人种、棕色人种，而黑色人种被置于这个人种等级序列的最底层。这种欧洲中心主义、欧洲优越论的思想为帝国主义的殖民扩张提供了合理性。20世纪以来，随着世界殖民体系的土崩瓦解和世界反法西斯战争的胜利，这种以文明—野蛮、中心—边缘划分人类多样性文化的文明观也终于走到了它的尽头。

以上我们以草原游牧文化为主体，对异域文化——西方主流的传统文明观和他者文化——中国中原汉地的传统民族观进行了反思与解构。在国际社会日益提倡人类文化多样性和中国开始倡导各民族文化公平传承的21世纪里，除了批判上述的错误观点之外，我们还要解放思想、开阔思路，把草原文化置于全球历史发展的大背景下，运用“各民族跨文化交往与互动”的全球视野考察草原游牧文化在世界文化发展中的地位与作用。

跨文化互动：全球史观视野下的草原游牧文化作用

草原游牧文化与江河农耕文化是世界文化史上的两大主要文化，由于生存环境、生活方式不同而形成了两种异质而分野的文化。“农耕人文字创用早，游牧人的历史多依赖农耕人的记载而流传，而农耕人的记述往往厚己薄人，有损于历史的本来面目。其实游牧文化与农耕文化并无文野之分、高下之别，他们对于人类文明各有贡献，殊途同归。”[7] 虽然草原游牧文化和农耕定居文化是两种异质的文化，但是游牧民族和农耕民族在政治、经济、军事、文化上的对峙、冲突、交流与融合始终贯穿于人类社会的发展过程，影响世界历史的发展走向，构成全球文化发展历史的一个基本的主题。

传统历史观认为，西欧的兴起是促成全球历史的主要动力，而欧洲人主导的地理“大发现”，把欧亚大陆与非洲、美洲和大洋洲联系起来，被认为开辟了一体化的全球新世界。这是一种以欧洲为中心的西方史观，在这种全球史观的视野中，草原文化被定义为野蛮文化，而承载草原文化的游牧民族被刻板地认定为“蛮族”，他们往往扮演“征服者”、“侵略者”、“破坏者”的角色。而上世纪中后叶兴起的全球史观（新世界史观）为我们重新审视草原游牧文化在世界多样性文化中的价值，为我们正确认识草原游牧文化在世界文化进程中所承担的角色提供了新的思路。

英国历史学家杰弗里·巴勒克拉夫（1908—1984）在20世纪50年代最早提出“全球史观”问题。他主张跳出欧洲，跳出西方，建立全球的历史观即超越民族和地区的界限，理解整个世界的历史观。他的全球史观的中心思想可以概括为两个方面：第一，应公正地对待与评价世界各国和各地区的文明；第二，世界历史应注重世界各个民族或国家间的相互联系与影响[8]。巴勒克拉夫所推崇的两位美国学者威廉·H. 麦克尼尔的《世界通史》（1967年）和斯塔夫里阿诺斯的两卷本《全球通史》（1970年和1971年），被视为是全球史的代表作。另外，国外比较著名的论述全球史的专著还有威廉·H. 麦克尼尔的《西方的兴起：人类共同体史》（1963年），这是专业历史学家写的第一部综合世界史，是“全球史”作为一个学术领域诞生的标志。此外，美国学者伊曼纽尔·沃勒斯坦的《现代世界体系》（1974年）和德国学者安德烈·贡德·弗兰克的《白银资本》（1998年）也很著名。“跨文化互动”是全球史观的核心理念，也是全球史学家着力最多的关键词。“全球史观的核心理念是互动（interaction），即不同区域、不同民族、不同文化的人群通过接触在经济、政治、文化等多重领域实现的互动。”[9]在这一理念的指导下，全球史学家不仅把跨文化互动作为他们构建世界历史的基础，而且把跨文化互动视为世界历史发展的动力。他们认为，“互动”是人类社会组织的存在形式，任何社会组织都不是绝对封闭和孤立的，它们必然会以这样或那样的方式与外界接触，各种社会组织彼此之间会形成一个相互关联的体系或网络，并在这一动态交往的网络内互相影响；社会发展的动力源自互动交往而发生的变化，而变化的起点在于接触外来新事物，“与外来者的交往是社会变革的主要推动力”[10]。由于全球史研究者把主要焦点放在世界历史发展过程中各群体之间大范围的互动交往运动上，因此，大规模人口迁徙、帝国扩张战争、跨地区远程贸易、疾病蔓延、物种交流、传教活动、技术传播、黑奴贸易等成为全球史研究的主要内容，其中大规模人口迁徙、帝国扩张战争以及跨地区远程贸易这三种基本的跨文化互动形式成为全球史研究的典型领域。那么，如果我们把草原文化与游牧民族放在人类历史的长河中，用“跨文化互动”的范式来思考草原游牧文化在全球文化发展中的作用，审视其在世界历史中的地位就会和上述西方传统的“蛮族之说”和中国主流的“华夷之辨”大相径庭。

通观人类历史发展，在草原与农耕、游牧与定居的互动关系中，草原游牧民族凭借其固有的流动特质往往处于主动的地位。钱穆先生在其所著的《中国文化史导论》中，将游牧文化与商业文化归为同类，“游牧商业起于内不足，内不足则需向外寻求，因而为流动的，进取的”，“游牧商业民族向外争取，随其流动的战胜克服之生事而具来者曰空间扩展，曰无限向前”[11]。游牧民族不仅自己在草原故土上不断迁徙，而且通过征服农耕民族而建立庞大的帝国，把欧亚非大陆连接起来，促成了大规模的远程贸易。可以说，在1500年前，草原文化孕育的游牧民族在促进“欧亚非共生圈”形成过程中作出了重要的贡献，而欧洲人的地理大发现只不过是把欧亚大陆业已形成的互动网络进一步延伸到美洲和大洋洲，并逐渐呈现出全球一体化的趋势。正如皮特·N. 斯特恩斯所言：“在全球历史的重要阶段，游牧民族是文明联系的纽带而不是障碍……游牧民族在人类历史中具有如此重要的作用，以至于理解他们的生活方式以及他们与农耕、城市居民之间相互作用的性质是至关重要的。”[12]

综上所述，全球史观为我们批判西方主流话语对草原游牧文化的偏见和解构中国传统话语对草原游牧文化的鄙视，重塑草原游牧文化在世界历史中的地位与作用提供了新的思路。关于草原游牧文化对世界历史与人类文化的具体作用与特殊贡献，无法在短短的一篇文章中概全，还有待于在今后研究中继续探索。这里笔者把美国历史学教授菲利普·费尔南德兹——阿迈斯托在其所著的《世界一部历史》中对草原蒙古人的独特性所做的评价作为本文的结语。

> 13世纪，一个囊括整个大草原的国家兴起。像很多伟大的革命一样，该事件是以血腥的场面而开始，但结果却变成建设性的。当蒙古同盟第一次向它的邻居发起挑战时，这似乎是用毁灭来威胁文明——屠杀定居民族、蹂躏城市、鄙视艺术和学问。然而，蒙古人在欧亚历史上越来越发挥一个独特和建设性的作用。首先，大草原腹地已经产生的对更具毁灭性的征服者的恐惧，把大草原以外从基督教世界到日本的所有民族联结在一起。这样，这些同一个征服者所强加的和平就把这些民族联系起来。在蒙古征服所导致的最初的恐怖过后一百年间，大草原就成为信息快速交流的通道，它把欧亚大陆的两端联系起来，有助于两个大陆之间的文化交流。在蒙古人的统治下，中国的思想和技术广泛西传，极大地丰富了欧洲人的世界观念。如果没有蒙古统治下的和平，我们将很难想象世界历史会是何种景象。在整个世界历史上，蒙古人统治时期的重要性并没有局限在他们建立的帝国边界。它的影响贯穿欧亚大陆[13]。

参考文献：

[1][13] 菲利普·费尔南德兹—阿迈斯托. 世界一部历史［M］. 叶建军等译. 北京：北京大学出版社. 2010：44、507.

[2] 刘伟，张梦飞. “华夷之辨”在清代的递嬗［J］. 社科与经济信息，2002，(6)：28.

[3] 张海洋. 乡土知识传承与科学发展观和国家创新力——再论从社会发展史到文化生态学的发展范式转型［A］//中国乡土知识传承与校本课程开发研讨会论文集［C］. 中央民族大学民族基础教育研究资料中心，2009：25.

[4] 黄洋. 希罗多德：历史学的开创与异域文明的话语［J］. 世界历史，2008，(4)：8.

[5][6][12] 皮特·N. 斯特恩斯. 全球文明史（上册）［M］. 赵轶峰等译. 北京：中华书局，2006：16、17、72.

[7] 项英杰等. 中亚：马背上的文化［M］. 杭州：浙江人民出版社，1993：封底.

[8] 白雪. “全球史观”的提出和发展［J］. 新课程（教师版），2006（8）：53.

[9] 杰里·本特利，赫伯特·齐格勒，希瑟·斯特里兹. 简明全球史 [M]. 魏凤莲译. 北京：北京大学出版社，2009：中文版序言.
[10] 夏继果、杰里·本特利. 全球史读本 [M]. 北京：北京大学出版社，2010：13.
[11] 钱穆. 中国文化史导论 [M]. 上海：上海三联书店，1988：2-3.

比较海峡两岸两套初一英语教科书选文的主题，以及两岸两套高一英语教科书选文的多元文化类型，可知两岸英语教科书都呈现出多种多元文化类型，但侧重点明显不同：大陆英语教科书更凸显科技文化、世界其他国家的地域文化，以及西方古典文化；台湾英语教科书更凸显性别文化、本土文化、少数民族文化，以及西方流行文化。

海峡两岸英语教科书多元文化类型的比较研究

□吴　梅
乐山师范学院

一、研究背景及目的

多元文化主义（multiculturalism）是在20世纪五六十年代西方国家少数民族要求被承认、被尊重并实现真正平等的背景下产生的重要政治思潮。该思潮主张关注民族文化多样性，要求承认不同民族、种族以及性别的文化差异的多元与共存，承认不同文化间的平等和相互尊重，实行族裔群体公正，以保护族裔少数群体及弱势群体权利，进而追求多元文化的平等共存、共同繁荣。这一思潮产生之初主要是针对解决欧美等移民国家内部不同民族、不同种族融合过程中产生的各种民族矛盾、冲突等问题，后来其影响逐渐超出了欧美的范围，发展成为世界性的思潮，对全球各民族的和谐相处，最终对世界和平起着积极的推动作用[1]。

中国是一个多民族、多元文化共存的国家，有56个民族，形成了“大杂居、小聚居”的民族居住特点，从而发展为“多元一体”的社会格局：“多元”是指各个少数民族的文化，“一体”是指以汉族为主体民族的中华民族文化。

多元文化在台湾则是指不同种族、民族、宗教或社会群体在一个共同文明体或共同社会的框架下，持续并自主地参与及发展自有传统文化或利益。在多元社会中，不同族群相互间展示尊重与容纳，从而使他们可以安乐共存，相互间没有冲突或同化。

自1624年荷兰东印度司占领台南安平地方以来，四百年中“台湾”先后经历了荷兰、明朝郑成功、大清和日本的统治，直至1945年为中华民国光复。台湾独特的发展道路和微妙的地缘位置使其一直处于文化冲突与交融的前沿地带。经过持续的社会转型、文化交融与工业化的进程，以美国、日本为主的资本主义文化对台湾的影响不断加深，台湾逐步形成了一种固守中华传统文明，同时又具有地域特色的多元开放的文化形态[2]。

中国大陆和台湾虽然政治经济体制不同，意识形态、价值取向和地缘环境存在差异，对多元文化的理解不同，但同文同种，拥有共同的中华传统文化宝藏和相似的文化心理基础和认知特点。

在编写英语教科书的时候，两岸学者都依据自身社会的多元特点，以及该社会对多元文化的理解，借英语教科书来传达多元文化的观点。对海峡两岸英语教科书选文的多元文化类型进行比较与分析，对英语学科教材建设和课程改革具有积极的促进作用。

二、研究对象及方法

教科书是“社会强势群体用以建立政治和文化秩序的道德体系”，“在内容上反映主流群体的价值立场和人生观”[3]。笔者通过比较两岸两套初中教科书选文的主题，以及比较两岸两套高中教科书选文的多元文化类型，尝试回答以下两个研究问题：（1）两岸的英语教科书体现着什么样的多元文化的理念？（2）在体现多元文化的方式策略上，两岸的英语教科书有什么差异？

1. 人教版与佳音版选文主题比较

笔者比较了两岸两套初中一年级英语教科书的选文主题。研究对象一是人民教育出版社出版的（简称“人教版”）义务教育课程标准实验教科书《英语（新目标）Go for It!》（七年级，即初中一年级），共两册；二是台湾佳音编著、翰林发行的（简称“佳音版”）《国中英语 iEnglish》（国民中学一年级），共两册。

2. 外研版与三民版选文多元文化类型比较

参考陈怡的多元文化分类法[4]，教材选文所反映的多元文化的类型可以划分为一般文化、种族文化、民族文化、社会阶层文化、宗教文化、性别文化、年龄文化、地域文化、特殊群体文化和科技文化十种。一般文化是指人类共享的文化，即不分种族、年龄、性别、地域的普遍性的文化，包括生态文化、景物文化、思维方式文化、一些不带民族色彩和意识形态的情感文化等；种族文化分为华人文化和非华人文化，如白人文化、黑人文化和其他种族文化等等；民族文化分为少数民族文化和汉族文化；社会阶层文化分为精英阶层文化和普通阶层文化；宗教文化分为基督教文化、中华传统宗教文化（释、道、儒等）和其他宗教文化；性别文化分为男性文化和女性文化；年龄文化分为成人文化和青少年同辈文化；地域文化分为城市文化和乡村文化；特殊群体文化是指非“常态”人的群体文化，这一群体与一般群体有不同的行为方式；科技文化则传达科技方面的信息。

笔者使用内容分析法（content analysis），比较了两岸高中一年级英语教科书选文的多元文化类型。研究对象一是外语教学与研究出版社出版的（简称“外研版”）普通高中课程标准实验教科书、四川省专用的《英语》教材（高中一年级），共两册；二是台湾三民书局出版的（简称“三民版”）《英文》教材（普通高级中学一年级），共两册。对教科书选文的分析范围是书中所有课文，包括精读课文、泛读课文，以及书中其他类型的较长的阅读资料。一篇课文中可能包括一至两种文化，一个单元中可能包含两到三篇文章，当选文不属于明显的多元文化类型时，通常归入“一般文化”这一类。

三、统计结果

人教版初一英语教科书两册一共 27 个单元（上册 15 个单元、下册 12 个单元），每六个单元之后有两个复习单元。佳音版国民中学一年级英语教科书两册一共 18 个单元，每三个单元之后有一个复习单元。两套教科书一般是一个单元围绕一个主题，偶尔出现两三个单元具有相同或相似的主题。压缩了每套教科书中相似或相同的主题之后，笔者归纳出两岸初一英语教科书有以下一些相同或相异的主题：

表1：人教版与佳音版选文主题比较研究

	人教版	佳音版
相异的主题	朋友 身边事物 颜色 购物 约会 电影 加入俱乐部 学校科目 国家、民族和语言 邻里 天气 流行文化 规则	印刷体字母、书写格式 年龄、生日、星期和日期 文具 位置、地点 房间 教室用语 参观博物馆 演唱会 电话用语 嗜好 价钱 台北树蛙 运动及其他技能
相同的主题	职业 家庭、亲属关系 人的外貌或物品外观 动物 节日（圣诞节、父亲节） 日常作息及活动 食物	

外研版高一英语教科书每册含6个单元和1个复习单元，两册共14个单元。三民版高级中学一年级英语教科书每册12个单元（只含阅读部分、不包括听说部分的6个单元），两册共24个单元。两套教科书选文所体现的多元文化类型的数量与比重可见下表：

表2　外研版与三民版选文多元文化类型比较研究

		外研版		三民版	
		总数	百分比	总数	百分比
一般文化				4	14%
年龄文化	成人	1	3%	1	4%
	青少年同辈	12	34%	3	11%

		外研版		三民版	
		总数	百分比	总数	百分比
种族文化	华人	3	9%	1	4%
	非华人	8	23%	11	39%
民族文化	少数民族			1	4%
	汉族			1	4%
社会阶层文化	精英	1	3%	1	4%
	大众				
性别文化	男性			2	7%
	女性			2	7%
地域文化	世界其他国家	3	9%		
	城市	1	3%		
	农村				
科技文化		6	17%	2	7%
宗教文化	基督教				
	中华传统宗教				
	其他宗教				
特殊群体文化					
总数		22	100%	28	100%

四、结果讨论

1. 两岸英语教科书选文主题都较广泛且适合学生的年龄段

从表1可以看出，人教版和佳音版的英语教科书选文都涵盖了较广泛的主题。这些主题不但贴近初中一年级学生的生活（如家庭、文具、参观博物馆、购物、运动等等），而且适合那个年龄段的学生的认知水平——主题呈现出具体、实际的特点。相比之下，人教版的选文主题更抽象一些（如国家、民族和语言、规则等等）；佳音版的选文主题更浅显、具体一些（如位置、电话用语、生日、年龄和日期等等），同时，佳音版也注意到加入本土风物（如，台北树蛙和台湾黑熊“黑糖”；三民版还有一章专门介绍云门舞集的创始人、舞蹈家林怀民）。

2. 两岸英语教科书选文都反映出较大比例的青少年同辈文化

从表2可以看出，外研社和三民版的英语教科书选文都引入了年龄文化，其中，又以青少年同辈文化为主（34%：11%）。除此之外，在教科书编排形式上，两岸教科书都采取了一些“吸引青少年的眼球”的编排策略。比如说，人教版的初一教材大量采用漫画，全书几乎没有长段文字，而要学习的句子几乎都呈现在漫画的对话框中。佳音版的国民中学一年级教材也引入了一些流行的卡通人物，如蝙蝠侠、白雪公主、菲奥娜公主（《怪物史莱克》中的女主角）、绿巨人浩克、卖火柴的小女孩、欧巴马和他的女儿莎夏等等。此外，佳音版还采用英文的四格漫画连载，举例来说，上册中有7页四格漫画连载《格利佛游记》，下册中则有8页四格漫画连载《西游记》。

3. 两岸英语教科书选文都反映出很大比例的非华人文化

从表2可以看出，外研社和三民版的英语教科书选文都引入了种族文化，其中，又以非华人文化为主（23%：39%）。外研版涉及的非华人文化有印度文化、美国导演斯蒂芬·斯皮尔伯格（Steven Spielberg）、德国音乐家贝多芬和巴赫、美国音乐家乔治·格什温（George Gershwin）、西班牙画家毕加索、奥地利作曲家莫扎特等等。三民版涉及的非华人文化则有美国幽默儿童诗歌作者和漫画家Shel Silverstein、米老鼠、音乐剧《歌剧魅影》的故事、爱尔兰习俗南瓜灯（Jack-O'-Lantern）的由来、科学怪人Frankenstein、特洛伊战争和美国歌手Frank Sinatra等等。从非华人文化内容的取舍上来看，外研版的非华人文化内容倾向于古典西方文明，而三民版的非华人文化内容倾向于现代西方流行文化；从非华人文化内容表现策略上看，外研版选文以客观介绍的形式为主，而三民版选文集电影图片、漫画和讲故事等多种形式于一体，更能吸引青少年读者。

值得一提的是，佳音版国民中学一年级英语教科书还涵盖了日本文化，如有一篇短文讲述桃太郎（Momotaro）的故事，还有一页插图展示着日式服装的人围坐桌边吃饭。这些都表现出50年的日本殖民对我国台湾文化的影响。

除了种族文化之外，三民版选文还涉及民族文化（有一篇选文介绍居住在日月潭周边的邵族），而外研版选文则没有涉及民族文化。

4. 台湾英语教科书选文更凸显性别文化

从表2可以看出，外研版没有明显反映性别文化的选文。也就是说，外研版没有专门针对女同学或男同学的选文，也没有探讨两性差异这种“类成人”话题的选文。三民版高级中学英文教科书第二册中的一章 No More Wars Between Venus and Mars 以两位困于与异性交流的青少年男、女为引子，分析了人们对于男、女性别的刻板印象（gender stereotypes）。该文改自于 Marilyn A. Sachs 的论文 Male/Female Communication Styles。该文的标题 "No More Wars Between Venus and Mars" 则应该是源自于美国心理学家约翰·格雷的两性情感关系畅销书《男人来自火星，女人来自金星》。

此外，三民版高级中学英文教科书第一册中还收录了两首描写两性情感的歌曲。第一首是 A Dear John Letter，后来引申为"分手信"，歌词翻译成中文是这样的：

亲爱的约翰
噢！我真不愿意写这封信
亲爱的约翰
今晚，我得让你明白
我对你的爱已消逝
没有理由再继续下去
今晚，我已嫁给了别人

亲爱的约翰
我在海外作战
当邮差向我走来
他交给我一封信
我高兴极了
因为战争已经结束
所有战役都获得了胜利
但是当我打开这封信
它的开头是：亲爱的约翰——
"你何不把我的相片寄回来，
我的丈夫现在就要。

如果我告诉你我将要和谁结婚，

你也不会关心的，不是吗？
我很难过地告诉你吧：
我对你的爱已然不再，
今晚我将嫁给你的哥哥，
亲爱的约翰。”

这首歌曲的歌词大胆、感情奔放。歌词之下的插图是一位手持分手信的、欲哭无泪的男孩子。

另一首歌曲是著名的 Tie a Yellow Ribbon Round the Old Oak Tree。这首歌曲是讲一个发生在美国的真实故事。故事的主角是一位因倒闭破产而被判服刑三年的男子。在出狱前夕，他写了一封信给在乔治亚州的妻子，问她是否还愿意接纳他。如果愿意的话，便在他出狱当天，在家门前那棵老橡树上系上一条黄丝带；如果答案是否定的话，就不用系黄丝带在树上，而他也会识趣地离开。

从上述三篇选文可以看出，同为处于驿动的青春期的高一学生使用的英语教科书，三民版英文教科书对于两性文化不但不回避，还尝试用有争议性的选文引发青少年男、女学生展开思考和讨论；而外研版在性别文化方面相较之下就显得讳莫如深、态度保守了。

5. 大陆英语教科书选文反映科技文化的比例较大

从表 2 可以看出，虽然两岸的英文教科书都引入了科技文化，外研版选文中反映科技文化的比例明显高于三民版（17%：7%）。外研版涉及的科技文化有中国太空宇航员杨利伟、互联网、网上购物、发达国家的保健系统（health care system）、悬浮列车和手机短信中的表情符号等等。三民版涉及的科技文化则较少较浅易，如导盲犬介绍等等。

6. 大陆英语教科书选文注意反映世界其他国家的地域文化

从表 2 可以看出，外研版选文中反映地域文化的比例是 9%，这与大陆视野开阔、着眼世界舞台的文化氛围是相呼应的。三民版没有明显反映世界其他国家的地域文化的选文，倒是有一章专门介绍云门舞集的创始人、舞蹈家林怀民的。佳音版教科书也有章节介绍台北树蛙和台湾黑熊“黑糖”。这应该是台湾本土意识在教科书中的体现。

五、结　语

综上所述，两岸的英语教科书选文都呈现出较广泛且贴近中学生生活和认知水平的主题，也都呈现出多种多元文化类型，但在展示成人文化、华人文化、社会阶层文化、农村文化、宗教文化以及其他特殊群体文化方面都表现得不够。

此外，两岸英语教科书虽然都力求呈现多种多元文化类型，但是侧重点明显不同。台湾的英语教科书选文更凸显性别文化、现代西方流行文化、本土文化以及少数民族文化；注重趣味性和文艺性；单词量要求较低，教材难度较小。大陆的英语教科书选文更凸显科技文化、世界其他国家的地域文化，以及西方古典文化；注重知识性和系统性；单词量要求较高，教材难度较大。

参考文献：

［1］杨渊．多元文化背景下大学英语教学改革的思考［J］．重庆科技学院学报（社会科学版），2010，(6)：199－201.

［2］郑芳．台湾基础教育课程改革的基本特色及走向［J］．当代教育科学，2010，(18)：26－28.

［3］康海燕、谢利民．大陆与台湾初中语文教科书人生观教育比较——以人教版和翰林版为例［J］．教育科学研究，2010，(10)：50－53.

［4］陈怡．人教版与苏教版小学语文教材多元文化类型的比较研究［J］．教育探索，2010，(7)：31－32.

序跋书评

藏密孤本经典《甚深普遍自然解脱》评述

□ 益西邓珠
西南民族大学藏学院

藏族文化典籍浩如烟海，包括天文、地理、历史和佛法经典。其中天文地理和历史、文学方面的典籍整理、研究和翻译的成果丰富，但是佛法经典却鲜为人知。

随着我国政治开明，宗教信仰的环境宽松，国务院也颁布实施了《中华人民共和国宗教事务条例》，宗教信仰和正当的宗教活动受到法律保护。有了这样的社会环境条件，加之当今国内社会稳定、和谐，经济发展、文化生活丰富、社会事业进步、各民族群众生产生活水平不断提高，佛法伴随着它的普世性，发挥利乐有情、普度众生的精神，在解脱人们的思想迷茫、拯救受伤心灵方面显示出重要作用，因此很多人走上学习佛法、修持坐禅静修之路，人们借此消除身心疲惫之痛苦，陶冶心情，调养身体，延年益寿。

在近20年间，藏传佛法东渐至内地和沿海地区，四大佛教圣地峨眉山、普陀山、九华山、五台山几乎成了汉传、藏传为一体的道场。五台山上已有几座藏传佛教寺院，信仰藏传佛法的信徒络绎不绝。沿海地区、内地和港澳台许多老板、社会名流皈依了藏传佛法；一些城市的居民也开始信仰藏传佛法。

藏传佛教在欧美从20世纪80年代初开始加速传播，在欧美各国藏传佛教寺院、佛学院、佛学会的学院、道场、坐禅中心到20世纪80年代末有数百个。密法在西方的传播成为近几十年来最耀眼的亮点，不但迅速地传播到了欧美各国，还传播到了拉丁美洲和部分非洲国家。各式寺院、坐禅中心、研究机构也越来越多。欧美成了密法弘传的一个崭新的地区。国外的佛教研究成果已异常丰硕，数以万计的藏、汉经典翻译成了英、法、德、西班牙等文字，最早于1728年意大利的教士德西德里就翻译了宗喀巴大师的《菩提道次第广论》等著作。近代的大发展是从20世纪60年代中后期开始的，英国、法国、意大利、比利时、希腊、美国等国家开始建立寺院、佛学院、禅修中心，规模逐渐扩大。其中20世纪60年代后期，宁玛派僧侣在法国卡斯特朗市建造起占地120公顷、规模宏大藏式寺院乌金滚桑却林寺，每年有大批的法国和欧洲的藏传佛教徒在此学习密法。到20世纪70年代法国成为欧洲佛教活动中心，一直进行中文、藏文、巴利文经典翻译的事业。1989年法国佛教徒有50万，其中7.5万人是法国的本地人。他们翻译各种中文、藏文、巴利文的经典，成为佛法传播的基础。

藏传佛教的典籍是由显密二法组成。显法侧重于佛法原理的诠释，并指导实践。密法侧重于实修体验，感悟人生以及万物本原的平等性的认识和内化，引导人们在纷繁复杂的人际关系和社会中，正确考察和评价自己，给自己以合理定位。

藏区诸多大德高僧主要从事三方面工作：著书立说、建立佛法中心、教授藏传佛法义理。其中主要还是以阐释佛法的内义为主线，闻思修持运用传统的方法，虽然方式在改变但内涵确没有二至。然而藏传佛法大成就者——白玛邓登尊者是被莲花生大士称为：如同龙王顶上之宝珠一样无与伦比的成就者。其传记中详细讲述了他苦行成就的传奇经历，在藏地有着深广的影响。到近现代诸多其传承的法嗣也享誉国内外，例如敏林赤钦、托顿·索加、南开诺布等等皆是享誉全球的学者和禅修大师。其掘藏著作的法脉源流在掘藏的经文中有如下记载（摘翻译正文中之源流）：其名被称为“莲师伏藏法”，《甚深普遍自然解脱大圆满心髓》之法，此为无上甚深大圆满虹身成就之法门。一百多年前，由虹光成就白玛邓登尊者，于康藏新龙朗朗神山白色珍宝岩依莲师授记之胜妙缘起而掘藏。

至今为止，已有诸多大德依止此法门修持陆续成就虹身，皆因此教法是所有一切教法中最究竟之教授、一切口诀之总集，直接取自普贤王如来与莲师心中的密义精粹，有最上无比殊胜的功德。教法掘藏出世时间极短，教授完整没有改变，空行护法誓言修持必给予成就，今正是契机之时。能遇此甚深教法具大福缘者，上根者即身可以成佛解脱，中根者于法性中阴成佛，下根者也可在化身刹土成佛，或在死亡当下解脱成就。此为教法中所授记。目前，此密法典籍原文仅存于大成就者白马邓登虹身成就之地民间，及时收集整理、翻译此类密法经典也具有重要的历史和现实意义。

掘藏法宝又称宝箧，伏藏种类有地藏和水藏、岩藏以及天藏等。昔日在藏区暗昧之地，法王赤松德赞为了点燃佛法明灯，迎请了大堪布寂护和莲花生大士。在桑耶寺等镇肢镇节寺中圆满筑造所依能依处并如法作了开光加被。所有佛法经续部翻译成了藏文。尤其是无上密法无量法轮无余赐予故，于眷属持明君臣廿五等赐授预言授记后，在藏地伏藏各种法宝并予以加封。

大邬金莲师亲自赐授了意修心髓万法和甚深经续诀窍等，具足四因缘后，诸法放入宝箧中。以空行令牌扁符密符手印进行加封。如此，未来众生思绪杂乱、性情粗恶，容易对正法产生邪见，尤其会对密法进行贬斥等。

因此，那时会产生对众生危害极大的瘟疫疾病和武斗战争；尤其是汉藏霍等地如蚁巢倒塌般散乱。“藏民被痛苦危及之时，吾之化现者不断出现。”如此授记。又如在伏藏法宝中有预言授记云：“莲师意化良缘贤哲尊，出现指引深广伏藏法；清净信者各需耳传授，教众利乐成就作授记。雪域大地连马蹄大小隅，莲师亲自莅临赐加；具有令牌伏藏留千万。未作令牌伏藏留亿种。”如此指明。

为消除浊世衰败，将各种甚深法与修持仪轨用各种殊胜密意力装入各类宝箧中，并对廿五君臣等发愿后加封，然后伏藏于山林和岩石岛洲等殊胜处；托付于伏藏主护法。预言授记将来时机成熟时，为挽救浊世衰败而掘藏；指明时间地点以及掘藏师等一一预言授记。

后来在藏地出现了殊胜八大岭巴掘藏者，以及一百零八位掘藏师，掘藏出一千零二处法宝藏，这些深法和修持诀窍之基础或者器具，由邬金莲花生大士伏藏，后来掘藏师开启的宝藏，形状各异的宝箧称为掘藏宝箧。

众多极为优秀的藏传佛法伏藏经典都是密法宝典。这些宝典的翻译，能够对学习者产生正确的引导，这种无法替代的作用，也能对藏传佛教文化多元化正常发展起到监护性的重要作用。杜绝盲目相信，破斥打着宗教旗帜伪造和欺诈的行为，对于社会安定和正常的文化交流起到决定性的作用。由于目前藏汉翻译的数量，对于浩瀚的藏传佛法典籍来说，也只是九牛一毛，翻译质量也令人堪忧。因此纵观世界之历史和现实，大力推动藏文典籍的整理与翻译工作具有历史性的意义。

藏密修持实际上就是对人生过程的感悟和对生命流程的净化之方法，强调尊重每一个生命的主体。鉴于授记和缘起，依教法流布，正法久住之教幢，翻译无上甚深的教法典籍，旨在针对现今佛法传播现状，也是众多高瞻深远之大德，契合时劫因缘慈悲教授深法，利益有情，实践究竟之菩提心。

《甚深普遍自然解脱》密法典籍依据清净传承法脉，为满足众多良缘三宝弟子们的需求，我们已经翻译成了汉文。

译本保持了原文风格，通俗易懂，可读性强。在现代的各种纷繁复杂的社会和人际交往中，人性物欲过度膨胀的人群时常感到迷茫和失落，进而对社会产生不满乃至误入歧途；对物质追求达到一定满足的人群，反思自己前途命运之时，时常感到渺茫和空虚，进而对社会产生一种无安全感和无归宿感。按其以上人群的精神和心理需求，在浩瀚密典中精细筛选，引导各种社会人建立为人之原则和底线的正确的价值观，希望通过译本正确认识千百年来留存于藏族社区虹光成就者慈悲教授深法，提供那些人格修养达到至高无上的大德，对人生全部过程的理解和感悟之方法。

（《甚深普遍自然解脱》即将由民族出版社出版）

Abstracts

The Ba Se Wand Used in Sacrifice in Baima Tibetan Region Pingwu County

Feng Zuo - hui

(Sichuan Preschool Education College)

Abstract: Ba Se is a religious device which is used in all kinds of sacrifices by Taoists in Baima Tibetan township in Pingwu country, Sichuan province. This paper is going to discuss the origin, evolvement, symbolic meanings and shape traits of Ba Se wand.

Keywords: Ba Se wand; Primitive Religion; G Torma Palden; Patterns; Evolvement.

Cultural Significancc of the Death Rite of Danba Gyalrong Tibetan

Lha Mocuo

(Southwest University for Nationalities)

Abstract: The death rite, one of the core parts of the Danba Gyalrong Tibetan culture, is the research object of this study. In order to reveal the cultural significance of death rite and its generating mechanism, this paper studies the relative literatures, the death rite's process, the cultural details, the participants, the interaction among all factors concerned. It tries to find the structural features by phenomenal analysis, to interpret the significance over analyzing the structures, to explore the mechanism through the interpretation. The Danba Gyalrong Tibetan death rite contains a profound cultural significance which is also naturally implied in everyday life of local people and influences local people greatly, potentially and lastingly. This death rite's implication is the origin of understanding human life and the value formation.

Keywords: Danba Gyalrong Tibetan; Death Rite; Cultural Significance

Introduction of Folk Culture to Textbooks

Wang Wen - ya, Jin Zhi - yuan

(Faculty of Education, Inner Mongolia Normal University)

Abstract: Textbooks are the most important curriculum resources, the main origin from which students acquire knowledge, and necessary stages and best fundament with which students have their mind power and learning ability developed. There are direct relations between choice of textbook content and realization of educational aims, standards of instruction. Although folk culture is now regarded as a must in our cultural genes, it can be seen in theoretical study, textbook writing or instruction. In order to change this situation, and to bring up a new generation with ethnic features, educational researchers and practitioners must change their trite thought and inertial behaviors. They must attach importance to folk culture. They must research, transmit and construct folk culture.

Keywords: Folk Culture; Textbook

Applying Ethnic Folk Music Resources to Kindergarten Music Education

Huang Xi, Chun Sui - juan, Zeng Xi

(Red Star Kindergarten, Chengdu)

Abstract: It is important to apply ethnic folk music resources to children music education, whether its aim is to enrich children's ethnic emotion or to expand kindergarten music education. This paper analyzes present application of ethnic folk music resources to children music instruction. Linking to the organizing difficulties in children music instruction, it discusses four aspects below: 1. Adaption and application of folk songs, nursery rhymes in children's singing activities; 2. How to solve "children understanding" problem in folk music enjoying class of elder children; 3. Collective ethnic folk dance learning according to the principle of "to know→to feel→to learn→to exercise→to create"; 4. Music choice and treatment in rhythm activity.

Keywords: Kindergarten Music Education; Ethnic Folk Music Resources; Application.

Abstracts

The Four Generations' Game

Bao Li, Du Xiao - feng, Song Min - li, Wei Jia

(Faculty of Education Science, Sichuan Normal University)

Abstract: Games are important forms of culture expression and inheritance. The games that nowadays children play most are cybergames, all kinds of toys, watching TV, playing house, playing mud and sand, hide - and - seek, mobile game, eagle and chicks etc. The four generations' game—one passes on from great - grandmother to grandmother to mother to daughter or from great - grandfather to grandfather to father to son—is seldom seen at present. Grasping stones, playing mud, bamboo dragonfly which were often played by great - grandfathers, grandfathers and fathers in their childhood are hardly played children today. Only hide - and - seek, eagle and chicks are often play by them. There appeared an obvious gap and change of traditional games in generations born after 2000.

Keywords: Game; Culture Inheritance; Four Generations.

The Flakes of Memories

Yan Jing

(Faculty of Foreign languages, Sichuan Normal University)

Abstract: This paper expresses the author's feelings and understanding of the childhood, university life, working experiences and marriage in the form of diary. And the author elaborates the admiration for the wonderful memories and the brilliant future by the use of metaphor to connect different parts of life with beautiful flowers so as to portray the peculiarity of every phase in life.

Keywords: Memories; Flakes; Life; Love

An Educational Narrative of a Family with Three Generations

Wang Lei

(Facult of Education, Fujian Normal University)

Abstract: Education is everywhere. A family member is always educated directly or indirectly. Education that grandparents, parents and we received are quite different.

A family education history witnesses changes of modern Chinese education. Grandparents saw education struggling in pre - and - post war time. Parents are prides of times symbolizing a climax of Chinese education. They are making great efforts to serve our motherland in a new era when education is changing people's fate as well as China's fate. We are a generation born in period of Reform and Open, meeting the expanding enrollment of higher education and curriculum reform of elementary education. This educational narrative of a family with three generations tells what happened in new China education the day before. We are experiencing new China education today, and looking forward to the future of new China education.

Keywords: Individual; Society; Three Generations; Education Significance.

A Story of a Village Elementary School

Zheng Hong - ji

(Faculty of Education Science, Fujian Normal University)

Abstract: Villages which were the main carrier of the early human civilization narrate silently the rural morals with its natural simpleness in modern society. The rural education carries the blood of rural morals, transfers the old civilization. it is a part of rural life, an incarnation of rural life according to the idea that life is education. And villagers' life is education as well. Where does the rural education go? Can it show a development direction to rural construction? It is a disputing topic of all ages. Nowadays, the rural education prefers training villagers to escape from the country to guiding them to develop the country. One of problems the rural education must solve is whether a natural block really exists between the development of countries and that of cities or only an escape mood is caused by a narrow sight. Education is a determinant of the future that villages will be better reconstructed or be destroyed. This paper contains an investigation on rural education changes in process of the reform and open in Xi Bei section of Lun Cang town in Nan An city, Hu Jian province. It describes the rural life there with an anthropological eye and tries to seek a way to improve the rural education.

Keywords: Countryside; Rural Education; Morals

Abstracts

Reflection and Construction: Grassland Culture from the View of Global History

Bateer Chen

(Institute of Higher Education, Nankai University)

Lei Ji - hong

(Faculty of Education Science, Yangtze Normal University)

Abstract: Ethnic groups and cultures are full of diversity in human society because of different living means and environment. Grassland culture is an important part of human cultures. The nomad ethnic groups, the carrier of grassland culture, play an important role in the history of the world culture. To nomad ethnic groups who are the subject of grassland culture, the theory of Chinese and barbarians and the view of barbarous groups are two important factors that influence the location of their cultural value. The view of global history is a new historical thinking and method gradually appearing since 1950s. It objects that the traditional view of world history is single - nation - centered. It claims to treat and evaluate justly those ethnic groups and their culture neglected in the past. It pays attention to interrelations between ethnic groups and nations in the world. The 21th century is a new era when diversity of culture is internationally advocated and all ethnic cultures are claimed to be equally passed down in our country. It is necessary to reflect seriously the theory of Chinese and barbarians and the view of barbarous groups which discriminate and have a prejudice against grassland culture. A new view of global history should be applied to construct the discourse system of grassland culture, and refix the position and function of grassland culture in the process of world culture development.

Keywords: Grassland Culture; Nomad Groups; View of Global History.

Comparing Multicultural Types in English Textbooks Across the Taiwan Straits

Wu Mei

(Leshan Normal University)

Abstract: Comparing the themes of the articles in two English textbooks for Junior middle school students, as well as the multicultural types reflected by articles in two English textbooks for Senior middle school students between Chinese Mainland and Taiwan, we draw the conclusion that the emphasis of English textbooks in Mainland is obviously different from Taiwan, although both display a variety of multicultural types. Textbooks in Mainland lay greater emphasis on technological culture, foreign geographical cultures and the Western classical culture. Textbooks in Taiwan, however, focus more on gender differences, Taiwan local culture, ethnic culture, and the Western pop culture as well.

Keywords: English Textbooks; Chinese Mainland; Taiwan; Multiculturalism

征稿启事

由四川省哲学社会科学重点研究基地“多元文化研究中心”主编、巴蜀书社合作出版的人文社会科学集刊《多元文化与教育》，秉承“以文化解读教育，以教育优化生活”的宗旨和“为所有人、不为任何人”的策略，致力于文化的整理、研究与评论，努力打造一个“包容、自由、争鸣、求是”的多元文化论坛。

《多元文化与教育》设定栏目主要有：（1）【文化整理】。系统地整理与介绍藏羌彝文化、普米、纳西等民族文化、川蜀文化的物质与非物质文化遗产等本土材料。（2）【田野故事】。从异文化陌生人的视角记录关于各民族文化与教育的传统与智慧的资料与故事，以及关于文化与教育田野考察过程中的调查访谈、口述记录等原始材料，以及大型田野调查报告。（3）【逝水年华】。收集个体成长经历与教育经历的自传体回忆、日记等文化资料，包括关于家乡、童年、重要他人的故事与记忆，关于文化、教育与生活的图片和老照片等，关于在全球化与现代化进程中不同文化之间如都市文化与乡村文化、传统文化与现代文化的碰撞与变迁之生活体验与感悟。（4）【文化评论】。关于文化、教育与生活的精言妙论或街谈巷议。（5）【学术视野】。介绍国内外多元文化与教育的学术动态和多元研究的学术专论等文章。（6）【序跋书评】。介绍国内外多元文化与教育的学术动态与比较研究的最新成果。同时，我们还将根据需要开设特别专题策划栏目，促进对某一文化现象和文化问题作系统深入的探讨。

《多元文化与教育》文章以学术性评论、散文、随笔为主，强调叙事性、现实性、思想性、人文性。尤其欢迎真实的体验式记录与深度描述的文章。稿件征求内容主要为藏族、羌族、彝族等少数民族文化，传统文化、川蜀文化、都市文化、乡村文化，以及教育问题与文化研究等涉及文化的方方面面，同时我们也会根据文化与教育的热点问题与前沿理论设立一些专题研究和特别策划栏目。

来稿必须为未公开发表过的原始稿件，字数不限。本刊物接受中英文两种投稿。中文作者必须提供英文标题、摘要、关键词、作者单位。英文稿一经采用，本刊编委会负责翻译。

文章的注释格式采用2005年3月23日发布的中华人民共和国国家标准《文

后参考文献著录规则》GBT7744－2005。文中引文（包括观点、数据和材料等）须注明出处，本刊参考文献采用尾注（文末注），在文中引文出现的地方用阿拉伯数字按序编码，序号用方括号加注于被引用观点、数据、资料等文字的右上角。正文中需要特别加注的说明性文字（即注释）用脚注（页下注），序号用圆圈加注于被引用文字的右上角。

参考文献中的书刊著录项目依次为：作者、书名/文章名、出版社（前面注明所在城市）/刊名、出版年份/刊发年期、起止页码。其中：专著［M］、期刊文章［J］、报纸文章［N］、论文集［C］、学位论文［D］、报告［R］、析出文献［A］。外文原文的参考文献体例要求相同。

示例如下：

［1］刘国均，陈绍业. 图书馆目录［M］. 北京：高等教育出版社，1957：15－17.

［2］何龄修. 读顾城《南明史》［J］. 中国史研究，1998，(3)：167－173.

［3］谢希德. 创造学习的新思路［N］. 人民日报，1998－12－25（10）.

［4］辛希孟. 信息技术与信息服务国际研讨会论文集：A集［C］. 北京：中国社会科学出版社，1994.

［5］张筑生. 微分半动力系统的不变集［D］. 北京：北京大学数学系数学研究所，1983.

［6］魏新. 关于扩大高等教育规模对短期经济增长作用的研究报告［R］. 北京：北京大学高等教育科学研究所，1999：13.

［7］叶澜. 关于加强教育科学“自我意识”的思考［A］//瞿葆奎. 教育学文集·教育与教育学. 北京：人民教育出版社，1993：758－759.

编委会有权对来稿做必要的编辑处理，并会与作者联系。作为出版的基本条件之一，作者所写论文（包括内容摘要）的版权均归属《多元文化与教育》。作者的观点不代表本刊的立场。

来稿的打印稿请寄：四川成都市锦江区静安路5号四川师范大学教育科学研究所《多元文化与教育》编辑部（邮编：610066）。电子文本请寄：sicdywhzhx@163. com。电话：028－84765625。投稿时请附带作者简介、联系方式等信息。

热忱欢迎海内外专家学者以及文化爱好者来信来稿，发表您的妙论与高见！

我们真诚地期待您的来信来稿！